Les insectes du Québec

Guide d'identification

Yves Dubuc

Vulcain

Les insectes du Québec

Guide d'identification

Yves Dubuc

Broquet

97-B, Montée des Bouleaux, Saint-Constant, Qc, Canada J5A 1A9
Tél. : (450) 638-3338 **Télec. :** (450) 638-4338
Internet : www.broquet.qc.ca
Courriel : info@broquet.qc.ca

Catalogage avant publication de Bibliothèque et Archives Canada

Dubuc, Yves, 1967-

Les insectes du Québec : guide d'identification

Nouv. éd.

Comprend un index.

ISBN 978-2-89000-825-0

1. Insectes - Québec (Province) - Identification. 2. Insectes - Québec (Province) - Ouvrages illustrés. I. Titre.

QL476.D82 2007 595.709714 C2006-941872-1

POUR L'AIDE À LA RÉALISATION DE SON PROGRAMME ÉDITORIAL, L'ÉDITEUR REMERCIE :
Le gouvernement du Canada par l'entremise du Programme d'aide au développement de l'industrie de l'édition (PADIÉ) ; La Société de développement des entreprises culturelles (SODEC) ; L'Association pour l'exportation du livre canadien (AELC).
Le gouvernement du Québec - Programme de crédit d'impôt pour l'édition de livres - Gestion SODEC.

Photographies : Yves Dubuc (sauf mention contraire).
Claude Simard : image 1 de la couverture arrière et image page 2.
Christian Guay : images 2, 3 de la couverture arrière.

Révision scientifique : Nathalie Brochu, baccalauréat en bio-agronomie
Jean-Denis Brisson, Michel Racine, Raymond Hutchinson, Serge Laplante et Jean-François Roch

Révision : Marcel Broquet, Amélie Leroux

Conception graphique : Brigit Levesque, Josée Fortin (couverture)

Infographie : Josée Fortin, Sandra Martel

Dépôt légal — Bibliothèque nationale du Québec
1e trimestre 2007

ISBN 978-2-89000-825-0

Imprimé en Malaisie

TABLE DES MATIÈRES

TABLE DES MATIÈRES

PRÉFACE

Yves Dubuc et moi possédons une passion commune, celle des petites bêtes à six pattes aux couleurs et aux formes variées qui marchent, courent, volent, sautent, creusent, nagent, crient et chantent… Une diversité incroyable qui ne cesse de surprendre quiconque veut bien s'y arrêter un tant soit peu.

Bien qu'un faible pourcentage seulement des insectes interfèrent avec les activités humaines et sont déclarés « nuisibles » (alors que nous le sommes tout autant pour eux puisque que nous exploitons les mêmes ressources), nombreux sont ceux qui à la vue d'une de ces « bibites » éprouvent dédain et répulsion. Ce sentiment prendrait-il sa source dans ce réflexe viscéral de peur face à l'inconnu ? Vouloir s'y soustraire serait utopique, car, pour adapter une expression consacrée, « les insectes, c'est aussi ça la vie ! ». En effet, l'univers des insectes est quasiment sans limite tant ils sont nombreux, répandus dans presque tous les habitats et omniprésents dans notre environnement. Mieux vaut donc apprendre à les connaître un peu mieux… et c'est justement ce que propose le présent ouvrage en présentant 1 530 espèces parmi les plus fréquentes au Québec.

Si tous deux, chacun à notre manière, nous investissons notre temps aujourd'hui à mieux faire connaître ces petites bêtes trop souvent malaimées, Yves a fait preuve d'une grande persévérance dans la réalisation de ce livre qui occupera dorénavant un créneau demeuré libre jusqu'à ce jour. C'est, à l'origine, à partir de la création d'un site Internet, puis de l'édition personnelle et successive de deux guides d'identification que ce volume a finalement pris corps. Soutenu par sa conjointe et ses enfants, Yves a mis beaucoup d'énergie à réaliser ce document, sacrifiant au passage de nombreux spécimens de sa collection lors de leur numérisation dans le but avoué de leur insuffler une deuxième vie, ceux-ci demeurant jusqu'alors reclus dans son placard.

C'est donc avec beaucoup de reconnaissance envers l'auteur, pour sa générosité à mettre à notre disposition un de ces indispensables outils populaires visant à identifier notre faune québécoise, que je souhaite longue vie et succès à cet ouvrage ainsi que d'heureuses découvertes aux petits et grands qui prendront plaisir de le consulter !

Marc PARROT
Chargé de projet
Volière de l'arboretum de Maizerets, Québec

AVANT-PROPOS

Pour plusieurs d'entre nous, le rapport au monde des insectes se résume à ces scènes banales, directement sorties du typique cauchemar domestique : on chasse nerveusement du revers de la main la mouche importune, on écrase les fourmis indésirables au pique-nique, on se vaporise d'insecticide pour éviter la piqûre du moustique. Dommage, car, ce faisant, nous passons à côté d'un univers parallèle tout à fait fascinant, qui célèbre, par sa complexité et sa diversité, toute la beauté de la vie sur Terre.

Heureusement pour nous, il existe des passionnés de l'entomologie qui contribuent, chacun à leur manière, à démystifier ce monde peu connu et mal aimé. Yves Dubuc est l'un de ceux-là ; depuis plusieurs années, il s'emploie à stimuler la curiosité et à faciliter pour tous et chacun la découverte du monde des insectes.

Unique en son genre, son livre *Les insectes du Québec* est le premier guide d'identification regroupant en un seul volume une foule d'informations concernant l'identification, les habitats, la distribution et les mœurs de toutes les grandes familles d'insectes de chez nous. Ces données, colligées au fil des explorations et des études de M. Dubuc, réunies pour la première fois dans un ouvrage imprimé constituent un travail colossal animé par la passion de l'entomologie.

D'en restreindre l'étude à la seule province de Québec n'en diminue pas pour autant l'intérêt ni la pertinence. Peu de gens savent qu'il y a plusieurs milliers d'espèces d'insectes au Québec, dont 2 500 espèces de papillons, près de 3 500 espèces de coléoptères, sans compter les libellules, les cigales, les sauterelles et tous ces autres insectes infiniment petits qui grouillent dans notre belle province.

C'est donc de cette multitude trop souvent anonyme dont il est question dans cet ouvrage. Cher Yves, merci infiniment de partager avec nous le fruit de cette belle passion !

Yves-Pascal DION
Insectes Mondiaux Inc.

REMERCIEMENTS

Ce n'est pas sans aide que j'en suis arrivé à réaliser ce livre ; ma conjointe Nathalie Brochu et mes trois filles Mireille, Alexie et Pascale m'ont toujours supporté. Merci à mes parents Rollande Dubois et Jean-Marc Dubuc, et merci également à mon frère et mes sœurs d'avoir enduré mes élevages d'insectes dans la maison durant ma jeunesse ! Les belles passions doivent être vécues jusqu'au bout !

Pour réaliser un ouvrage aussi complet que possible, j'ai offert à quelques entomologistes amateurs de participer à ce livre en écrivant chacun un texte sur des sujets qu'ils connaissent bien et qui intéressent les passionnés. Il s'agit d'André Beaudoin, Marc Couture, Michel Coulombe, Charles Béland, Claude Simard, Christian Guay et Mélanie Morin ; ils ont très bien relevé le défi !

Le savoir de Jean Denis Brisson, un biologiste entomologiste, a été mis à contribution pour trouver un nom vernaculaire à plusieurs coléoptères. Ce groupe d'insectes n'avait pas encore été traité de façon aussi complète et détaillée dans un ouvrage destiné au grand public. M. Brisson détient un baccalauréat et une maîtrise en agrobiologie de l'Université Laval et un doctorat en systématique de l'Université de Guelph (Ontario). Cette édition a bénéficié des connaissances de Raymond Hutchison, Serge Laplante et Jean-François Roch pour la rendre plus exacte quant à la nomenclature ; il s'agit donc d'une collaboration particulièrement appréciée.

Les quelque 2 000 photos ont été prises principalement à l'Insectarium René-Martineau du Centre de foresterie des Laurentides ainsi qu'à la Collection d'insectes du Québec (située au Complexe scientifique), conjointement gérée par le ministère des Ressources naturelles et de la faune et le ministère de l'Agriculture, des Pêcheries et de l' Alimentation du Québec. Une cinquantaine de photos ont été prises à la Collection nationale d'Ottawa (CNC) ; quelques autres ont été prises à la collection du Lyman Museum de l'Université McGill.

Un grand merci à ceux qui m'ont laissé photographier certains spécimens de leur collection personnelle ; il s'agit de Michel Racine, Marc Couture et André Beaudoin. Serge Laplante, de la CNC, m'a gracieusement prêté quelques superbes coléoptères de sa collection personnelle pour compléter mon travail photographique. Je remercie aussi Simon Boureault pour m'avoir laissé photographier la Nèpe et la nymphe du Léthocère. La photo de la jolie cochenille provient de Mychelle Tremblay. Le couple d'abeilles (la reine et le faux-bourdon) m'a été donné par Marc Bolduc, apiculteur à Saint-Rédempteur ; alors que le couple de la Corydale cornue me vient de Mathieu Degarris. Le Saute-feuille arboricole provient de la collection de Vincent Lacombe et les spécimens de la Scudérie striée ont été photographiés par Jean-Philippe Mathieu.

J'allais oublier de remercier l'abbé René Malouin qui m'a offert à l'âge de 10 ans un filet à papillons et des épingles entomologiques. Les passions doivent bien commencer quelque part !

Cténuche de Virginie

La méthode, âme de la science,

désigne à première vue n'importe quel corps de la nature,

de telle sorte que ce corps énonce le nom qui lui est propre,

et que ce nom rappelle toutes les connaissances qui ont pu être acquises,

au cours du temps, sur le corps ainsi nommé ;

si bien que, dans l'extrême confusion apparente des choses,

se découvre l'ordre souverain de la nature.

Carl von Linné (1707-1778), inventeur de la nomenclature binomiale
où chaque espèce est désignée par deux noms : le genre et l'espèce.

INTRODUCTION

Piqué par la curiosité

Dès l'âge de 4 ans, je plantais les criquets dans le sol au moyen de clous ; le but n'était pas de les faire souffrir ni de les conserver : je voulais simplement les observer dans leur milieu naturel ! La cause en était noble. À 11 ans, je capturais ma première cigale ; j'ai alors découvert que lui faire passer un courant de 9 volts dans son corps n'amplifiait pas son chant. Les insectes ont piqué ma curiosité dès mon enfance, je leur vouais toute mon attention ; si on m'avait donné du *Ritalin*, j'aurais mis toute ma concentration sur les mouches qui volaient dans la classe…

Depuis que je fais des efforts pour vulgariser l'entomologie, je rencontre des dizaines de personnes chaque année pour qui les insectes sont une source d'émerveillement. Les Québécois ont soif plus que jamais de connaître les insectes de leur pays. Que de questions sur leurs vies, leurs raretés, leurs noms. Tous les enfants ont une histoire à me raconter au sujet d'une grosse bibite dans la piscine ou de piqûres très douloureuses. Les parents cherchent des livres sur les insectes du Québec pour répondre aux innombrables questions de leurs enfants. Les grands-parents me demandent où sont passés les papillons de leur jeune temps...

Il n'y a pas de doute que les insectes sont partout et qu'ils existent depuis des millions d'années, mais on ne les connaît toujours pas ou très peu. Le présent ouvrage devrait permettre aux amateurs d'entomologie de mieux connaître les insectes du Québec. Plus de 2 000 photos en couleurs montrant quelque 1 530 espèces du Québec. Après avoir feuilleté ce livre, les Québécois auront une bonne idée de la diversité des insectes de leur province ; ils pourront les nommer, mieux connaître leur biologie et auront une bonne base pour débuter des recherches sur Internet afin d'en connaître plus encore. Il devient en effet facile de trouver de l'information sur un insecte lorsqu'on sait son nom et le nom des groupes auxquels il appartient.

Les insectes sont photographiés à différents stades de leur développement de manière à sensibiliser le lecteur au fait que les insectes peuvent avoir des formes très variées : la grosse chenille verte qu'on a écrasée pour épater les amis aurait fait un gros cocon d'où aurait émergé le plus gros papillon du Québec… Les petites chenilles noires et oranges qu'on a éliminées à coup de doubles doses d'insecticide étaient en fait des larves de coccinelles qui mangeaient les pucerons…

Comment utiliser le guide visuel

La beauté de ce livre, c'est qu'il est facile de l'utiliser même pour un enfant de 4 ans. Les grands enfants de 84 ans y trouveront aussi leur compte! Avant de commencer l'identification de spécimens, il faut feuilleter le livre à quelques reprises pour se familiariser avec les grands groupes d'insectes. Si vous êtes le moindrement curieux, cette étape est déjà passée. Vous aurez constaté que les insectes sont regroupés par ORDRES et par FAMILLES. Il est important de retenir ces termes puisqu'ils regroupent les insectes selon leur forme et leur biologie. Par exemple, dans l'ordre des coléoptères (insectes à carapace), on retrouve entre autres les coccinelles (famille des coccinellidés) et les chrysomèles (chrysomélidés) (fig.1). Ce sont des insectes de forme ronde avec une carapace souvent tachetée. Même s'ils appartiennent au même ordre, ils ont des formes et une biologie différentes: les coccinelles mangent des pucerons, les chrysomèles s'attaquent aux plantes.

Figure 1

Les coccinelles et les chrysomèles sont des insectes de forme ronde avec une carapace souvent tachetée.

Coccinelle à 9 taches

Chrysomède léopard

Les insectes sont le fruit de l'évolution. Vous avez probablement constaté, en comparant certaines espèces d'une même famille, qu'elles se ressemblaient beaucoup, car elles proviennent d'ancêtres communs. L'identification des insectes à l'aide des photos peut alors s'avérer impossible; dans ce cas, on classera les spécimens selon le genre ou la famille en attendant d'être plus expérimenté. Notez que le genre et l'espèce sont toujours écrits en latin et en italique; par exemple, le nom scientifique de la Coccinelle à 9 taches est *Coccinella novemnotata,* le genre étant '*Coccinella*' et l'espèce '*novemnotata*'. Cette façon binomiale de nommer les choses nous vient du célèbre naturaliste suédois Carl von Linné (1707-1778).

Plusieurs espèces doivent être identifiées au moyen d'une clé dichotomique et d'une bonne loupe. La clé dichotomique est un texte décrivant les détails morphologiques à vérifier pour savoir à quel groupe ou espèce appartient un spécimen. Il est très ardu pour un amateur d'utiliser ce genre d'ouvrage.

La grande diversité et les similitudes des insectes

À première vue, ce qui semblait être une guêpe peut s'avérer être un coléoptère, une mouche ou un papillon ; c'est le fameux mimétisme (fig. 2). C'est que la sélection naturelle a favorisé certains insectes qui ressemblaient à ceux que les prédateurs évitent. Si un insecte ressemble à une guêpe, il a moins de risque d'être mangé par un prédateur qui aura déjà été piqué par une guêpe. Les insectes survivants ont alors la possibilité de s'accoupler et d'avoir une progéniture qui ressemble à la guêpe. Certains oiseaux ayant subit la piqûre d'une guêpe pourraient se souvenir de la mésaventure même après 8 mois.

Guêpe forestière

Clyte des champs

Figure 2

Exemples de mimétisme.

Grand syrphide à bandes thoraciques

Sésie du peuplier

Pourquoi les insectes ne sont-ils pas tous noirs et jaunes comme les guêpes ? Disons que la diversité est à l'honneur chez ces petites bestioles. Un grand nombre d'insectes ont évité les prédateurs par le fait qu'ils n'étaient pas très visibles. En observant les photos, vous aurez certainement remarqué que plusieurs insectes sont bruns, noirs ou verts selon qu'on les trouve sur la terre, les feuilles mortes, les branches ou les feuilles vertes.

La grande diversité des insectes vient du fait que les premiers arthropodes ont pris forme il y a plus de 500 millions d'années. Depuis ce temps, les mutations génétiques ont créé de multiples variétés de couleurs, de formes et même de saveurs. Ainsi, la Punaise de l'asclépiade, le Caloptère à deux bandes et la Lithosie orangée (fig. 3) ont une saveur répugnante pour les éventuels prédateurs ; c'est d'ailleurs la raison pour laquelle leur couleur est si vive et contrastée par des bandes noires. Les animaux apprennent rapidement cet avertissement.

Figure 3

Trois insectes dont la saveur serait répugnante.

Punaise de l'asclépiade — Caloptère à deux bandes — Lithosie orangée

Même si la beauté de certains insectes est tout à fait étonnante, il n'en demeure pas moins que leur but ultime n'est pas de plaire à l'œil humain, mais bien de survivre pour se reproduire. La Casside dorée est un bel exemple de beauté à six pattes. Lorsque la température est fraîche, l'insecte montre une livrée orangée qui devient iridescente avec la chaleur du soleil (fig.4). La raison de cette teinte métallique s'expliquerait par la difficulté qu'auraient les prédateurs à bien voir les contours de l'éventuelle proie. Malheureusement pour les collectionneurs, la livrée dorée disparaît avec la mort de l'insecte.

Figure 4

La Casside dorée change d'apparence selon la température.

Casside dorée

Les stades de développement

Les insectes doivent muer à plusieurs reprises avant de devenir des adultes. Certains groupes ont une métamorphose incomplète (fig.5) ; ce sont les exoptérygotes. Les ailes de ces insectes se forment à l'extérieur de leur corps ; ce sont les *ZYGENTOMA, EPHEMEROPTERA, ODONATA, PLECOPTERA, BLATTODEA, MANTODEA DERMAPTERA, ORTHOPTERA, PHASMATODEA, HETEROPTERA, HOMOPTERA, THYSANOPTERA, PSOCOPTERA, ANOPLURA* et *MALLOPHAGA.*

larves adulte

Figure 5

Insectes à métamorphose incomplète.

Les endoptérigotes appartiennent à des groupes moins anciens. Leur métamorphose est complète (fig. 6) ; les ailes se forment à l'intérieur du corps. Ce sont les *MEGALOPTERA, NEUROPTERA, COLEOPTERA, MECOPTERA, SIPHONAPTERA, DIPTERA, TRICHOPTERA, LEPIDOPTERA* et *HYMENOPTERA.*

larve nymphe adulte

Figure 6

Insectes à métamorphose complète.

Ne tirez pas sur le chasseur !

Une collection d'insectes bien étiquetés n'est pas un banal cimetière d'insectes. C'est plutôt une multitude d'échantillons pouvant être très utiles aux spécialistes des sciences biologiques. Plusieurs spécimens capturés par les amateurs sont donnés à des collections publiques, et l'information inscrite sur les étiquettes est compilée dans une banque informatique. Ces données sont mises à la disposition d'entomologistes professionnels leur permettant ainsi de réaliser divers travaux de recherche. Les spécimens eux-mêmes peuvent faire l'objet d'études génétiques ; c'est parfois ainsi que l'on découvre de nouvelles espèces.

Durant toute sa vie, le simple collectionneur ne capturera jamais autant d'insectes que ne pourra en tuer en une journée le promoteur immobilier qui rase la forêt. Le défi des entomologistes amateurs est de faire la promotion de l'écologie en faisant connaître aux gens les insectes de leur environnement dans toute leur diversité. Celui qui ne reconnaît pas la noblesse du travail minutieux de l'entomologiste amateur n'a donc rien d'un écologiste.

Femelle de l'Automéris Photo : Christian Guay

CAPTURER ET CONSERVER LES INSECTES

Comment capturer et tuer les insectes

C'est au moyen d'un filet à papillons, de petites bouteilles, de sacs refermables et très souvent avec les mains que je capture les insectes. Les papillons diurnes doivent être immobilisés rapidement pour éviter qu'ils ne s'abîment, c'est pourquoi il faut briser leurs muscles thoraciques en les écrasant un peu entre les doigts alors que les ailes sont fermées vers le haut. Je les place dans un petit contenant de plastique pour ne pas les briser durant le transport vers la maison.

Les autres insectes ne devraient pas être transportés dans le même contenant que les papillons, car ces derniers ont les ailes trop fragiles et perdent leurs écailles facilement; en plus, celles-ci iraient colorer les autres insectes. Il faut séparer les insectes robustes des frêles en plaçant les coléoptères dans une bouteille à part. Les cicindèles sont des coléoptères très agressifs et ne peuvent être placées avec d'autres insectes sans avoir été tuées au préalable. Le plus simple dans leur cas est de les placer dans un contenant ayant au fond un mouchoir imbibé d'acétate d'éthyle ; le produit est un poison fort utile au collectionneur d'insectes, on le trouve chez certains distributeurs de produits entomologiques.

Les insectes piqueurs comme les guêpes, abeilles et bourdons sont attrapés au filet à papillons et placés dans un contenant pour être tués à l'acétate d'éthyle. Comme l'allergie aux piqûres de guêpe n'est pas rare, il faut être prudent avec la manipulation de ces hyménoptères.

Comme vous ne partez probablement pas pour plus de quelques heures, inutile d'utiliser des produits chimiques pour tuer la plupart des insectes. C'est grâce à la congélation que je tue 99 % des insectes que j'attrape durant le jour. Le 1 %, c'est pour les guêpes attrapées tôt au printemps : attention, car elles résistent au gel ! La nuit, on peut capturer un très grand nombre d'insectes autour des lumières ; il faut donc les regrouper dans quelques contenants ayant un morceau d'éponge imbibé d'acétate d'éthyle. Certains plastiques ne résistent pas à ce produit, il vaut mieux utiliser des éponges de carton et tester les contenants avant d'aller à la chasse.

La conservation

Au congélateur, vous pourrez conserver les insectes dans de petits contenants bien fermés pour plus d'un an. S'ils sont trop secs pour en faire le montage, il suffira de les placer dans un contenant de plastique sur une éponge humide pendant une journée. Pour accélérer le ramollissement des papillons, on peut leur injecter l'équivalent de 3 gouttes d'eau dans le thorax. Il est possible, pour certains insectes robustes, de les tremper dans de l'alcool à friction à 70 % pendant quelques secondes ; ils deviennent alors moins fragiles, et cela permet de les désinfecter.

Une huile peut suinter du corps lors du séchage des gros papillons ; les ailes s'en trouveront brunies et d'apparence graisseuse. Pour les nettoyer, on trempe le papillon dans l'acétone à quelques reprises et pendant quelques secondes. Ce produit s'évapore rapidement et ne contient pas d'eau, ce qui ne ramollira pas le papillon déjà sec et étalé.

Le montage

Il faut se procurer des épingles entomologiques de différentes tailles chez un spécialiste d'articles de sciences naturelles. Une liste de ces commerces est disponible à la fin du livre en annexe. Notez que l'Association des entomologistes amateurs du Québec inc. (AEAQ) distribue aussi ce genre d'article qu'on peut commander par la poste ; toute l'information se trouve sur leur site Internet.

Il y a plusieurs grosseurs d'épingles entomologiques, et elles résistent toutes à l'oxydation. Après quelques années, le métal des épingles à couture se détériore au contact des substances chimiques contenues dans les insectes. En général, le montage est assez simple ; on dispose les insectes sur un styromousse bleu. Il faut planter une épingle du côté droit de l'abdomen des coléoptères et des punaises, alors qu'on la place au centre du thorax pour les autres insectes ; c'est surtout une question de jugement selon la forme et la taille de l'insecte. On place les pattes et les antennes à l'aide de plusieurs épingles plantées dans le styromousse. Les petits insectes doivent être fixés sur une pointe de carton blanc à l'aide de colle blanche ; le bout de la pointe est légèrement courbé pour épouser la forme de l'insecte.

Coléoptère

Insecte sur pointe vu de dessous

On enfonce l'épingle afin de laisser environ 10 mm dépasser au-dessus du corps. Les pattes et antennes sont ramenées vers le corps à l'aide d'épingles que l'on pique dans le styromousse. Après deux à cinq jours, on peut retirer l'insecte pour le placer dans une boîte ayant un styromousse au fond. À l'intérieur de la boîte, il faut fixer une petite bouteille au couvercle troué ; on y laissera de la naphtaline en boules pour éviter la visite des dermestes et des ptines.

Dermestes

Ptine

On évitera aussi d'exposer les insectes d'une collection scientifique à la lumière du jour pour qu'ils conservent leurs couleurs. Rien ne vous empêche d'accrocher quelques boîtes vitrées bien en vue et de remplacer les spécimens aux deux ou trois ans ; les insectes méritent qu'on les voit ! Ces boîtes peuvent avoir chacune un thème particulier : les insectes des milieux humides, les papillons diurnes, les saturnidés, les insectes forestiers… il n'y a pas de limite ! Vous pouvez même y ajouter des fleurs séchées ! C'est un bon moyen de faire de la vulgarisation scientifique.

L'ÉTIQUETAGE

Il faut placer 3 petites étiquettes (10 X 15 mm) à 10 mm sous l'insecte. Sur la première, on écrit le nom de la ville au complet et la date en utilisant les chiffres romains pour indiquer le mois. Il faut y ajouter le nom du collectionneur. Dans mon exemple, l'insecte a été capturé le 5 juin 1986. Notez que l'utilisation d'une imprimante donne de plus belles étiquettes qui seront lues plus facilement par d'autres personnes.

Exemple d'étiquette du haut :

St-Nicolas (Lévis)
5-VI-1986
Coll. : Y. Dubuc

On place une seconde étiquette avec le nom de la plante et/ou le moyen avec lequel on a capturé l'insecte.

Exemple d'étiquette du milieu :

sur fleurs
de viorne

Lorsque l'insecte sera identifié, on ajoutera la troisième étiquette avec le nom scientifique et le nom de l'auteur qui l'a décrit. Si on identifie seulement le genre, il faudra écrire « sp » à la place du nom de l'espèce. Sous le nom de l'insecte, il faut indiquer le nom de la personne qui a déterminé le genre et l'espèce ainsi que l'année de l'identification.

Exemple d'étiquette du bas :

Bibio sp Geoff.
Det. : Y. Dubuc
1986

Montage des papillons

Il faut d'abord se procurer des étaloirs de différentes tailles chez un spécialiste de matériel de sciences naturelles. Les meilleurs étaloirs à papillons sont ajustables en fonction de la grosseur des spécimens. Pour étaler les ailes des papillons, vous aurez aussi besoin d'épingles de grosseur '000'. Consulter la liste des commerces en annexe.

Les ailes des papillons sont généralement couvertes de petites écailles colorées qui se détachent au moindre frottement ; il faut éviter de les toucher, car le papillon perd alors ses belles couleurs. De plus, le corps des papillons est couvert de soies (poils) qui se détachent et restent en suspension dans l'air, pouvant alors causer des allergies respiratoires chez certaines personnes sensibles. Il s'agit simplement d'éloigner son visage de la table de montage lorsque l'on voit des soies et des écailles s'envoler durant les manipulations. La meilleure façon consiste à placer un ventilateur à environ un mètre de soi afin d'éloigner les minuscules débris.

Les 3 étapes du montage d'un papillon :

1 **Placer** les ailes vers le haut, puis écraser le thorax (entre la tête et l'abdomen) avec vos doigts ou avec des petites pinces à cils. Cette étape a pour but de briser les muscles des ailes pour faciliter l'étalement. On utilise aussi cette technique pour paralyser les papillons diurnes lorsqu'ils sont dans le filet à papillons ; de cette manière, le risque de le voir s'envoler est presque nul.

2 **Piquer** une épingle entomologique (numéro 1) au centre du thorax et l'enfoncer pour ne laisser dépasser que 10 mm environ. Ensuite, placer 4 épingles (une par aile) à environ 1 centimètre du corps tel qu'indiqué sur l'image. On utilise normalement les épingles les plus fines (numéro 000) dont on dispose pour éviter de créer de grandes perforations dans la membrane des ailes.

3 **Lorsque** les ailes sont fixées, on ajoute des bandes de papier ciré (enveloppe de timbre) pour les aplatir et éviter qu'elles se déforment au séchage. Ces bandes sont fixées à l'aide d'épingles et devraient être de la largeur des ailes. Retirer les épingles plantées dans les ailes et placer deux épingles sous l'abdomen afin de le supporter. Placer les antennes sous les bandes de papier et laisser les papillons à sécher pour quelques jours dans un endroit chaud et sec ; le meuble de la chaîne stéréo est parfait pour ça !

Lorsque le papillon est sec, enlever les bandes de papier et placer le papillon dans une boîte de collection. Ne pas oublier de placer les étiquettes !

Gauche :
Polyphéme d'Amérique

Droite :
Chenille du cécropia

Photos : Christian Guay

Tigré du Canada sur Épervière orangée

Photo : Claude Simard

Cicindèle à 6 points

Gauche :
Tentrède de l'orme

Droite :
Amiral blanc

Photos : Claude Simard

Nombre d'espèces au Québec dans ce groupe ; parfois (É-U+Can) pour États-Unis et Canada.

FAMILLE *LYGAEIDAE*

9 spp (Qc)

Longueur réelle (approximative) de l'insecte. Cette ligne peut être absente lorsque l'insecte est de grandeur réelle.

Oncopeltus fasciatus (Dall.)
Punaise de l'asclépiade
Large milkweed bug

Abréviation du nom du premier auteur qui a décrit l'espèce. Les parenthèses indiquent que le nom du genre a changé depuis sa première description.

Nom scientifique en latin
Nom français
Nom anglais

Organisme parfois présent dans la maison ou l'appartement

♀ Femelle

♂ Mâle

3/4 Réduction de l'insecte par rapport à la réalité

Des informations suplémentaires pour les espèces de cette page se retrouve dans l'annexe à la page 406.

Petit glossaire

Aptère Sans ailes.

Chrysalide Nymphe des papillons.

Cocon Enveloppe entourant la nymphe (ou la chrysalide) de plusieurs insectes.

Exuvie Dépouille d'une larve ou d'une nymphe au moment de la métamorphose ou à la suite d'une mue.

Hémimétabole Insectes à métamorphose incomplète (œuf → larve → adulte).

Holométabole Insectes à métamorphose complète (œuf → larve → nymphe → adulte)

Larve Stade du développement situé entre l'œuf et la nymphe chez les insectes holométaboles et entre l'œuf et l'adulte chez les hémimétaboles. Par exemple, les chenilles, les asticots et le ver blanc (hanneton) sont des larves.

Nymphe Stade du développement situé entre la larve et le stade adulte chez les insectes à métamorphose complète; le stade nymphal du papillon est la chrysalide.

Oothèque Loge sécrétée par la femelle de certains insectes (voir Mante religieuse) pour y abriter ses œufs.

Pupe Nymphe de certains diptères.

Soie

1 - Poils isolés et spécialisés, répartis en position définie. Elles sont de structures diverses.

2 - Produit salivaire pouvant servir à la fabrication du cocon chez certaines chenilles.

Classification des insectes

La classification des êtres vivants est un défi toujours renouvelé. La découverte continuelle de nouvelles espèces et les progrès de la biologie moléculaire font en sorte que nous comprenons de mieux en mieux les liens évolutifs entre les êtres vivants. Les taxinomistes (spécialistes de la classification) ont changé la classification à quelques reprises. Puisque la classification des êtres vivants est une invention de l'homme, on peut croire qu'elle sera toujours en évolution, tout comme le sont les êtres vivants.

Informations sur les espèces

En annexe, vous trouverez l'aire de distribution de nombreuses espèces d'insectes ainsi que l'information sur certains aspects de leur biologie. Ces détails pourront améliorer les chances de capture en indiquant par exemple aux collectionneurs vers quelles dates chasser l'espèce recherchée et dans quel habitat.

Le recours à une carte populaire très visuelle a été requis pour représenter les aires de distribution de nombreuses espèces d'insectes directement ou indirectement associées aux espèces de plantes qui les entourent. Cette cartographie est celle que les nombreux amants de l'horticulture connaissent bien : « La carte des zones de rusticité des plantes » du ministère des Ressources naturelles du Canada. Il est souvent possible d'utiliser cette carte pour montrer grossièrement l'aire de distribution des espèces d'insectes. Cette carte est présentée en annexe et peut aussi être imprimée en format plus grand à partir du site Internet du ministère.

Mélanople birayé

SITUATION DES INSECTES DANS LA CLASSIFICATION SCIENTIFIQUE

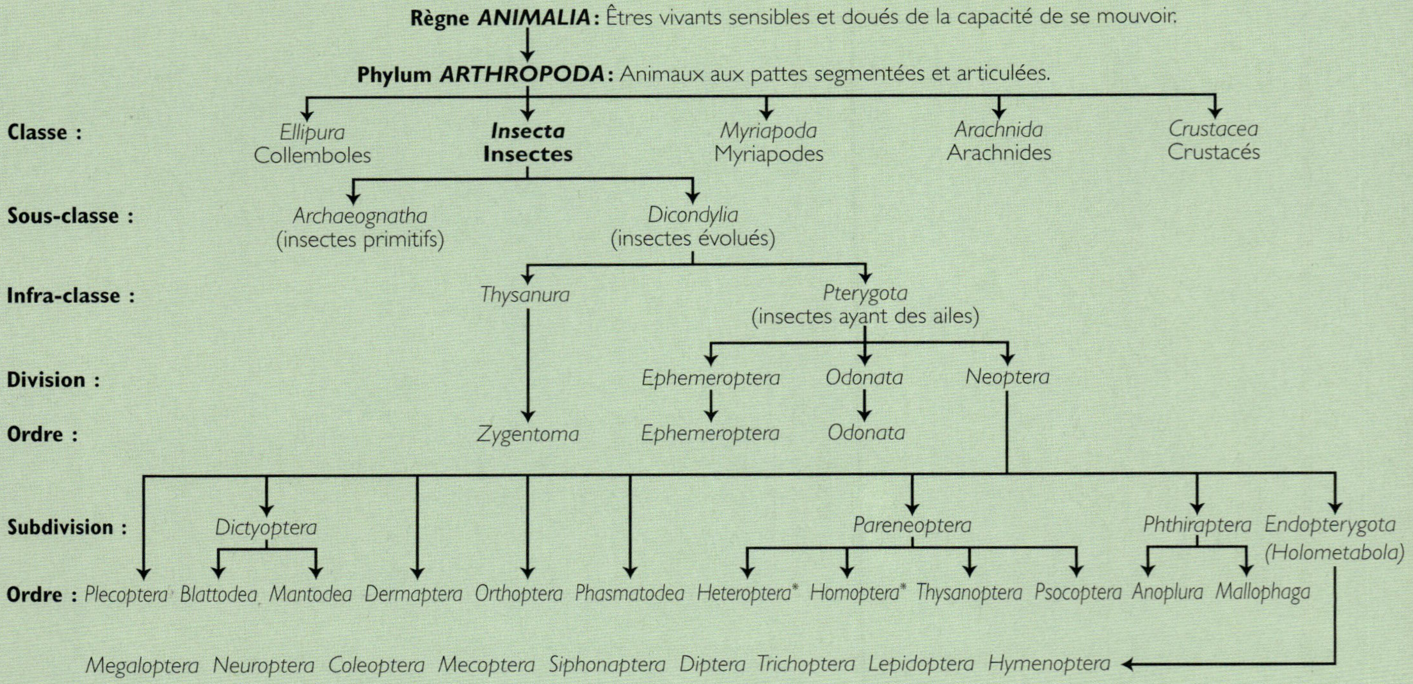

*Plusieurs auteurs considèrent les hémiptères et les homoptères comme étant deux sous-ordres des hétéroptères.

LES COLLEMBOLES

Ordre ***COLLEMBOLA*** _839 spp (É-U+Can)

Collemboles / Springtails

Leurs pièces buccales sont de type broyeur. Ils ont trois segments thoraciques, six segments abdominaux ou moins, une furca et un tube ventral (pour les échanges hydriques semble-t-il). On retrouve les collemboles en très grand nombre sur le sol; ils se nourrissent principalement de matière organique en décomposition.

LES MYRIAPODES

Les chilopodes ont une paire de pattes par segment, ce sont des prédateurs de petits organismes. Les diplopodes ont deux paires de pattes par segment, ce sont des décomposeurs.

Chilopoda
Chilopodes ou Centipèdes
Centipedes

Diplopoda
Diplopodes ou Millipèdes
Millipedes

LES ARACHNIDES

Les pseudoscorpions, les opilions, les araignées et les acariens ont huit pattes. Ces organismes sont des prédateurs ; chez les acariens, on compte aussi des décomposeurs et des parasites. Le pseudoscorpion de nos maisons porte le nom latin de *Chelifer cancroides* (L.).

Ordre *CHELONETHIDA*

Pseudoscorpions
Pseudoscorpions

Ordre *PHALANGIDA*

Opilions ou Faucheux
Daddy-long-legs or Harvestmen

Ordre *ARANEIDA*

Araignées
Spiders

Cette araignée du genre *Dolomedes* peut se retrouver dans le sous-sol des maisons près de l'eau.

Ordre *ACARINA*

Acariens
Mites

Ordre ***ISOPODA***

Cloportes / Sowbugs

Les cloportes ont 14 pattes. Au Québec, le cloporte mange des débris végétaux ; il est donc un décomposeur utile au jardin. Il n'y a aucune raison valable d'utiliser des pesticides contre ces petits crustacés. La présence de cloportes dans un sous-sol de maison indique une forte humidité. Le simple usage d'un déshumidificateur élimine les cloportes.

Ordre ***ZYGENTOMA***_18 spp (É-U+Can)

Zygentomes / Zygentoma

Ce sont des insectes communs dans les maisons, surtout en ville. Les zygentomes vivant en milieux naturels se retrouvent sous les feuilles mortes et les morceaux de bois en décomposition ; leur nourriture se compose de végétaux. Les espèces domestiques s'attaquent à la tapisserie et à divers autres produits composés d'amidon. Ils peuvent survivre jusqu'à 300 jours sans nourriture. La larve est presque identique à l'adulte, car celui-ci n'a pas d'ailes.

FAMILLE LEPISMATIDAE

Lepisma saccharina L.
Lépisme argenté ou Poisson d'argent
Silverfish

Thermobia domestica (Pack.)
Thermobie
Firebrat

Ordre | ***EPHEMEROPTERA*_** 100 spp (Qc)

Éphémères / Mayflies

Les éphémères (mannes) ont une vie de 1 à 10 jours au stade adulte, mais ils vivent plusieurs mois (parfois deux ans) dans l'eau au stade larvaire. Durant cette période de vie aquatique, les larves peuvent muer de 20 à 60 fois. À ce stade, certaines espèces mangent des végétaux ou des petits organismes, d'autres se nourrissent de débris. Les éphéméroptères sont une importante source de nourriture pour les animaux aquatiques ; ils servent aussi d'indicateur de santé des cours d'eau à cause de leur sensibilité à la pollution.

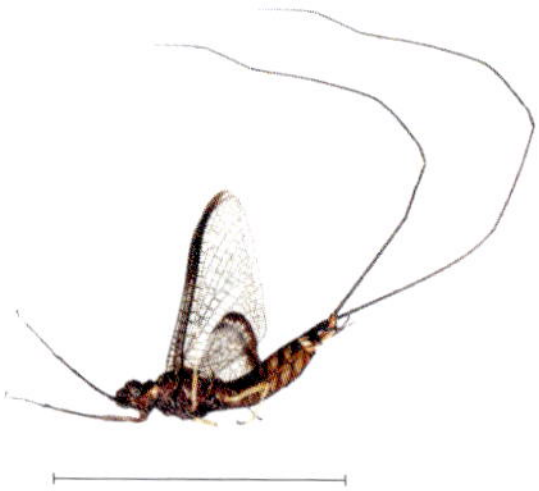

Ordre *ODONATA*_138 spp (Qc)

Le mot « odonata » signifie « mandibules munies de dents ». Les larves et les adultes sont aquatiques et insectivores.

Après l'émergence, l'adulte passe par une période d'immaturité sexuelle qu'on nomme stade ténéral ; l'insecte peut prendre plusieurs jours (entre 7 et 30 selon l'espèce) avant de prendre ses couleurs définitives. De plus, les ailes des odonates sont plus brillantes durant ce stade d'immaturité. Ils s'éloignent du milieu aquatique pour y revenir une fois la maturité atteinte.

Suivra l'accouplement et la ponte. Lors de l'accouplement, le mâle tient le cou de la femelle en utilisant l'extrémité de son abdomen. On distingue différentes façons de pondre chez les odonates selon les espèces ; certaines déposent leurs œufs dans l'eau ; si la femelle est dotée d'un ovipositeur, elle les introduira dans la mousse, la boue ou même dans les tiges de végétaux morts ou vivants.

Pour conserver les odonates, il faut les tuer par congélation, puis les placer dans l'acétone pendant 24 heures afin qu'ils conservent leurs couleurs. On peut utiliser un contenant plat avec 2 cm d'acétone au fond. Ensuite, on peut planter une épingle dans le thorax et laisser sécher. *ATTENTION : l'acétone (diluant disponible en vente libre) est un produit toxique : utiliser des pinces en métal pour manipuler les insectes dans l'acétone et éviter de respirer les vapeurs. Faire attention aux éclaboussures et respecter les avertissements indiqués sur le contenant d'acétone.*

Le meilleur livre permettant d'identifier les odonates du Québec est celui de Pilon et Lagacé *Les odonates du Québec* édité par Entomofaune du Québec (EQ) Inc. En plus d'avoir des clés d'identification pour reconnaître chaque espèce de la province, on y présente un tableau de l'aire de distribution de chacune d'elles.

Ordre **ODONATA**

Sous-ordre | ***ANISOPTERA*** _101 spp (Qc)

Libellules / Dragonflies

Les anisoptères ont un vol rapides et leurs ailes sont toujours à l'horizontale lorsqu'ils sont au repos.

larve

FAMILLE *CORDULEGASTRIDAE*

3spp (Qc)

♀

Taeniogaster obliqua obliqua (Say)
Coldulégastre oblique
Arrowhead spiketail

Ordre | ***ODONATA***

Sous-ordre | ***ANISOPTERA***

Libellules / Dragonflies

FAMILLE GOMPHIDAE

25 spp (Qc)

♀

Gomphus adelphus Sélys
Gomphe jumeau
Moustached clubtail

Ophiogomphus aspersus Morse
Ophiogomphe saupoudré
Brook snaketail

FAMILLE ÆSHNIDAE

19 spp (Qc)

♂

Æshna constricta Say
Æschne constrictor
Lance-tipped darner

Ordre ***ODONATA***

Sous-ordre | ***ANISOPTERA***

Libellules / Dragonflies

Æshna interrupta interrupta Wlk.
Æschne domino
Variable darner

Anax junius (Drury)
Anax de juin
Common green darner

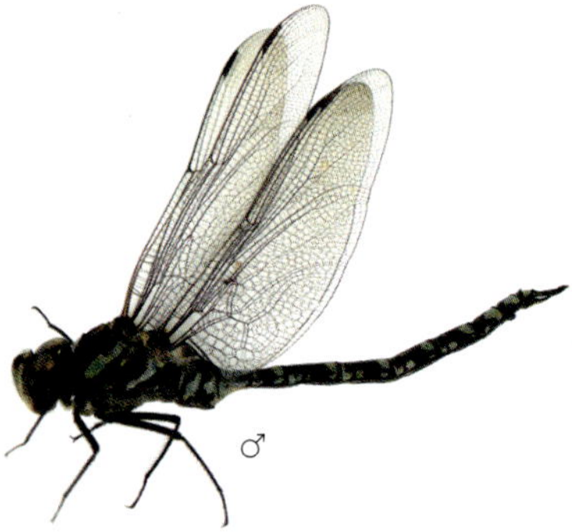

Æshna canadensis Wlk.
Æschne du Canada
Canada darner

FAMILLE *CORDULIIDAE*

25 spp (Qc)

Epitheca cynosura (Say)
Épithèque à queue de beagle
Common baskettail

FAMILLE *LIBELLULIDAE*

19 spp (Qc)

Celithemis elisa (Hagen)
Célithème indienne
Calico pennant

Libellules / Dragonflies

Libellula luctuosa Burm.
Libellule mélancolique
Widow skimmer

Libellula pulchella Drury
Libellule gracieuse
Twelve-spotted skimmer

♂

Libellula quadrimaculata quadrimaculata L.
Libellule quadrimaculée
Four-spotted skimmer

♂

♀

Libellula lydia Drury
Libellule lydienne
Common skimmer

Ordre | *ODONATA*

Sous-ordre | *ANISOPTERA*

Libellules / Dragonflies

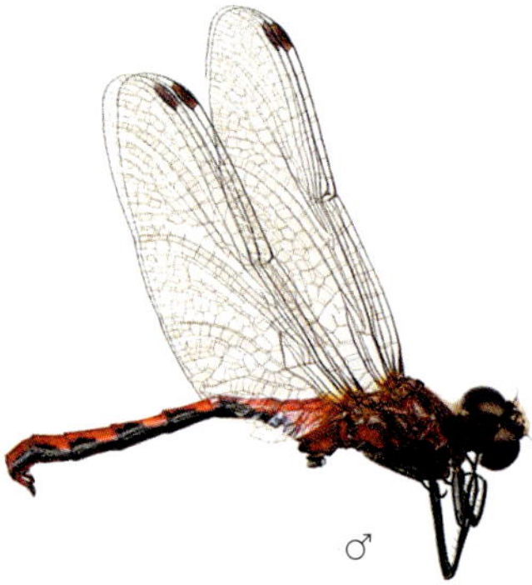

♂

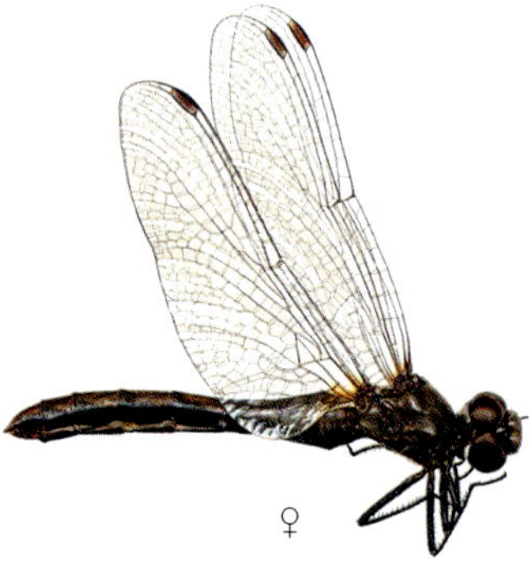

♀

Sympetrum obtrusum obtrusum (Hagen)
Sympétrum éclaireur
White-faced meadowhawk

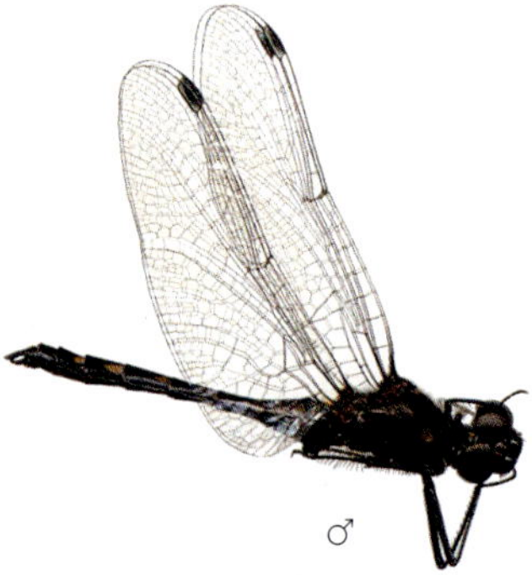

♂

♀

Sympetrum danae (Sulzer)
Sympétrum noir
Black meadowhawk

Sympetrum semicinctum (Say)
Sympétrum semi-ambré
Band-winged meadowhawk

♀

Sympetrum vicinum (Hagen)
Sympétrum tardif
Yellow-legged meadowhawk

Ordre **_ODONATA_**

Sous-ordre | **_ZYGOPTERA_**_37 spp (Qc)

Demoiselles / Damselflies

Au repos, les demoiselles ont les ailes regroupées au-dessus de l'abdomen.

FAMILLE *LESTIDAE*

9 spp (Qc)

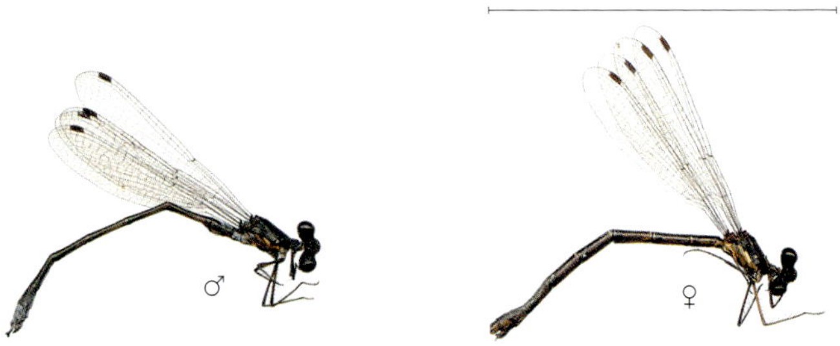

Lestes congener Hagen
Leste tardif
Spotted spreadwing

Lestes disjunctus disjunctus Sélys
Leste disjoint
Common spreadwing

Ordre | ***ODONATA***

Sous-ordre | ***ZYGOPTERA***

Demoiselles / Damselflies

FAMILLE *CALOPTERYGIDAE*

4 spp (Qc)

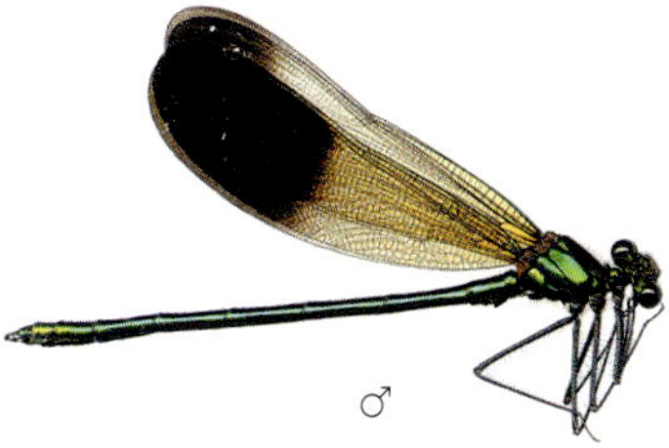

Calopteryx aequabilis Say
Caloptéryx à taches apicales
River jewelwing

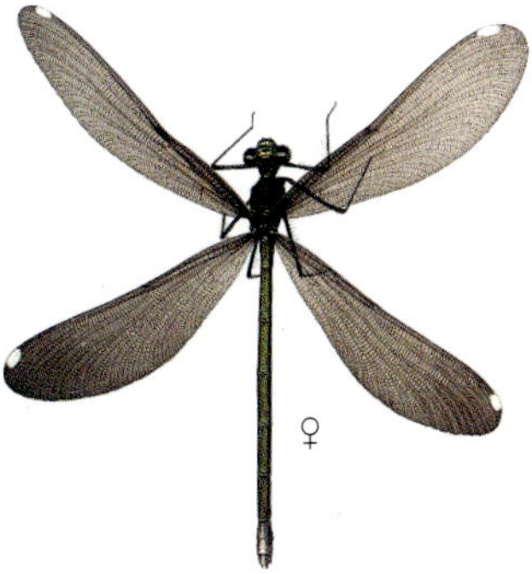

Le mâle n'a pas de tache blanche.

Calopteryx maculata (Beauv.)
Demoiselle bistrée
Brown damselfly

Ordre ***PLECOPTERA***_85 spp (Qc)

Plécoptères ou Perles / Stoneflies

La larve des plécoptères vit dans l'eau pendant 1 à 3 ans ; certaines mangent des débris, et d'autres sont prédatrices. La plupart des espèces ne mangent pas à l'âge adulte, et plusieurs se reproduisent en hiver ou tôt au printemps ; il arrive donc qu'on les observe en grand nombre au mois de mars, près des grandes rivières.

Pteronarcys dorsata Say

Grand plécoptère à ligne dorsale

Ordre **_BLATTODEA_**

Blattes ou Coquerelles / Cockroaches

La blatte est omnivore, elle ne sort que la nuit pour manger. Le jour, on la trouve cachée sous les pierres et débris jonchant le sol. Les œufs sont contenus dans une oothèque. Nous avons une seule espèce de blatte indigène ; elle ne vit pas dans les maisons ou les appartements. Au Québec, la seule espèce indigène est la Blatte de Pennsylvanie ; elle est peu commune et plutôt localisée.

FAMILLE *BLATTIDAE*

49 spp (É-U+Can)

Blatta orientalis L.
Blatte orientale
Oriental cockroach

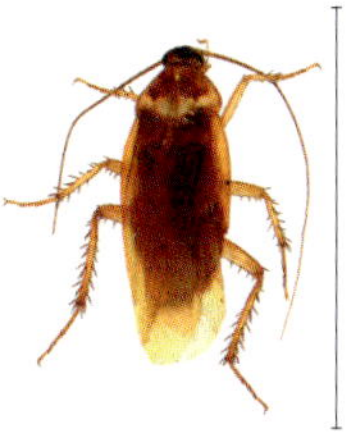

Periplaneta americana L.
Blatte américaine
American cockroach

Parcoblatta pensylvanica (DeG.)
Blatte de Pennsylvanie
Pennsylvania woods cockroach

FAMILLE *BLATTELLIDAE*

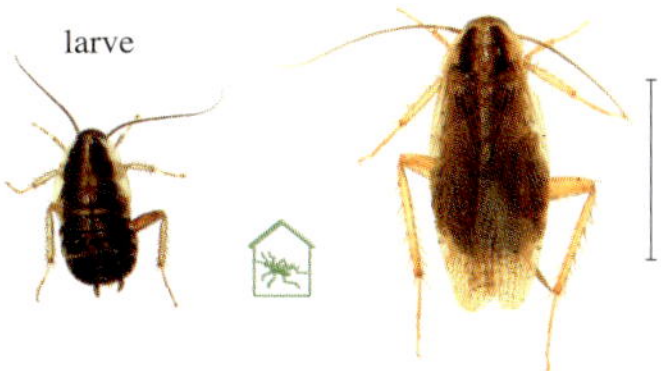

Blattella germanica L.
Blatte germanique
German cockroach

FAMILLE *MANTIDAE* **Mantidés** / Mantids

2 spp (Qc)

Les mantes sont insectivores ; on les trouve près des fossés, dans les champs abandonnés et les clairières. Au printemps, les larves émergent de l'oothèque presque toutes en même temps et commencent rapidement à se nourrir de minuscules insectes tels les pucerons. À la fin de l'été, les femelles devenues adultes vont s'accoupler et pondre trois ou quatre oothèques contenant chacune des dizaines d'œufs ; la ponte s'échelonnera sur une période de quelques semaines. Les masses d'œufs seront collées à des roches ou des tiges herbacées. Les oothèques sont commercialisées par les promoteurs de la culture biologique. Au Québec, on retrouve les mantes surtout au sud de Montréal ; de plus, elles sont communes à St-Hyacinthe, Mont-St-Hilaire et aussi sur la rive nord du fleuve à Berthierville. La Mante religieuse est aussi présente dans la grande région de Québec, mais elle y est rare.

Tenodera aridifolia sinensis Stoll.
Mante chinoise
Chinese mantis

Ordre | *MANTODEA*

Oothèque contenant
les œufs de la mante.

♂

♀

Mantis religiosa religiosa (L.)
Mante religieuse
European mantid

FAMILLE FORFICULIDAE

2 spp (Qc)

Il s'agit d'insectes omnivores dont les pièces buccales sont de type broyeur. Les forficules sont nocturnes ; *Labia minor* est aptère alors que *Forficula auricularia* vole. Comme ils aiment la noirceur et l'humidité, ils se cachent sous les planches, les pierres et dans le sol en attendant qu'arrive la nuit pour sortir. C'est souvent malgré eux qu'ils se retrouvent dans les maisons. On les fait entrer par mégarde avec les jouets des enfants, le linge qui avait été oublié sur la corde toute la nuit, les pots à fleurs ou le bois de chauffage. Les portes et fenêtres mal fermées causent aussi un problème, car les premières lueurs du jour les obligent à chercher refuge dans les moindres anfractuosités. C'est un des rares insectes à s'occuper de sa progéniture ; dès la ponte, la femelle lèche les œufs au moins quatre fois par heure, probablement pour les protéger des champignons. Les larves naissent dans le sol et en émergent à partir de juin. On peut diminuer la population de perce-oreilles près de la maison en plaçant des couvercles contenant de l'huile végétale et un peu de beurre d'arachide.

Forficula auricularia L.
Forficule ou Perce-oreille
Earwigs

Labia minor (L.)
Forficule nain

Ordre *ORTHOPTERA*_75 spp (Qc)

« Orthoptère » signifie « ailes droites », mais certaines espèces sont toutefois aptères. Une caractéristique bien connue de ces insectes est leur capacité de sauter grâce à leurs fémurs postérieurs très développés. Plusieurs espèces d'orthoptères produisent une stridulation qui leur est propre. À l'aide du *Guide sonore et visuel des insectes chanteurs du Québec* de Georges Pelletier (Éditions Broquet), il est facile d'apprendre à reconnaître à l'oreille plusieurs de nos espèces.

FAMILLE *RHAPHIDOPHORIDAE* 6 spp (Qc)

Caméllines / Camel-crickets or Cave crickets

La nourriture des caméllines est principalement constituée de champignons et de plantes mortes.

Tachycines asynamorus Ad.
Tachicine des serres

Ceuthophilus brevipes Scud.
Camélline à pattes courtes

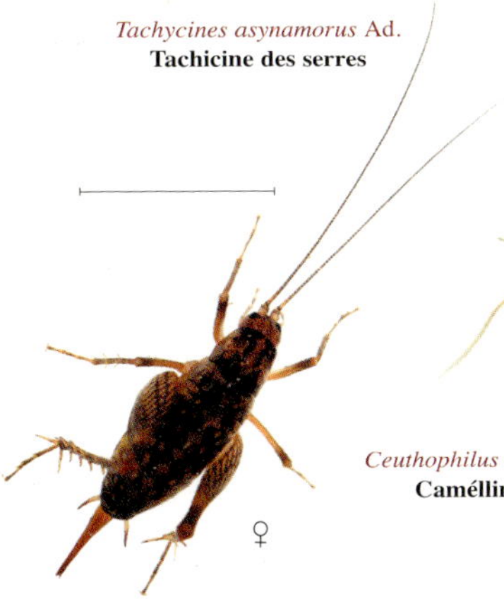

Ceuthophilus maculatus Hars.
Caméllline maculée

FAMILLE *TETTIGONIIDEA* Tettigonies ou Sauterelles vertes

Katydids or Long-horned grasshoppers 17 spp (Qc)

Ces grandes sauterelles sont remarquables par leur grâce et par leur stridulation estivale et automnale. Leurs antennes sont plus longues que leur corps. La nourriture des tettigonies se constitue de plantes. Les œufs sont pondus à l'automne sur les plantes ou dans leur tissu. De nombreux sites Internet offrent la possibilité de voir et d'entendre les espèces présentées ici ; il suffit de chercher en utilisant le nom scientifique de l'insecte.

On trouve la Scuddérie à ailes oblongues sur les buissons bordant les boisés. Le mâle émet sa stridulation dès le début de la nuit pour attirer la femelle.

La Scuddérie à ailes larges vit dans les champs et autour des maisons. Le mâle produit une stridulation en fin d'avant-midi et continue la nuit venue ; son chant est alors plus lent à cause de la fraîcheur nocturne.

La plus discrète des grandes sauterelles est probablement la Scuddérie des bois. On la trouve en forêt sur la végétation basse ; les stridulations sont espacées de façon irrégulière.

L'orthoptère le plus bruyant est le Saute-feuille arboricole. Il est surtout associé aux forêts de chênes où il se perche dans la canopée pour émettre une forte stridulation typique : « djé-djé-djé, djé-djé-djé ». Commun dans l'est des États-Unis, il se fait rare au nord du Maine.

C'est à la cime d'arbustes qu'on rencontre la Scuddérie striée ; elle vit sur les conifères, surtout le pin. Son ventre est souvent violacé, ce qui aide aussi à l'identification, car les stries peuvent parfois être pâles.

Le Porte-épée armé aime les terrains vagues et le bord des routes. Sa nourriture est constituée d'herbes, de graines et de pucerons. Le mâle chante uniquement par temps nuageux et pendant la nuit. Le jour, lorsque le soleil est caché par un nuage, la stridulation des mâles envahie les herbes ; puis les pulsations s'arrêtent dès que le nuage est passé. À l'opposé, le Grand sphex noir préfère le plein soleil pour s'activer ; c'est un redoutable ennemi du Porte-épée armé. Le chant de cette belle sauterelle rappelle le bruit d'un arrosoir rotatif pour le gazon.

Au Québec, la Scuddérie à ailes oblongues et le Porte-épée armé sont plus communs à partir de Gentilly en allant vers le sud et l'ouest de la province. Ces espèces sont quand même présentes jusqu'à Québec, mais elles demeurent assez rares et localisées. La Scudérie des bois est présente aussi à Québec, mais demeure plus commune dans le Sud-Ouest. L'espèce la plus répandue est la Scuddérie à ailes larges ; elle est présente jusqu'en Gaspésie. Cette espèce vit dans les champs et près des maisons.

Le Saute-feuille arboricole est de plus en plus entendu dans la région de Montréal et deux spécimens ont été entendus à Québec à l'automne 2005, preuve que l'aire de distribution de l'espèce s'agrandie, car la seule mention datait de 1987 dans la région de Trois-Rivières. Une autre sauterelle verte dont l'aire de répartition est en expansion est la Scudérie striée ; sa présence au Québec a été notée à quelques reprises jusqu'à Ste-Julienne au nord de Laval.

Note :
Pour les téttigo-niidés, la longueur indiquée par la ligne inclut les ailes.

Amblycorypha oblongifolia (DeG.)
Scuddérie à ailes oblongues
Oblong-winged katydid

Scudderia pistillata Brum.
Scuddérie à ailes larges
Broad-winged bush katydid

Scudderia curvicauda (DeG.)
Scuddérie des bois
Curved-tailled bush katydid

Scudderia fasciata (DeG.)
Scuddérie striée
Treetop bush katydid or
Black-striped katydid

Pterophylla camellifolia (F.)
Saute-Feuille arboricole
Common true katydid

Conocephalus brevipennis (Scud.)
Conocéphale à ailes courtes
Short-winged meadow katydid

Neoconocephalus ensiger (Harris)
Porte-épée armé
Swordbearing katydid

Conocephalus fasciatus (DeG.)
Conocéphale étroit
Slender meadow katydid

Orchelimum gladiator Brum.
Conocéphale gladiateur
Gladiator meadow katydid

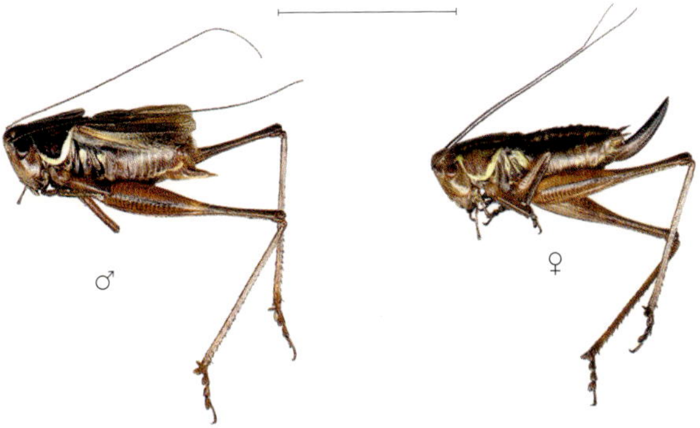

Metrioptera roeselii (Hag.)
Decticelle bariolée
Roesel's bush cricket

FAMILLE *GRYLLIDAE*

12 spp (Qc)

Les gryllidés sont omnivores, ils peuvent manger des œufs et des larves d'insectes, des insectes morts et aussi des plantes et des champignons. Le mâle chante pour attirer la femelle. On trouve facilement le Grillon domestique dans les animaleries ; on l'utilise pour nourrir les petits animaux insectivores. Le trait indiquant la longueur du corps exclut l'ovipositeur et les cerques au bout de l'abdomen.

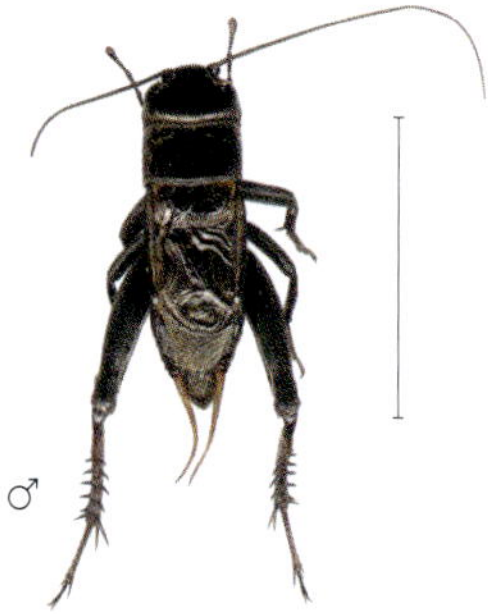

Gryllus veletis (A.&B.)
Grillon printanier
Spring field cricket

Gryllus pennsylvanicus (Burm.)
Grillon automnal
Fall field cricket

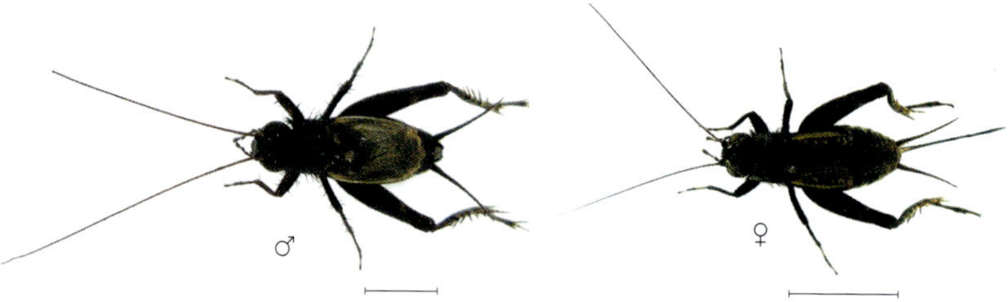

Allonemobius allardi (A.&T.)
Némobie des prés

exuvie

larve

Acheta domesticus L.
Grillon domestique
House cricket

Eunemobius carolinus (Scud.)
Némobie luisante

Sous-famille : *Oecanthinae*_4 spp (Qc)

Les oecanthes sont plutôt omnivores ; ils apprécient particulièrement les pucerons. On les trouve sur les rosiers, les ronces et sur le framboisier ; une espèce toute noire vit sur le pin dans le sud-ouest de la province. On peut les garder dans un vivarium en leur donnant pour nourriture des feuilles infestées de pucerons ; comme le mâle chante pour attirer la femelle, cela peut être agréable dans une maison ! La femelle peut endommager les cultures en plantant son ovipositeur dans les jeunes tiges pour y insérer ses œufs.

Truc amusant : pour connaître la température qu'il fait en degrés Celsius, il suffit de compter le nombre de stridulations en sept secondes de l'Oecanthe thermomètre puis additionner cinq. Notons que cette espèce est rare à l'est de St-Hyacinthe, mais les gens de la région de Québec seront heureux d'apprendre que j'ai découvert une colonie sur la côte du fleuve à Cap-Rouge à Plage Jacques-Cartier. Il suffit de prendre place sur un banc public par une chaude soirée vers la fin août pour y écouter le concert de l'Oecanthe thermomètre entremêlé du son des vagues…

larve

♂

♀

Oecanthus fultoni Wlk.
Oecanthe thermomètre
Fulton's tree cricket, Temperature cricket, or Snow tree cricket

Oecanthus nigricornis Wlk.
Oecanthe à pattes noires
Black-horned tree cricket

Oecanthus quadripunctatus Beut.
Oecanthe à quatre points
Four-spotted tree cricket

FAMILLE *ACRIDIDAE* **Criquets ou Locustes**
Short-horned grasshoppers 34 spp (Qc)

Les criquets ont les antennes plus courtes que leur corps. Ils mangent la végétation au point d'être parfois une peste. La femelle pond habituellement dans le sol ; plusieurs espèces passent l'hiver au stade d'œuf. Les acrididés sont de piètres chanteurs ; ils produisent au plus quelques courtes stridulations à intervalles parfois longs. Plusieurs vont émettrent un crépitement lors du vol nuptial.

Les œdipodes ont les ailes bien développées et parfois colorées, c'est le cas de plusieurs locustes. Ceux-ci peuvent en effet avoir les ailes postérieures colorées de jaune ou de rouge pour captiver l'attention lors du vol. Après l'atterrissage, l'insecte se confond dans l'environnement, car ses ailes antérieures sont grises ou brunâtres tachetées de noir et cachent les couleurs vives des ailes postérieures repliées ; l'éventuel prédateur cherche sans succès l'insecte coloré qu'il a vu disparaître au sol.

Chorthippus curtipennis (Harr.)
Criquet des champs
Marsh meadow grasshopper

Chortophaga viridifasciata (DeG.)
Oedipode vert
Northern green-striped grasshopper

Pardalophora apiculata Harr.
Oedipode pourpré

larve

Dissosteira carolina (L.)
Oedipode à ailes noires
Black-winged grasshopper

Encoptolophus sordidus (Brum.)
Oedipode bistré

Spharagemon bolli Scud.
Oedipode à pattes tricolores

Trimerotropis verruculata (Kby.)
Oedipode verruqueux
Cracker grasshopper

Melanoplus bivittatus (Say)
Mélanople birayé
Yellow-striped grasshopper

Booneacris glacialis (Scud.)
Faux-mélanople alpin
Wingless mountain grasshopper

Melanoplus femurrubrum (DeG.)
Mélanople à pattes rouges
Red-legged grasshopper

Melanoplus punctulatus (Scud.)
Mélanople ponctué
Spotted grasshopper

Stethophyma gracile (Scud.)
Éclaireur élégant
Graceful sedge grasshopper

Melanoplus sanguinipes (F.)
Mélanople voyageur
Migratory grasshopper

Orphulella speciosa Scud.
Criquet tacheté
Pasture grasshopper

FAMILLE *TETRIGIDAE*

6 spp (Qc)

Les tétrigidés sont reconnaissables par la présence d'un prolongement dorsal du thorax (le pronotum) au-dessus de l'abdomen. Ils portent aussi le nom de « criquets pygmées » à cause de leur petite taille qui ne dépasse pas 15 mm (avec les ailes). On les trouve au stade adulte dès la fonte des neiges jusqu'à la fin de l'automne. Leur nourriture est principalement composée de mousses, d'algues, de carex et de plantes mortes. Le bord asséché des étangs et les rives des cours d'eau sont des endroits propices à la capture de ces minuscules orthoptères.

Nomotetrix cristatus (Scud.)
Tétrix à crête
Crested grouse grasshopper

Tetrix arenosa angusta Han.
Tétrix obscur
Obscure grouse grasshopper

Tetrix ornata (Say)
Tétrix orné
Ornated grouse grasshopper

Tetrix subulata (L.)
Tétrix granulé
Granulated grouse grasshopper

Ordre *PHASMATODEA*_1 sp(Qc)

Phasmes / Walking sticks

Le seul phasme que nous avons au Québec se retrouve sur le Mont-Royal et peut-être dans quelques autres lieux à l'extrême sud de la province.

FAMILLE HETERONEMIIDAE

1 sp (Qc)

Diapheromera femorata (Say)
Bâtonnet ordinaire
Common walking stick

Ordre *HETEROPTERA*_675 spp (Qc)

Les punaises terrestres et aquatiques ont des pièces buccales de type piqueur-suceur. Certaines punaises terrestres sont prédatrices alors que d'autres boivent le suc des plantes ; la majorité des punaises aquatiques sont prédatrices.

FAMILLE *GERRIDAE* **Patineurs** / Water strider bugs

15 spp (Qc)

Gerris remigis Say
Patineur matelot
Rowing water strider

Gerris buenoi Kirk
Patineur de Bueno
Bueno's water strider

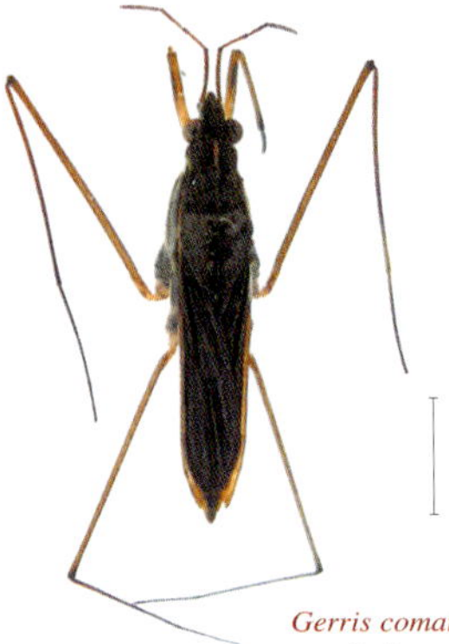

Gerris comatus Dr. & Hot.
Patineur chevelu
Hairy water strider

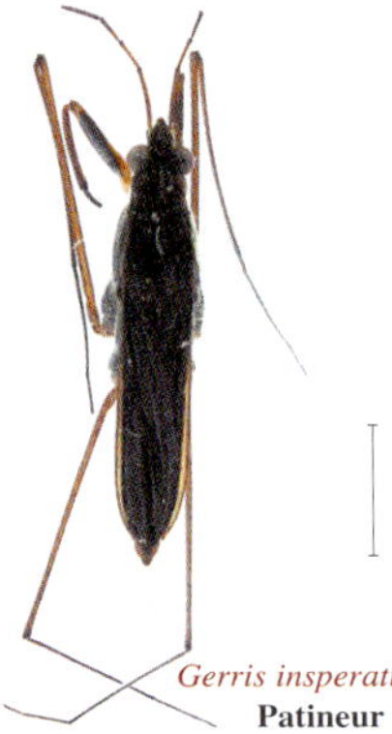

Gerris insperatus Dr. & Hot.
Patineur insolite
Lonely water strider

Ordre *HETEROPTERA*

Les pattes des patineurs ont de minuscules poils qui les empêchent de s'enfoncer dans l'eau. Lorsqu'un petit insecte tombe à l'eau, les patineurs le capturent et le transpercent à l'aide de leur rostre. L'identification des espèces de genre *Gerris* exige l'utilisation de documentation spécialisée et l'examen de l'extrémité ventrale de l'abdomen.

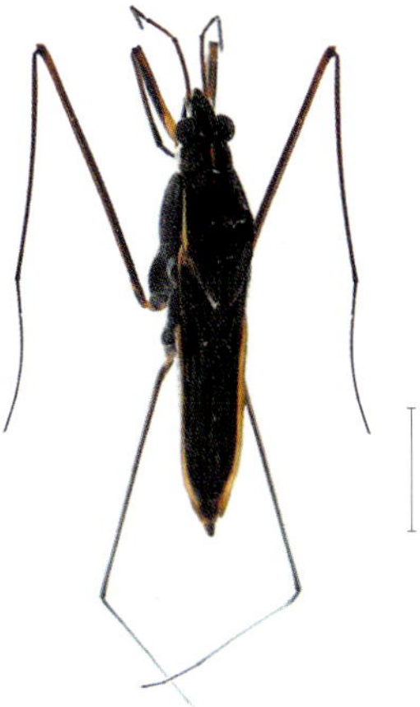

Gerris marginatus Say.
Patineur marginé
Bordered water strider

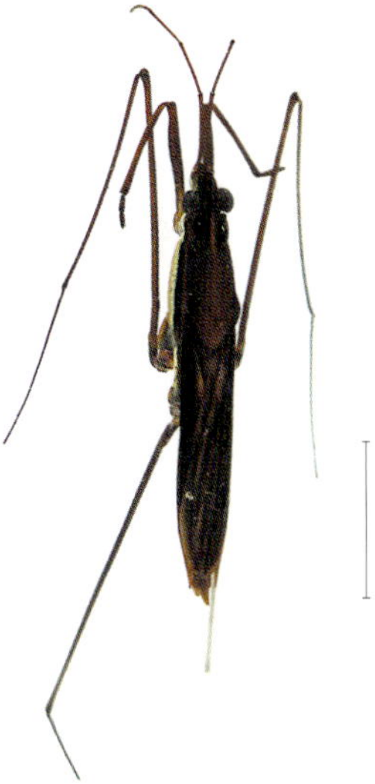

Limnoporus dissortis Dr. & Har.
Patineur disparate
Different water strider

Metrobates hesperius Uhl.
Patineur crépusculaire
Twilight water strider

FAMILLE *VELIIDAE* **Vélies** /Small water strider bugs

4 spp (Qc)

Les *Veliidae* sont des prédateurs actifs à la surface des eaux courantes ou stagnantes. Le *Rhagovelia obesa* se rencontre en groupe sur les eaux rapides des rivières.

Rhagovelia obesa Uhl.
Rhagovélie obèse
Stout microvelia

FAMILLE *CORIXIDAE* **Corises** / Water boattman bugs

50 spp (É-U+Can)

Les corixidés sont de forme ovale. Ils mesurent généralement moins de 12 mm, et leur thorax est couvert de petites lignes. Ces punaises d'eau vivent dans les étangs où elles se nourrissent de plantes aquatiques, d'algues et parfois de petits organismes. On les capture au piège lumineux ou à l'épuisette. Il n'y a pas lieu de craindre une piqûre, car elles sont inoffensives. L'identification exige l'utilisation de documents spécialisés et l'examen des mâles.

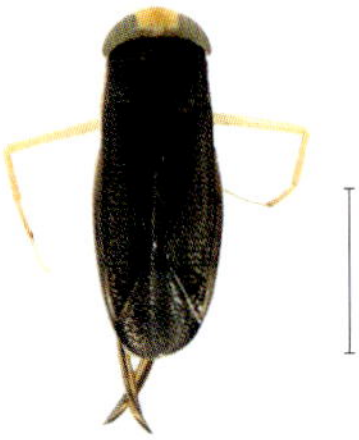

La nymphe et l'adulte des népidés et des bélostomatidés sont des prédateurs aquatiques. L'adulte peut voler pour changer d'étang durant la nuit. Ce sont de bons nageurs qui capturent leurs proies (insectes, têtards, poissons) à l'aide de leurs pattes antérieures. Ils plantent leur rostre dans leurs victimes pour y injecter le suc digestif qui transforme le contenu de l'animal en bouillie ; par la suite, le liquide est aspiré. La piqûre de ces punaises est donc très douloureuse ; il faut les manipuler avec grands soins. Les népidés sont incapables de cacher leurs siphons servant à la respiration contrairement aux bélostomatidés. Le Léthocère d'Amérique vole aux lumières ; on le trouve parfois dans les piscines.

FAMILLE *BELOSTOMATIDAE* **Punaises d'eau géantes**

Giant water bugs 3 spp (Qc)

larve

Lethocerus americanus (Leidy)
Léthocère d'Amérique
Giant water bug or American belostoma

FAMILLE *NEPIDAE* **Scorpions d'eau** / Water scorpions

3 spp (Qc)

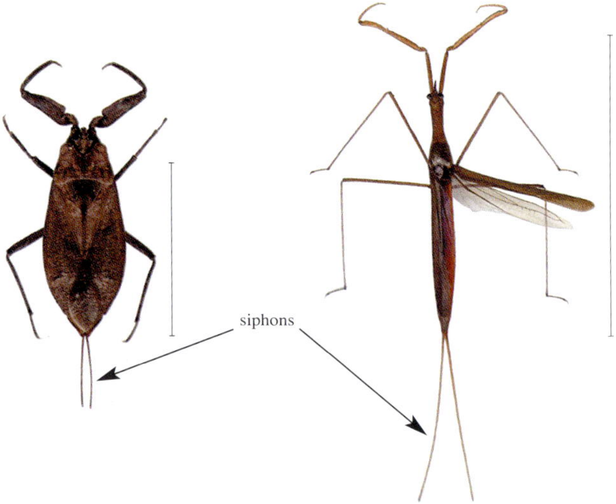

Nepa apiculata Uhler
Nèpe
Rugose water scorpion

Ranatra fusca P. de B.
Ranatre brune
Brown water scorpion

FAMILLE *TINGIDAE* **Punaises réticulées ou Punaises à dentelles**

Lace bugs

23 spp (Qc)

Les tingidés s'attaquent aux feuilles des arbres, pouvant les faire jaunir gravement.

Corythuca arcuata (Say)
Punaise réticulée du chêne
Oak lace bug

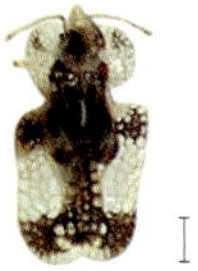

Corythuca juglandis (Fitch)
Punaise réticulée du noyer
Walnut lace bug

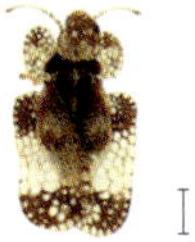

Corythuca elegans (Drk.)
Punaise réticulée des peupliers
Willow lace bug

FAMILLE *NOTONECTIDAE* Notonectes ou Punaises à avirons

Backswimmer bugs 9 spp (Qc)

Les notonectes nagent sur le dos ; pour se reposer, elles flottent à la surface de l'eau en pointant la tête vers le fond alors que l'abdomen dépasse un peu pour permettre la respiration. Le mâle est doté d'un appareil stridulatoire servant probablement à attirer la femelle. Les notonectes se nourrissent de petits organismes aquatiques ; il faut faire attention, car elles peuvent piquer si on les manipule. Elles volent durant la nuit et se retrouvent parfois au piège lumineux ou dans la piscine.

Notonecta borealis Huss.
Notonecte boréale
Northern back swimmer

Notonecta insulata Kby.
Notonecte insulée
Island back swimmer

Notonecta lunata Hung.
Notonecte lunée
Moon back swimmer

Notonecta undulata Say.
Notonecte bigarrée
Variegated back swimmer

FAMILLE *MIRIDAE* **Punaises des plantes** / Plant bugs

328 spp (Qc)

Les Miridés sont principalement phytophages, et plusieurs sont inféodés à un ou quelques végétaux-hôtes. Le recours à des ouvrages spécialisés est nécessaire pour identifier le genre et l'espèce.

Adelphocoris rapidus (Say)
Punaise rapide

Leptopterna dolobrata (L.)
Punaise des prés

Lygus lineolaris (P. de B.)
Punaise terne
Tarnished plant bug

Poecilocapsus lineatus (F.)
Punaise à quatre raies
Four-lined plant bug

Genre :
Phytocoris Fal.

Genre :
Prepops Reut.

FAMILLE *CIMICIDAE* **Punaises parasites** / Parasite bugs

3 spp (Qc)

Au Québec, on retrouve trois cimicidés : il s'agit de la Punaise de lit (*Cimex lectarius* L.), de la Punaise des chauves-souris (*Cimex pilosellus* Horv.) et de la Punaise des hirondelles (*Oeciacus vicarius* Horv.). Les cimicidés sont des parasites externes de l'homme, des chauves-souris et de certains oiseaux.

Cimex lectularius L.
Punaise de lit
Bed bug

FAMILLE *NABIDAE* **Punaises demoiselles** / Damsel bugs

13 spp (Qc)

Les nabidés sont des prédateurs. On les prend surtout en fauchant l'herbe au filet.

Genre :
Nabis Lat.
Damsel bug

FAMILLE *PHYMATIDAE* **Punaises embusquées** / Ambush bugs

2 spp (Qc)

Embusquées parmi les fleurs, les phymatidés attendent les butineurs qui leur serviront de repas. La Verge-d'or abrite très souvent ces prédateurs. Cette famille sera éventuellement une sous-famille des réduvidés.

Phymata americana americana Melin
Punaise embusquée
Ambush bug

FAMILLE *REDUVIIDAE* **Réduves ou Punaises assassines**

Assassin bugs

13 spp (Qc)

Les réduviidés sont des prédateurs pouvant infliger une douloureuse piqûre lorsqu'on les manipule.

larve

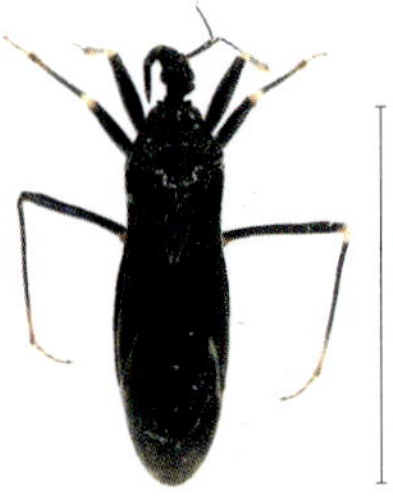

Reduvius personnatus (L.)
Chasseur masqué
Masked hunter

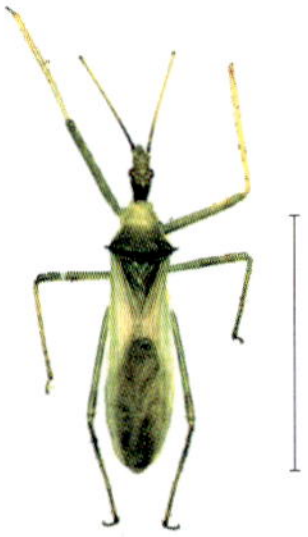

Genre :
Zelus F.

FAMILLE *LYGAEIDAE* **Lygées ou Punaises des graines**

Seed bugs

10 spp (Qc)

larve

Lygaeus kalmii Stål
Petite punaise de l'asclépiade
Small milkweed bug

Oncopeltus fasciatus (Dall.)
Punaise de l'asclépiade
Large milkweed bug

FAMILLE *BLISSIDAE*

2 spp (Qc)

Blissus leucopterus hirtus (Mont.)
Punaise velue ou Punaise des céréales
Hairy chinch bug

FAMILLE *ACANTHOSOMATIDAE* **Punaises crucifères**

Acanthosomatids

3 spp (Qc)

Elasmucha lateralis (Say)
Petit acanthosome
Mottled stink bug

Elasmostethus atricornis (Van D.)
Acanthosome de l'Aralie

Elasmostethus cruciatus (Say)
Acanthosome du bouleau
Red-crossed stink bug

FAMILLE *ALYDIDAE* **Punaises à grosse tête** / Broad-headed bugs

5 spp (Qc)

Alydus eurinus (Say)
Punaise eurine

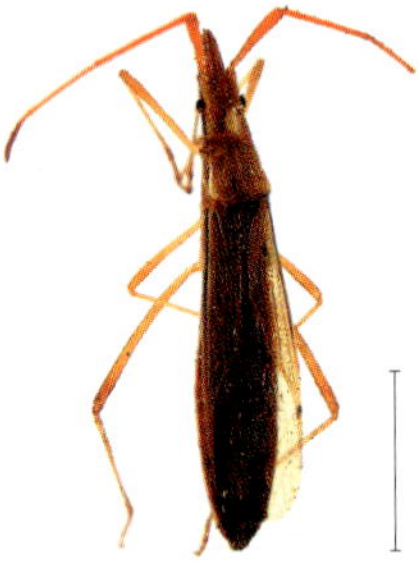

Protenor belfragei Hagl.
Punaise à joues longues

FAMILLE *COREIDAE* **Coréidés ou Punaises à pattes foliaciées**

Coreids or Leaf-footed bugs

5 spp (Qc)

Leptoglossus occidentalis Heid.
Punaise occidentale des cônes
Western conifer-seed bug or Leaf footed bug

FAMILLE *PENTATOMIDAE* **Punaises des bois ou Pentatomes**

Stink bugs 39 spp (Qc)

Certains pentatomidés s'attaquent aux plantes alors que d'autres espèces de la même famille transpercent le corps d'autres insectes pour en aspirer le contenu.

Sous-famille : *Asopinae*

Apoecilus bracteatus (Fitch.)
Punaise précieuse
Precious stink bug

Apoecilus cynicus (Say)
Punaise cynique

Forme *clanda* Say

Perillus bioculatus (F.)
Punaise bioculée
Two-spotted stink bug

Perillus circumcinctus Stål.
Punaise encerclée

Perillus exaptus (Say)
Punaise attachée

Picromerus bidens (L.)
Punaise épineuse
Thorny stink bug

Podisus brevispinosus Phil. in Thomas
Punaise à courte épine

Podisus placidus Uhl
Podise placide
Placid stink bug

Podisus serieventris Uhl.
Podise coniférienne

Sous-famille : *Pentatominae*

Acrosternum hilare (Say)
Punaise verte
Green stink bug

Banasa calva (Say)
Punaise chauve

Banasa dimidiata Say
Punaise diminuée
Banasa stink bug

Brochymena quadripustulata (F.)
Punaise à quatre bosses
Four-humped stink bug

Chlorochroa persimilis Horvath
Punaise germaine

Coenus delius (Say)
Punaise déliée

Cosmopepla lintneriana Kirk.
Punaise bimaculée
Wee Harlequin Bug

Euschistus servus euschistoides (Voll.)
Punaise euschistoïde

Euschistus tristigmus luridus Dallas
Punaise à trois taches
Dusky stink bug

Holcostethus limbolaris (Stål.)
Punaise à frange

Menecles insertus (Say)
Punaise enchâssée

Mormidea lugens (F)
Punaise affligée

Neottiglossa undata (Say)
Punaise ondulée

Parabrochymena arborea (Say)
Punaise arboricole

FAMILLE SCUTELLERIDAE **Porte-bouclier** / Shield bugs

4 spp (Qc)

Cette famille se trouve le plus souvent en fauchant la végétation à l'aide d'un filet en milieu ouvert, sauf la Punaise à deux points qui est associée au Pin gris.

Eurygaster amerinda Bliven
Porte-bouclier amérindien

Homaemus aenifrons (Say)
Porte-bouclier à front bronzé

Tetyra bipunctata (H.-S.)
Porte-bouclier à deux points
Shieldbacked pine seedbug

Ordre **HOMOPTERA**_6359 spp (É-U+Can)

Les homoptères ont des pièces buccales de type piqueur-suceur.

FAMILLE *CICADIDAE* **Cigales** / Cicadas

3 spp (Qc)

Chez les cigales, seul le mâle chante. Ce sont des insectes arboricoles qui se nourrissent de sève en perçant l'écorce à l'aide de leur rostre. Lors de la ponte, la femelle dépose un œuf dans l'écorce d'une jeune tige d'arbre, la tige en meurt et tombe au sol. Après avoir émergé, la larve creuse jusqu'aux racines de l'arbre pour s'en nourrir pendant deux à cinq ans. Aux États-Unis, on trouve trois espèces dont le cycle vital est de 17 ans.

Okanagana rimosa (Say)
Cigale ridée
Wrinkled cicada

larve

vue ventrale de l'abdomen

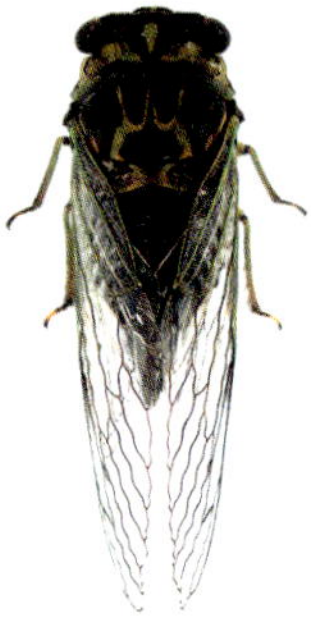

Tibicen canicularis (Harr.)
Cigale caniculaire
Dog-day cicada

larve

Okanagana canadensis (Prov.)
Cigale du Canada
Canadian cicada

FAMILLE *CERCOPIDAE* **Cercopes** / Spittlebugs

12 spp (Qc)

Ce sont les larves des cercopidés qui produisent la mousse (bave, crachat) sur la tige de bon nombre de plantes ; cette substance les protège des prédateurs. Les cercopes utilisent les deux paires de pattes antérieures pour marcher, la troisième paire est repliée sous le corps pour n'être utilisée que pour sauter au moment de l'envol. Chez l'adulte, les pattes sont bien cachées sous le corps, alors qu'elles sont plus visibles chez les cicadellidés.

Aphrophora cribrata (Walk.)
Aphrophore du pin
Pine spittlebug

larve

Aphrophora parallella (Say)
Aphrophore de l'épinette
Spruce spittlebug

Aphrophora quadrinotata (Say)
Aphrophore à quatre taches
Four-spotted spittlebug

Aphrophora gelida Walk.
Aphrophore à deux bandes

Aphrophora saratogensis (Fitch.)
Aphrophore Saratoga
Saratoga spittlebug

Clastoptera obtusa (Say)
Cercope de l'aulne
Alder spittlebug

Clastoptera proteus Fitch
Cercope du cornouiller
Dogwood spittlebug

Clastoptera saintcyri Prov.
Cercope du bleuet

Lepyronia quadrangularis (Say)
Cercope quadrangulaire
Diamond-backed spittlebug

Philaenus spumarius (L.)
Cercope des prés
Meadow spittlebug

FAMILLE *MEMBRACIDAE* Membracides ou Cérèses buffles

Buffalo treehoppers 77 spp (Qc)

Les membracidés se fondent dans leur environnement grâce à leurs couleurs et aussi grâce aux petites pointes qu'ils ont sur le thorax. Ces petites épines sont utilisées pour le camouflage. Ils piquent les plantes à l'aide de leur rostre (sous la tête) pour en boire la sève.

Acutalis tartarea (Say)
Cérèse buffle au pronotum noir

Campylenchia latipes (Say)
Cérèse buffle éffilée

Carynota marmorata (Say)
Cérèse buffle à bande rougeâtre

Carynota stupida (Wlk.)
Cérèse buffle des bouleaux

Cyrtolobus vau (Say)
Cérèse buffle du chêne rouge

Enchenopa binotata (Say)
Cérèse buffle biponctuée
Twomarked treehopper

Entylia carinata (Forst.)
Cérèse buffle à dos de chameau

Gargara genistae (F.)

Glossonotus crataegi (Fitch.)
Cérèse buffle des aubépines

Glossonotus univittatus (Harr.)
Cérèse buffle à ligne blanche

Helira scalaris (Faim.)
Cérèse buffle à deux bosses

Ophiderma flava God.
Cérèse buffle jaune

Ophiderma salamandra Faim.
Cérèse buffle à quatre taches

Palonica pyramidata (Uhl.)
Cérèse buffle des saules

Palonica tremulata (Ball.)
Cérèse buffle du Peuplier faux-tremble

Palonica viridia (Ball.)
Cérèse buffle du Peuplier deltoïde

Publilia concava (Say)
Cérèse buffle à dos concave

Smilia camela (F.)
Cérèse buffle à cinq taches jaunes

Stictocephala albescens (V. Duz.)
Cérèse buffle aux ailes blanchâtres

Stictocephala basalis (Wlk.)
Cérèse buffle à cornes égues

Stictocephala bisonia K. & Y.
Cérèse buffle bison
Buffalo treehopper

Stictocephala diceros (Say)
Cérèse buffle à longues pointes

Telamona ampelopsidis (Harr.)
Cérèse buffle de la vigne vierge

Telamona monticola (F.)
Cérèse buffle mouchetée

Telamona spreta Goding
Cérèse buffle du Chêne liège

FAMILLE *CICADELLIDAE* 418 spp (Qc)

Cicadelles / Leafhoppers, Sharpshooters or Doggers

Les pattes des cicadellidés sont bien visibles lorsqu'elles sont posées sur une feuille, alors qu'on ne les voit presque pas chez les cercopidés. De plus, elles ont le bout des ailes rond, alors que les cercopes ont le bout des ailes plutôt pointu. Le caractère le plus déterminant pour reconnaître une cicadelle se voit à la loupe : il s'agit de deux rangées d'épines le long des tibias des pattes postérieures.

Cuerna striata (Walk.)
Cicadelle striée

Graphocephala coccinea (Forst.)
Cicadelle multicolore

Aphrodes costatus (Panz.)
Cicadelle aux ailes côtelées

Ordre | *HOMOPTERA*

C'est dans l'herbe, les arbres et les buissons qu'on trouve les cixiidés. La larve se nourrit dans le sol à même les racines des plantes. Les adultes pourraient être confondus avec les psoques si ce n'était des pièces buccales : les psocoptères sont des broyeurs, alors que les homoptères sont des piqueurs-suceurs. La larve des achilidés vit sous l'écorce morte des arbres et dans le bois pourri, en particulier dans les forêts de conifères. Les dictyopharidés vivent dans l'herbe longue. Au Québec, on trouve peu d'espèces ; la plus commune étant *Scolops sulcipes* qu'on trouve en fauchant l'herbe à l'aide d'un filet dans le sud de la province.

FAMILLE *CIXIIDAE* **Cixiides** / Cixiid planthoppers

13 spp (Qc)

Cixus misellus V. Duz.
Cixiide au pronotum carêné

FAMILLE *ACHILIDAE* **Achilides** / Achilid planthoppers

12 spp (Qc)

Epiptera pallida (Say)
Achilide mouchetée

FAMILLE *FULGORIDAE* **Fulgores** / Fulgorid planthoppers

64 spp (É-U+Can)

Scolops sulcipes (Say)
Scolops au rostre pointu

FAMILLE *APHIDIDAE* **Pucerons** / Aphids and Plantlices

201 spp (Qc)

Les pucerons et les cochenilles appartiennent chacun à de grands groupes d'insectes d'importance économique. En plus de piquer les plantes pour en boire la sève, ils sont parfois vecteurs de maladies. Les pucerons et les cochenilles peuvent se retrouver dans la maison, surtout sur les plantes vivaces qu'on entre à l'automne.

FAMILLE *COCCIDAE* **Cochenilles cireuses** / Soft scale insects

5 spp (Qc)

Ordre *THYSANOPTERA*_694 spp (É-U+Can)

Thrips / Thrips

Les thrips sont parfois une vraie peste sur les plantes d'intérieur ; leurs pièces buccales sont de type piqueur-suceur. Certains se nourrissent de champignons ou de végétaux en décomposition. On les reconnaît par leurs ailes plumeuses et leur petitesse.

Ordre *PSOCOPTERA*_287 spp (É-U+Can)

Psoques ou Psocoptères / Booklices, Barklices or Psocids

La nervation des quatre ailes des psocoptères est réduite à quelques cellules, et les antennes sont très longues par rapport au corps. Certaines espèces sont aptères. Ces minuscules insectes se retrouvent parfois dans des bâtiments où ils s'attaquent aux aliments et au papier. Dans la nature, ils peuvent être abondants dans les champs de graminées.

Ordre *ANOPLURA*_56 spp (É-U+Can)

Poux et Morpions / Louses

Ils possèdent de fortes griffes qui les aident à rester agrippés aux mammifères dont ils sucent le sang après les avoir piqués. Le corps est très plat, il est donc difficile de les déloger.

FAMILLE *PEDICULIDAE*

1 sp (Qc)

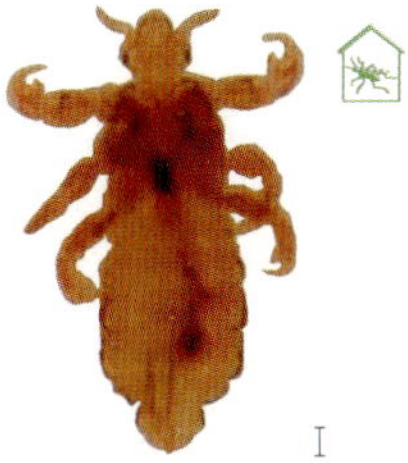

Pediculus humanus L.
Pou de tête
Head louse

FAMILLE *PTHIRIDAE*

1 sp (Qc)

Pthirus pubis (L.)
Morpion
Crab louse or Pubic louse

Ordre | *MEGALOPTERA*

La larve des sialidés vit dans les cours d'eau où elle se nourrit de petits organismes. On retrouve l'adulte près des ruisseaux et des rivières. C'est un prédateur qui se tient surtout sur les longues herbes et dans le feuillage des buissons. Les sialidés sont dépourvus d'ocelles sur le dessus de la tête. La larve des sialidés et des corydalidés est aquatique ; ce sont des prédateurs qui servent de nourriture aux poissons.

FAMILLE *SIALIDAE* **Sialidés** / Alderflies

24 spp (É-U+Can)

Genre :
Sialis Lat.

FAMILLE *CORYDALIDAE* **Corydalidés** / Fishflies and Dobsonflies

6 spp (Qc)

larve

nymphe

Nigronia serricornis (Say)
Corydale noir
Dark fishfly

larve

nymphe

Corydalus cornutus (L.)
Corydale cornue
Eastern dobsonfly

La larve de la Corydale cornue prend trois ans avant d'atteindre la maturité. Elle sort alors de la rivière où elle a vécu et se cache sous une roche pour se métamorphoser. Une fois au stade adulte, l'insecte ne se nourrit plus.

Chauliodes pectinicornis (L.)
Chauliode parchemin
Brown fishfly

Ordre *NEUROPTERA*

Les neuroptères ont les nervures des ailes sinueuses (en grec *neuron* = sinueux).

Malgré les apparences, les Mantispidés ne sont pas de petites mantes, mais bien des neuroptères. La larve parasite les œufs d'araignées, et l'adulte mange de petits insectes sur les plantes comme le fait la mante. La forme des mantispidés et des mantidés a évolué d'une manière similaire, c'est un cas d'évolution parallèle.

FAMILLE *MANTISPIDAE* **Mantispides** / Mantisflies

2 spp (Qc)

Climaciella brunnea (Say)
Mantispide brun
Brownish mantisfly

Mantispa interrupta Say

FAMILLE *HEMEROBIIDAE* **Hémérobes** / Brown lacewing

60 spp (É-U+Can)

larve

La larve des hémérobes se nourrit de minuscules organismes vivant sur les feuilles.

Hemerobius humulinus L.
Hémérobe maculé

FAMILLE *CHRYSOPIDAE* **Chrysopes** / Green lacewings

87 spp (É-U+Can)

Le chrysope est un agent de contrôle employé en lutte biologique, car la larve et l'adulte s'attaquent aux pucerons. Pour protéger leurs œufs des prédateurs, les chrysopes produisent un filament au bout duquel chaque œuf est disposé.

œuf

Chrysopa oculata Say
Chrysope aux yeux d'or
Golden-eye lacewing

FAMILLE *MYRMELEONTIDAE* **Fourmilions** / Antlions

3 spp (Qc)

Les fourmilions se reconnaissent facilement à leurs antennes qui se terminent en massue comme chez de nombreux papillons diurnes ; les larves mangent des insectes qu'elles capturent au sol.

Myrmeleon immaculatus DeG.
Fourmilion immaculé

Ordre *COLEOPTERA*

Les coléoptères ont une carapace qui recouvre généralement tout leur abdomen. Cette protection coriace est en fait une paire d'ailes modifiées appelées élytres. L'ordre des coléoptères renferme des familles aux mœurs très diversifiées. À l'intérieur de celles-ci se trouvent des genres et des espèces aux comportements uniques. Le collectionneur gagne à connaître le mode de vie des coléoptères qu'il souhaite attraper afin de diversifier ses prises.

L'ordre des coléoptères se divise en deux sous-ordres : celui des adéphages (*ADEPHAGA*) comprend les carnivores voraces que sont les Carabidés, les Gyrinidés et les Dytiscidés, alors que le sous-ordre des polyphages (*POLYPHAGA*) englobe les autres familles. Ces dernières ont des mœurs très variées; on y compte des prédateurs, des décomposeurs et des phytophages.

L'endroit où sont fixées les pattes postérieures divisent le premier sternum abdominal à son milieu chez les *ADEPHAGA,* ce qui n'est pas le cas pour les *POLYPHAGA*.

FAMILLE *CARABIDAE* **Carabes** / Ground beetles

450 spp (Qc)

Aux stades larvaire et adulte, les carabidés sont de féroces prédateurs. On trouve les carabes nocturnes aux lumières et au piège fosse (avec du vinaigre rouge ou balsamique). Le jour, ils se cachent sous les pierres, sous les feuilles mortes et dans l'herbe, risquant parfois une sortie à découvert.

Sous-famille : *Omophroninae*_2 spp (Qc)

Omophron americanum Dej.
5,2-7 mm
Omophron foncé

Omophron tessellatum Say
5,5-7,1 mm
Omophron pâle

Sous-famille : *Nebriinae*_14 spp (Qc)

Nebria gyllenhali castanipes (Kirby)
9,1-12 mm
Nébrie mince

Nebria lacustris lacustris Csy
9,7-11,8 mm
Nébrie des lacs

Nebria pallipes Say
10-11,4 mm
Nébrie aux pattes jaunâtres

Sous-famille : *Carabinae* | **Carabes** / Ground beetles_437 spp (Qc)

Les carabinés chassent surtout au sol sous la litière, mais certains grimpent dans la végétation ou rampent sous l'écorce des arbres morts pour y trouver leurs proies. Les larves s'attaquent aux insectes, mais parfois aussi aux limaces et vers de terre. On capture surtout ces insectes sous les pierres, les débris de bois, les herbes mortes des rivages, dans la litière du sol en forêt et dans les champs. Comme ils sont surtout nocturnes et qu'ils sont attirés aux lumières, on les récolte en grand nombre sous les lampes blanches des terrains sportifs. On peut aussi attraper certaines espèces en plein jour avec le filet à papillons ou au piège fosse avec du vinaigre balsamique comme appât et agent de conservation temporaire. On trouve les carabinés sur le sol aux lumières et au piège fosse.

larve

Calosoma calidum (F.)
20-25 mm
Calosome chaud
Fiery hunter

Calosoma frigidum Kirby
16-26 mm
Calosome froid

Calosoma scrutator (F.)
27-35 mm
Grand calosome vert
Greater green hunter

Calosoma wilcoxi LeC.
17-24 mm
Petit calosome vert
Smaller green hunter

Carabus chamissonis
Fisch. de Wald.
12-16 mm
Petit carabe violacé

Carabus granulatus granulatus L.
17-24 mm
Carabe granulé
Granulated hunter

Carabus maeander maeander
Fisch. de Wald.
15-24 mm
Carabe cuivré

Carabus nemoralis Müll.
20-25 mm
Carabe bronzé

Carabus serratus Say
17-24 mm
Carabe denté

Carabus taedatus agassii LeC.
17-26 mm
Carabe roussâtre

Sphaeroderus canadensis canadensis Chaud.
10,3-13 mm
Sphérodère à tête verdâtre

Sphaeroderus stenostomus lecontei Dej.
12-17 mm
Sphérodère aux grandes stries régulières

Sphaeroderus nitidicollis brevoorti LeC.
12,5-13,8 mm
Sphérodère aux grandes stries inégales

Sphaeroderus nitidicollis nitidicollis G.-M.
14,1-17,8 mm
Sphérodère aux petites stries régulières

Le genre *Scaphinotus* est spécialisé dans la chasse aux escargots. Pour trouver ces insectes, le collectionneur a intérêt à chercher sous les arbres morts des forêts décidues au sud de Québec. On les trouve aussi au piège fosse muni d'une source de lumière UV.

Fait amusant, *Scaphinotus viduus* émet une forte stridulation lorsqu'il est en danger.

Scaphinotus bilobus (Say)
10-13,7 mm
Petit scaphinote
Small snail-eating ground beetle

Scaphinotus viduus (Dej.)
26-34 mm
Grand scaphinote
Large snail-eating ground beetle

Sous-famille : *Cicindelinae*_13 spp (Qc)

larve

nymphe

Les cicindèles chassent au sol. Par temps ensoleillé, leur vol est aussi rapide que celui des mouches, mais lorsqu'un gros nuage vient à passer, elles restent immobiles sur le sol ou cachées dans l'herbe ou sous les pierres. La larve mange des insectes au niveau du sol ; elle vit dans un tunnel souvent creusé à l'horizontale en bordure d'un fossé en terrain sablonneux ou argileux.

Nous en avons 13 espèces au Québec. Les plus communes sont *Cicindela repanda, C. duodecimguttata* et *C. sexguttata* ; cette dernière se rencontre dans les sentiers en situation mi-ensoleillée, alors que les autres espèces préfèrent le plein soleil. Il faut visiter les sablières et les plages pour augmenter les chances de capturer les différentes espèces. Les pentes argileuses le long de la côte du fleuve St-Laurent sont aussi à visiter ainsi que les routes de terre. Étant donné la rapidité en vol de ces coléoptères, il est obligatoire d'utiliser le filet à papillons pour les prendre.

Cicindela ancocisconensis Harr.
14-15 mm
Cicindèle des Appalaches
White mountain tiger beetle

Cicindela duodecimguttata Dej.
10,5-14 mm
Cicindèle à 12 points
12-spotted tiger beetle

Cicindela formosa generosa Dej.
15-18 mm
Cicindèle à grandes taches
Big sand tiger beetle

Cicindela hirticollis rhodensis Cal.
15-16 mm
Cicindèle à ligne obtuse
Hairy-necked tiger beetle

Cicindela lepida Dej.
9,5-10,5 mm
Cicindèle blanche
White tiger beetle

Cicindela limbalis limbalis Klug
14-15 mm
Cicindèle à marge verte
Green margined tiger beetle
or Day bank tiger beetle

Ordre | *COLEOPTERA*
Sous-ordre | *ADEPHAGA*

Cicindela longilabris Say
13,3-15 mm
Cicindèle à grande lèvre
Long-lip tiger beetle

Cicindela punctulata punctulata Oliv.
10-12 mm
Cicindèle ponctuée
Punctuated tiger beetle

Cicindela purpurea Oliv.
13,5-14 mm
Cicindèle purpurine
Purple tiger beetle or Cow path tiger beetle

Cicindela repanda repanda Dej.
11,5-12,5 mm
Cicindèle commune
Common shore tiger beetle

Cicindela scutellaris lecontei Hald.
12,5-13,5 mm
Cicindèle à taches latérales
Smooth tiger beetle

Cicindela sexguttata F.
12,5-14 mm
Cicindèle à six points
Six-spotted tiger beetle

Cicindela tranquebarica tranquebarica Hbst
13-15 mm
Cicindèle à ligne oblique
Oblique-lined tiger beetle

Sous-famille : *Elaphrinae*_12 spp (Qc)

Blethisa multipunctata aurata Fish. de Wald.
10-14 mm
Bléthisie au pronotum droit

Blethisa quadricollis Hald.
16-18 mm
Bléthisie au pronotum arrondi

Elaphrus californicus Mann.
6,3-8,1 mm
Élaphre de Californie

Elaphrus americanus americanus Dej.
7,2-8,7 mm
Élaphre verdâtre

Elaphrus clairvillei Kby
8,4-10 mm
Élaphre noir

Elaphrus olivaceus LeC.
7,3-8 mm
Élaphre noir-olive

Ordre | ***COLEOPTERA***
Sous-ordre | ***ADEPHAGA***

Sous-famille : *Scaritinae*_23 spp (Qc)

Schizogenius lineolatus (Say)
4,7-5,2 mm
Schizogénie aux élytres noir verdâtre

Miscodera arctica Payk.
6,2-9,5 mm
Miscodère luisant

Dyschirius sphaericollis Say
4,3-5,3 mm
Dyshire au cou sphérique

Clivina fossor (L.)
5,6-6,5 mm
Clivinie fossoyeuse

Sous-famille : *Trechinae*_105 spp (Qc)

Bembidion carinula Chd.
4,5-6 mm
Bembidion tacheté à carêne

Bembidion levettei Csy
5,5-6 mm
Bembidion tacheté arrondi

Blemus discus (F.)
4,5-5,5 mm
Trèche à bande transversale

Trechus apicalis Mtsch.
4-4,7 mm
Trèche brun clair

Bembidion quadrimaculatum oppositum Say
3-4 mm
Bembidion à quatre taches

Bembidion rolandi Fall
5-6 mm
Bembidion roussâtre

Bembidion nitidum (Kby)
4-5 mm
Bembidion noir luisant

Bembidion punctatostriatum Say
6-7,5 mm
Grand bembidion tacheté

Bembidion transversale Dej.
6-8 mm
Bembidion à bandes transversales

Patrobus longicornis (Say)
6-8 mm
Grand patrobe à fossettes

Diplous rugicollis (Rand.)
9,5-12 mm
Diploe aplati

Sous-famille : *Harpalinae*_262 spp (Qc)

Lophoglossus scrutator (LeC.)
14-17,5 mm

Poecilus lucublandus lucublandus (Say)
9-14 mm
Poecile cuivré

Stereocerus haematopus (Dej.)
9,5-12,5 mm
Stéréocère

Myas cyanescens Dej.
13,5-15,5 mm

Pterostichus adoxus (Say)
12-15,5 mm

Pterostichus adstrictus Esch.
9,5-13 mm

Pterostichus castor Goul.& Bous.
14 mm
Pterostique du castor

Pterostichus coracinus (Newm.)
12,5-18 mm

Pterostichus corvinus (Dej.)
12-15 mm

Pterostichus diligendus (Chd.)
11-14 mm

Pterostichus lachrymosus (Newm.)
15-17 mm

Pterostichus melanarius (Ill.)
12-19 mm

Pterostichus mutus (Say)
9,5-13 mm

Pterostichus patruelis (Dej.)
6-8 mm

Pterostichus pensylvanicus LeC.
10-12 mm

Pterostichus punctatissimus (Rand.)
15,5-18 mm

Pterostichus rostratus (Newm.)
13-18 mm

Pterostichus tristis (Dej.)
10,5-13,5 mm

Amara latior (Kby)
8-11 mm

Amara obesa (Say)
9-12,5 mm
Amara obèse

Amara rubrica Hald.
5,5-7,5 mm
Amara brun

Harpalus affinis (Schr.)
8,5-12 mm
Harpale vert

Harpalus caliginosus (F.)
18-25 mm
Grand harpale

Harpalus erraticus Say
12-18 mm
Harpale brun

Harpalus rufipes (DeG.)
10-17 mm
Harpale noir aux pattes rouges

Trichotichnus vulpeculus (Say)
9-10 mm

Geopinus incrassatus (Dej.)
14-17 mm
Grand géopine jaune

Anisodactylus discoideus Dej.
10-12 mm
Anisodactyle à deux couleurs

Amphasia interstitialis (Say)
8,5-10,5 mm
Amphasie à tête brune

Amphasia sericea (Harr.)
9-11 mm
Amphasie noire

Notiobia terminata (Say)
8,5-9 mm
Notiobie noire

Dicheirotrichus cognatus (Gyll.)
3,5-5 mm
Trichocèle à deux couleurs

Diplocheila impressicollis (Dej.)
12,5-16,5 mm
Diplochèle à la strie manquante

Diplocheila striatopunctata (LeC.)
12,5-18 mm
Diplochèle strié

Diplocheila obtusa (LeC.)
10-11,5 mm
Diplochèle luisant

Badister neopulchellus Lth
5,2-6 mm
Badiste à quatre taches

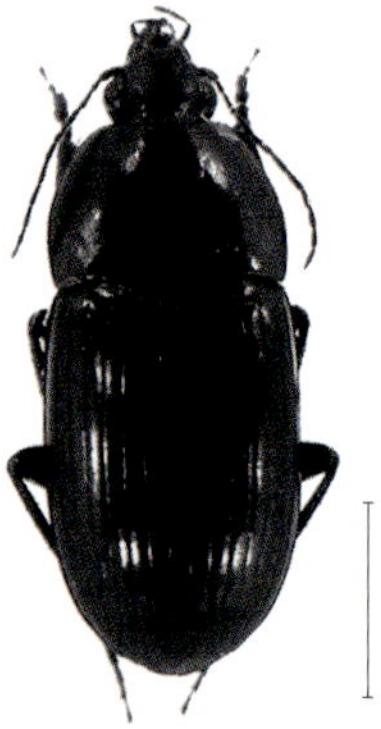

Oodes fluvialis LeC.
11,5-14 mm
Oode noir luisant

Lachnocrepis parallela (Say)
9-11 mm
Lachnocrépie parallèle

Chlaenius cordicollis Kby
12,5-15 mm
Chlène au pronotum cordiforme

Chlaenius emarginatus Say
12-18 mm
Chlène à tête dorée

Chlaenius lithophilus lithophilus Say
8-9,5 mm
Petit chlène vert

Chlaenius niger Rand.
11,5-15 mm
Chlène noir

Chlaenius pensylvanicus pensylvanicus Say
10,5-12 mm
Chlène à tête verte

Chlaenius sericeus sericeus (Forst.)
11,5-15 mm
Grand chlène vert

Chlaenius tomentosus tomentosus (Say)
12,5-17,5 mm
Chlène pubescent

Chlaenius tricolor tricolor Dej.
10-13,5 mm
Chlène tricolore

Calathus advena (LeC.)
8-12 mm
Calathe à épaulettes

Calathus ingratus Dej.
7-11 mm
Calathe ingrat

Laemostenus terricola terricola (Herbst)
13-17,5 mm
Lemostène noir

Synuchus impunctatus (Say)
9-11,5 mm
Synuche cordiforme

Olisthopus parmatus (Say)
6,5-7,6 mm
Olisthope bicolore

Agonum cupripenne (Say)
7,6-9,2 mm
Agonum aux ailes cuivrées

Agonum extensicolle (Say)
6,9-10 mm
Agonum au cou allongé

Agonum gratiosum (Mann.)
6,5-9 mm
Agonum au thorax noir

Agonum muelleri (Hrbst)
7,3-9,3 mm
Agonum de Müller

Agonum octopunctatum (F.)
7,6-8,4 mm
Agonum à huit points

Ordre | *COLEOPTERA*
Sous-ordre | *ADEPHAGA*

Agonum placidum (Say)
6,9-8,8 mm
Agonum au corps mat

Platynus decentis (Say)
9-14 mm
Platine à stries profondes

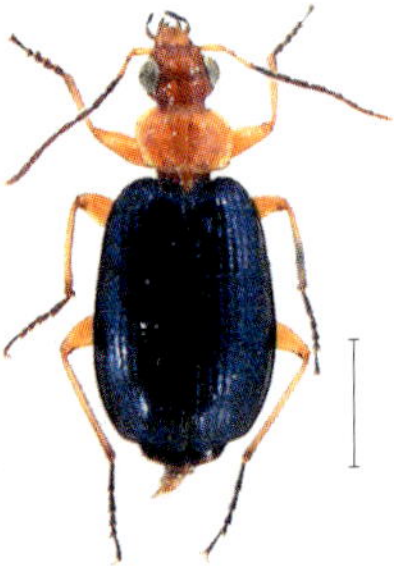

Lebia atriventris Say
5,5-8 mm
Lébie au ventre jaune

Lebia fuscata Dej
4,5-6,5 mm
Lébie à trois bandes

Lebia moesta LeC.
4-5 mm
Lébie noire

Lebia ornata Say
4-5 mm
Lébie à quatre taches pâles

Lebia pumila Dej.
2,5-4 mm
Petite lébie noire

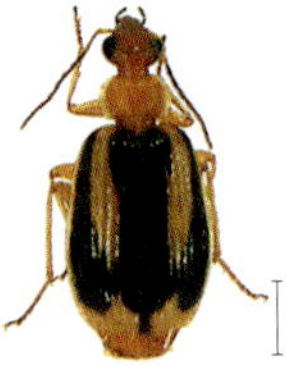

Lebia solea Hentz
4,5-6 mm
Lébie à deux lignes

Lebia tricolor Say
7-9 mm
Lébie tricolore

Lebia viridis Say
5-6,5 mm
Lébie bleu vert

Lebia vittata (F.)
5,5-8 mm
Lébie à quatre lignes

Calleida punctata LeC.
7-8,5 mm

Cymindis americanus Dej.
10,5-16 mm
Grande cyminde aux épaules pâles

Cymindis cribricollis Dej.
8,5-11 mm
Cyminde à tête ponctuée

Cymindis limbatus Dej.
8,5-10,5 mm
Cyminde à tête lisse

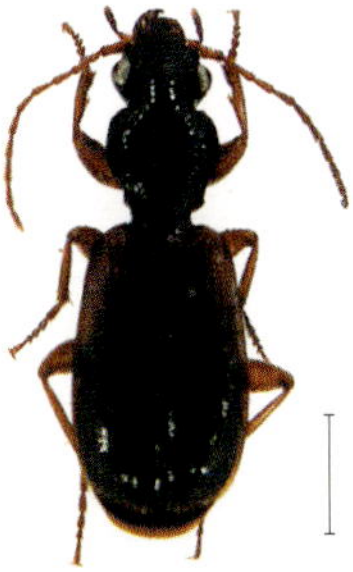

Cymindis neglectus Hald.
7,5-9 mm
Cyminde au corps étroit

Galerita janus (F.)
16-22 mm
Galerite jaune à tête noire

Sous-famille : *Brachininae*_9 spp (Qc)

Les carabidés du genre *Brachinus* sont mieux connus sous le nom de bombardier; ils ont la faculté d'expulser un liquide brûlant par l'anus. L'insecte est même capable de diriger le jet vers l'ennemi, que ce soit un batracien, un oiseau ou les doigts d'un collectionneur d'insectes…

On les trouve en bordure des rivières, des lacs et des étangs. Ils sont particulièrement communs dans le sud-ouest de la province jusqu'à la rivière Bécancour. Le jour, ils se cachent sous les pierres : la nuit, ils volent aux lumières.

La limite nordique de *Brachinus tenuicollis*, *B. fumans* et *B. cordicollis* serait la région de Québec alors que *Galerita janus* est présent jusqu'à Lévis.

Brachinus cordicollis Dej.
8-11 mm
Bombardier au ventre noir

Brachinus cyanipennis Say.
9-13 mm
Bombardier au ventre jaune

Brachinus cyanochroaticus Erw.
8-12,5 mm
Bombardier bleu-violacé

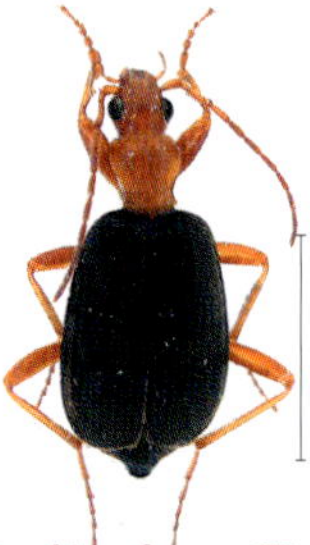

Brachinus fumans (F.)
10-15,5 mm
Bombardier aux côtés foncés

Brachinus janthinipennis (Dej.)
6-9,5 mm
Petit bombardier au ventre jaune

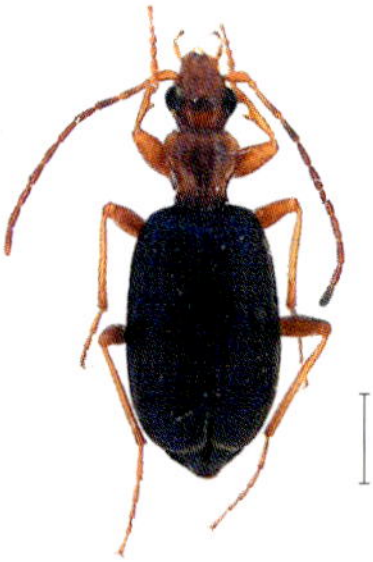

Brachinus medius Harr.
5-8 mm
Petit bombardier

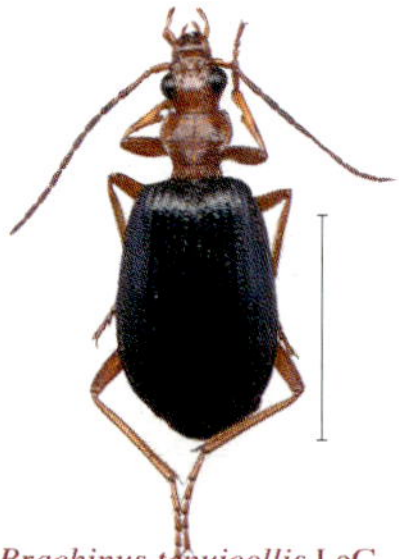

Brachinus tenuicollis LeC.
13-16 mm
Grand bombardier violacé

FAMILLE *GYRINIDAE* **Gyrins** / Whirligig beetles

30 spp (Qc)

La larve des gyrins se nourrit de petits organismes, alors que l'adulte serait plutôt un décomposeur. Ces petits coléoptères tournent et zigzaguent rapidement à la surface de l'eau des étangs et des lacs. Ils volent en plein jour pour changer de points d'eau.

Leurs yeux sont divisés en deux, ce qui leur permet de voir en dessous et au-dessus de l'eau en même temps. Les gyrins ont une grande facilité à déjouer le collectionneur muni de son épuisette.

Pour bien identifier les gyrins, le recours à des ouvrages spécialisés peut être nécessaire.

Dineutus assimilis Kby
11-11,5 mm

Dineutus discolor Aubé
12-13 mm
Dineute à ventre orangé

Dineutus horni Rbts
10,5 mm
Dineute de Horn

Dineutus nigrior Rbts
11-11,5 mm
Dineute à ventre noir

Gyrinus affinis Aubé
7-7,5 mm

Gyrinus lecontei Fall
6-7,5 mm
Gyrin de LeConte

FAMILLE DYTISCIDAE

150 spp (Qc)

Dytiques ou Tigres d'eau / Predacious diving beetles or Water tigers

Les dytiques sont des prédateurs aquatiques. Ils préfèrent les étangs riches en végétaux où les petits organismes sont nombreux. Les plus gros dytiques peuvent s'attaquer aux petits poissons. L'adulte monte régulièrement à la surface de l'eau pour renouveler sa réserve d'air sous les élytres. La nuit venue, les adultes peuvent s'envoler vers un autre point d'eau ; ils sont attirés par la lumière. Pour bien identifier les dytiques, il faut utiliser des ouvrages spécialisés.

larve

Laccophilus maculosus maculosus Say
5-5,5 mm
Laccophile maculé

Heterosternuta wickhami Zait.
3,5 mm
Hydropore à deux bandes noires

Coptotomus longulus lenticus Hils.
7 mm
Coptotome à deux raies pâles

Colymbetes sculptilis Harr.
16 mm
Colymbète à tache noire simple

Ilybius pleuriticus LeC.
12 mm
Ilybe à deux taches pâles

Rhantus binotatus (Harr.)
10-11 mm
Rhante à deux taches noires

Acilius mediatus (Say)
12 mm

Acilius semisulcatus Aubé
12-14 mm

Dytiscus circumcinctus Ahr.
33 mm

Dytiscus dauricus Geb.
32-36 mm

Dytiscus cordieri Aubé
31-33 mm

Dytiscus fasciventris Say
24-28 mm

Dytiscus harrisii Kby
37-40 mm

Dytiscus verticalis Say
33-37 mm

Graphoderus fascicollis (Harr.)
16 mm

Graphoderus liberus (Say)
7 mm

Graphoderus perplexus Sharp
7 mm

Hydaticus aruspex Clark
14 mm

Ordre COLEOPTERA
Sous-ordre | *POLYPHAGA*

Comme leur nom l'indique, les coléoptères du sous-ordre des polyphages ont des régimes très variés. Un grand nombre s'attaque aux végétaux vivants, plusieurs sont insectivores alors que d'autres décomposent le bois ou les carcasses d'animaux.

Les charançons, hannetons, longicornes, coccinelles et chrysomèles sont tous du groupe des *Polyphaga*. Ces magnifiques insectes appartiennent à différentes familles reconnues pour leurs incidences bénéfiques ou dévastatrices en horticulture, en agronomie et en foresterie.

FAMILLE *HYDROPHILIDAE* **Hydrophiles** / Water scavenger beetles

86 spp (Qc)

La plupart des hydrophiles sont aquatiques, mais certains vivent dans les excréments et la terre humide. Les palpes maxillaires des espèces aquatiques sont très longs. Au Québec, nous avons deux espèces de grandes tailles pouvant atteindre plus de 30 mm ; elle vivent à l'extrême sud de la province.

Hidrophilus ovatus Gemm. & Harr.
36 mm
Hydrophile ovale

Hydrophilus triangularis Say
36 mm
Grand hydrophile

Hydrochara obtusata (Say)
16-18 mm
Petit hydrophile

Sphaeridium bipustulatum F.
4-5 mm

Sphaeridium lunatum F.
5,5-6,5 mm

Sphaeridium scarabaeoides (L.)
5-6 mm

FAMILLE *HISTERIDAE* Histéridés / Clown beetles

61 spp (Qc)

Les histérides mesurent entre 1 et 10 mm. On les trouve sur la charogne, les champignons et sous l'écorce des arbres morts. C'est une grande famille dont 499 espèces ont été répertoriées aux États-Unis et au Canada. Pour le Québec, nous comptons 61 espèces réparties dans 26 genres ; celles-ci sont décrites dans le livre *Les Coléoptères Histéridés du Québec* de Yves Bousquet et Serge Laplante (AEAQ, Fabreries Supplément 8, 1999, 190 p.).

Hister furtivus J.E. LeC.
7-8 mm
Hister furtif

Psiloscelis planipes J.L. LeC.
8 mm
Psiloscèle à stries

vue latérale

Hololepta aequalis Say
12 mm

FAMILLE *SILPHIDAE* **Silphes** / Carrion beetles

15 spp (Qc)

Les silphes sont charognards ; on peut donc les attirer dans un piège fosse contenant des restes de viande. Les larves ont une forme qui rappelle celle du cloporte ; en plus de manger les cadavres d'animaux, elles s'attaquent aux larves de mouches. Pour ceux qui ont le cœur solide, il est facile de trouver des silphinés en inspectant les cadavres d'animaux au bord du chemin. Étant donné leur mode de vie, il vaut mieux les manipuler avec de petites pinces plutôt qu'avec les mains. Il est préférable de tremper les spécimens dans l'alcool (au moins 70 %) pour tuer les bactéries. Certaines espèces de la sous-famille des nicrophorinés sont communes au piège lumineux. Ces charognards vont enterrer les petits animaux morts pour les dévorer sous terre à l'abri des mouches qui convoitent le même butin.

Sous-famille : *Silphinae*_6 spp (Qc)

Necrodes surinamensis (F.)
20-25 mm
Grand nécrophore

Thanatophilus lapponicus (Herbst)
12 mm
Silphe velouté

Necrophila americana (L.)
16-18 mm
Silphe d'Amérique

larves

Oiceoptoma noveboracense (Forst.)
13-14 mm
Silphe marginé

Sous-famille : *Nicrophorinae*_9 spp (Qc)

Nicrophorus defodiens Mann
11-16 mm
Nécrophore à ventre rond

Nicrophorus investigator Zett.
18-21 mm
Nécrophore au thorax décoré

Nicrophorus orbicollis Say
20-25 mm
Nécrophore à dos rond

Nicrophorus pustulatus Hrsch.
17-22 mm
Nécrophore pustuleux

Nicrophorus sayi Laporte
16-20 mm
Nécrophore à pattes recourbées

Nicrophorus tomentosus Web.
15-20 mm
Nécrophore au thorax tomenteux

FAMILLE *STAPHYLINIDAE* **Staphylins ou Staphylinidés**

Staphylinids or Rove beetles — 470 spp (Qc)

Certains staphylins mangent les œufs et les larves des mouches qui pondent sur les cadavres d'animaux ou dans le compost; plusieurs espèces mangent des champignons. Le recours à des ouvrages spécialisés est nécessaire pour identifier le genre et l'espèce.

Philonthus caeruleipennis Mann.
7-9 mm

Ontholestes cingulatus (Grav.)
16-20 mm
Grand staphylin moucheté

Oxyporus femoralis femoralis Grav.
9,5-11,5 mm
Grand oxypore luisant

Dinothenarus badipes LeC.
12-15 mm

Creophilus maxillosus villosus (Grav.)
11-16 mm
Creophile à trois bandes

Dinothenarus capitatus (Bland)
14-15 mm
Dinothenare à tête jaune

FAMILLE *LUCANIDAE* **Lucanes** / Stag beetles

5 spp (Qc)

On reconnaît les lucanes par la présence de mandibules très développées, en particulier chez le mâle de plusieurs espèces. Les larves vivent dans le bois mort où elles participent à la décomposition, alors que les adultes boivent la sève qui coule des arbres. On peut capturer les adultes en forêt à l'aide d'un piège lumineux ou en cherchant sous l'écorce des arbres morts.

Ceruchus piceus (Web.)
10-12 mm
Lucane à trois dents

Dorcus parallelus (Say)
18-24 mm
Grande lucane

Platycerus piceus (Kby)
9-13 mm
Platycère à mandibules linéaires

Platycerus virescens (F.)
11-12 mm
Platycère aux mandibules arquées

FAMILLE *TROGIDAE* **Trogidés** / Skin beetles

5 spp (Qc)

Les trogidés se nourrissent de vieilles carcasses d'animaux. On les retrouve aussi au piège lumineux. L'espèce la plus commune est le Trox des nids.

Trox aequalis Say
5-6,5 mm
Trox poilu

Trox scaber (L.)
6,5-7 mm
Trox rugueux

Trox unistriatus Beauv.
10-10,5 mm
Trox des nids
Nest skin beetle

Trox variolarius Melsh.
7,5 mm
Trox à tubercules veloutés

FAMILLE GEOTRUPIDAE **Géotrupes** / Geotrupine beetles

7 spp (Qc)

Les *Bolboceras* vivent dans les champignons pourris comme certains géotrupes.

Bolboceras falli (Wall.)
11 mm
Bolbocère de Fall

Bolboceras liebecki (Wall.)
10 mm
Bolbocère de Liebeck

Geotrupes balyi Jekel
11-15 mm
Géotrupe de Baly

Les larves mangent les bouses d'animaux. Chez certains géotrupes, la larve vit dans un trou creusé verticalement dans le sol sous le crottin de cheval. La profondeur de ces puits creusés par les adultes peut atteindre 15 à 20 cm. Une fois comblé de crottin, le trou servira de garde-manger pour les larves.

Geotrupes hornii Blanch.
13-16,5 mm
Géotrupe de Horn

Geotrupes semiopacus Jek.
15-19 mm
Géotrupe semi-opaque

Geotrupes splendidus splendidus (F.)
15-18 mm
Géotrupe splendide

Geotrupes stercorarius (L.)
15,5-21 mm
Géotrupe des fumiers

FAMILLE *SCARABAEIDAE* **Scarabées** / Scarab beetles

100 spp (Qc)

La principale caractéristique de cette famille se trouve au niveau des antennes ; elles sont courtes et se terminent par une petite massue formée de lamelles. Plusieurs scarabées se nourrissent de plantes ou d'excréments. On peut trouver plusieurs espèces aux lumières ; on les capture aussi en battant les branches au-dessus d'un drap blanc. Les espèces diurnes volent par temps chaud ; les collectionneurs les cueillent aux fleurs alors qu'elles butinent.

Sous-famille : *Scarabaeinae*_7 spp (Qc)

Pour trouver des scarabéinés, on doit inspecter les crottes d'animaux ; celles des chiens et autres animaux domestiques en cachent parfois. Comme ce sont de petits insectes, il va de soi qu'il faut y regarder de près…

Onthophagus orpheus canadensis (F.)
5-7 mm
Onthophage du Canada

Onthophagus nuchicornis (L.)
8-9 mm
Onthophage moucheté

Onthophagus hecate hecate (Panz.)
6-8 mm
Onthophage sombre
Brown dung beetle

Sous-famille : *Aphodiinae*_45 spp (Qc)

Le groupe des aphodiinés se retrouve dans les bouses. On les capture aussi au vol lors des chaudes journées de mai. Un récipient d'eau laissé sur un tas de fumier permet aussi de récolter quelques spécimens.

Aphodius leopardus Horn
5-6,5 mm
Aphode maculé

Aphodius distinctus (Müll.)
4,5-5,5 mm
Aphode à quatre taches

Aphodius erraticus (L.)
7-8 mm
Aphode erratique

Aphodius fimetarius (L.)
6,5-7 mm
Aphode de pailler

Aphodius fossor (L.)
9-11 mm
Aphode fossoyeur

Aphodius prodromus (Brahm)
6-7 mm
Aphode aux ailes dorées

Aphodius rubripennis Horn
6-8 mm
Aphode à dos roux

Aphodius rufipes (L.)
8-10 mm
Aphode rougeâtre

Sous-famille : *Melolonthinae*_32 spp (Qc)

Les mélolonthinés du genre *Dichelonyx* sont attirés aux lumières. On les trouve aussi en battant les buissons, les arbustes et les branches des arbres ; ils se nourrissent de feuillage.

Dichelonyx albicollis Burm.
11-12 mm
Scarabée subcaréné

Dichelonyx backii Kby
8-9 mm
Scarabée vert du rosier

Dichelonyx canadensis Horn
9-10 mm
Scarabée du Canada

Dichelonyx linearis (Gyll.)
9-10 mm
Scarabée variable

Dichelonyx subvittata LeC.
8-10 mm
Scarabée à deux taches

Diplotaxis sordida Say
12,5-13 mm
Scarabée des sables
Small conifer chafer

Diplotaxis tristis Kby
13,2-14 mm
Scarabée terne
Small chafer

Maladera castanea Arrow
6,5-8 mm
Scarabée châtaigne

larve

Phyllophaga anxia (LeC.)
18-22 mm
Hanneton commun
Common june beetle
or May beetles

Le Hanneton commun est nocturne ; il vole surtout en mai et en juin. Au stade adulte, le hanneton mange les feuilles des arbres. La larve, que l'on nomme ver blanc, vit dans le sol et mange des racines. Après deux ou trois ans, elle devient adulte. Les genres *Pelecinus* (ordre des hyménoptères) et *Pyrgota* (ordre des diptères) sont des parasites des hannetons.

Phyllophaga drakii Kby.
19-23 mm
Hanneton de Drake

Phyllophaga futilis (LeC.)
14,5-15 mm
Hanneton pâle

Phyllophaga longispina (Smith)
15,5-16 mm
Hanneton aux longues épines

Phyllophaga rugosa (Melsh.)
16-19,5 mm
Hanneton rugueux

Serica atricapilla Kby.
8,5-9,5 mm
Scarabée à poils noirs

Serica intermixta Blatch.
9-10 mm
Scarabée des épinettes
Small spruce chafer

Serica georgiana Leng
7,5-9 mm
Scarabée de Géorgie

Serica parallela Csy
8-8,5 mm
Scarabée aux stries parallèles

Serica sericea (Ill.)
9-10 mm
Scarabée velouté

Serica tristis LeC.
8,5-9,5 mm
Scarabée des feuilles
Small leaf chafer

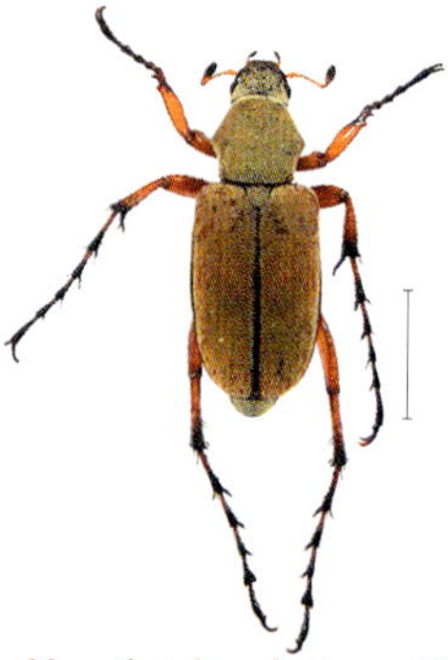

Macrodactylus subspinosus (F.)
9 mm
Scarabée du rosier
Rose chafer

Hoplia trifasciata Say
8-9 mm
Scarabée trifascié

Polyphylla variolosa (Hentz)
23-24 mm
Hanneton marbré

Sous-famille : *Rutelinae*_2 spp (Qc)

Pelidnota punctata (L.)
20-25 mm
Scarabée ponctué de la vigne
Spotted grape beetle

Popillia japonica Newm.
10-13 mm
Scarabée japonais
Japanese beetle

Le Scarabée japonais vit surtout au sud de Trois-Rivières ; il émerge du sol au début de juillet et s'attaque au feuillage d'un grand nombre de feuillus. C'est par temps chaud et ensoleillé qu'il est le plus actif, en particulier sur le trèfle rouge.

Sous-famille : *Dynastinae*_4 spp (Qc)

On trouve les dynastes aux lumières en juillet et août ; leur larve vit dans les vieilles bouses.

Xyloryctes jamaicensis (Drury)
25-27 mm
Dynaste rhinocéros
Unicorn or Rhinoceros beetle

Tomarus relictus Say
19-23 mm
Dynaste relicte

Aphonus castaneus (Melsh.)
11 mm

Sous-famille : *Cetoniinae* | **Cétoines** / Flower beetles_3 spp (Qc)

Les cétoines sont des butineurs qui volent par temps ensoleillé. C'est dans l'extrême sud de la province qu'on trouve le genre *Euphoria*, alors que *Cremastocheilus canaliculatus* se retrouve jusqu'à Québec. Cette espèce n'est pas commune ; elle vit dans les fourmilières.

La larve des osmodermes vit dans le bois pourri. Il faut chercher l'adulte sur les blessures des grands feuillus à partir du mois de juin jusqu'au mois d'août ; on l'attire avec de la mélasse sur l'écorce des arbres. Ces coléoptères dégagent une forte odeur de cuir qui imprègne la peau.

Euphoria fulgida fulgida (F.)
14,5-16 mm
Euphorie éclatante

Euphoria inda (L.)
13-16 mm
Euphorie bourdon
Bumble flower beetle

Cremastocheilus canaliculatus Kby
9-11 mm
Cétoine noir des fourmilières

larve du genre
Osmoderma

Osmoderma ermicola (Knoch)
25-28 mm
Osmoderme ermite

Osmoderma scabra (Beauv.)
19-25 mm
Osmoderme rugueux

Trichiotinus affinis (Gory&Perch.)
10 mm

Trichiotinus assimilis (Kby)
10 mm
Scarabée des marguerites
Flower beetle

Gnorimella maculosa (Knoch)
13,5-14 mm
Scarabée maculé

FAMILLE *BUPRESTIDAE* 80 spp (Qc)

Buprestes / Metallic wood-boring beetles or Flatheaded wood borers

Les gros buprestes ont une carapace très dure au point où il est parfois difficile d'y enfoncer une épingle entomologique. Les larves, au corps plat, creusent des galeries dans le tronc ou les branches des arbres laissant un trou en forme de D lors de l'émergence. Les plus petites espèces s'attaquent entre autres au feuillage ou aux tiges de plantes herbacées.

On attrape les gros buprestes par temps chaud alors qu'ils convoitent les arbres malades et particulièrement ceux tombés depuis environ deux ans. Les plus petites espèces se rencontrent au hasard sur le feuillage exposé au soleil. Lorsque le temps est nuageux, les chances d'en capturer sont très faibles; il vaut mieux explorer les cordes de bois ainsi que les boisés fraîchement coupés où il y a de nombreux arbres morts exposés au soleil.

Sous-famille : *Buprestinae*

Anthaxia inornata Rand.
6 mm
Petit bupreste à tête noire

Anthaxia viridicornis (Say)
3,5-4,5 mm
Petit bupreste à tête verte

Buprestis maculativentris Say
15-19 mm
Bupreste à ventre tacheté
Ventrally spotted buprestid

Buprestis nutalli Kby
15-20 mm
Bupreste à bandes

Cypriacis fasciata (F.)
13-18 mm
Bupreste vert doré

Cypriacis striata (F.)
17-18 mm
Bupreste strié

Chalcophora fortis LeC.
23-29 mm
Grand bupreste du Pin blanc

Chalcophora liberta (Germ.)
16-24 mm
Bupreste à lignes contrastées
Giant lined buprestid

Chalcophora virginiensis (Dru.)
22-29 mm
Grand bupreste de Virginie

Chrysobothris cribraria Mann.
10 mm
Bupreste du Pin blanc

Chrysobothris dentipes (Germ.)
13-16 mm
Bupreste dentelé

Chrysobothris femorata (Oliv.)
7-13 mm
Bupreste du pommier
Flatheaded appletree borer

Chrysobothris harrisi (Hentz)
7-7,5 mm
Bupreste vert du pin

Chrysobothris neopusilla Fisher
6-8 mm
Petit bupreste noir

Chrysobothris rugosiceps Melsh.
9-11 mm
Bupreste du chêne

Chrysobothris scabripennis Gor.& Lap.
9-11 mm
Bupreste rugueux

Chrysobothris trinervia Kby.
9-12 mm
Bupreste trinervé

Chrysobothris verdigripennis Frost
11-13 mm
Bupreste vert de gris

Dicerca callosa callosa Csy
17 mm

Dicerca caudata LeC.
16-17 mm
Bupreste à queue cuivrée

Dicerca divaricata Say
17-20 mm
Bupreste des bois francs

Dicerca lugubris LeC.
15 mm
Bupreste du Pin gris

Dicerca tuberculata (Lep. & Gory)
14-16 mm
Bupreste tuberculé

Dicerca lurida (F.)
15-16 mm
Bupreste du Caryer

Dicerca tenebrica (Kby)
17-20 mm
Bupreste du tremble

Dicerca tenebrosa (Kby)
12-15 mm
Bupreste sombre

Melanophila acuminata (DeG.)
7-10 mm
Bupreste aux élytres pointus

Poecilonota cyanipes (Say)
12-14 mm

Phaenops abies Champ. & Knull
11 mm
Mélanophile du sapin

Phaenops fulvoguttata (Harr.)
6-11 mm

Sous-famille : *Agrilinae*

Eupristocerus cogitans (Web.)
8 mm
Agrile de la galle de l'aulne
Alder gall limb borer

Agrilus anxius Gory
7-11 mm
Agrile du bouleau
Bronze birch borer

Agrilus bilineatus (Web.)
7-9 mm
Agrile du châtaignier
Two-lined chestnut borer

Agrilus criddlei Frost
6 mm
Agrile de Criddle

Agrilus crinicornis Horn
4 mm
Agrile à tête bleue

Agrilus cyanescens (Ratz.)
5 mm
Agrile bleu-vert du chèvrefeuille
Honeysuckle cyan borer

Agrilus lecontei Saund.
6 mm
Agrile à bandes pâles du micocoulier

Agrilus granulatus (Say)
9-11 mm
Agrile du peuplier
Bronze poplar borer

Agrilus masculinus Horn
5-7 mm
Agrile de l'Érable negondo

Agrilus obsoletoguttatus Gory
6-7 mm
Agrile du hêtre

Agrilus pensus Horn
6-7 mm
Agrile de l'Aulne rugueux
Alder-birch borer

Agrilus planipennis Fairm.
9-12 mm
Agrile du frêne
Emerald ash borer

Agrilus politus (Say)
6 mm
Agrile du saule
Willow gall limb borer

Agrilus putillus Say
4 mm
Agrile de l'érable

Agrilus ruficollis (F.)
6-7 mm
Agrile du framboisier
Red-necked cane borer

Agrilus vittaticollis (Rand.)
8-9 mm
Agrile de l'amélanchier

Brachys aerosus Melsh.
4 mm
Agrile du Peuplier faux-tremble

Brachys ovatus (Web.)
5,5 mm
Agrile ovale

Pachyschelus laevigatus (Say)
3 mm
Agrile de la desmondie

FAMILLE *BYRRHIDAE* **Byrrhidés** / Pill beetles

12 spp (Qc)

Les byrrhidés se nourrissent de mousses ; on les trouve au sol sous les pierres et les débris de bois. En plus d'être petits et d'avoir des couleurs ternes, ils ont le réflexe de s'immobiliser et de replier leurs pattes vers leur corps lorsqu'ils sont dérangés ; ceci explique probablement pourquoi ces petits coléoptères sont rarement récoltés par les collectionneurs.

Byrrhus americanus LeC.
9 mm
Byrrhe américain

Byrrhus kirbyi LeC.
8-9 mm
Byrrhe de Kirby

Cytilus alternatus (Say)
4-5 mm
Cytile à taches alternes

FAMILLE *EUCNEMIDAE* **Faux-taupins** / False click beetles

20 spp (Qc)

Cette petite famille est peu connue ; elle a déjà été considérée comme étant une sous-famille des élatéridés. Ce sont des phytophages que l'on capture au piège lumineux.

Isorhipis obliqua (Say)
4-8 mm
Isorhipe au dos brun

Onichodon canadensis (Br.)
14,5 mm
Fornax noir

Onichodon orchesides Newm.
12-13 mm
Fornax brun

FAMILLE *ELATERIDAE* **Taupins** / Click beetles

165 spp (Qc)

Les larves vivent de 2 à 3 ans dans le sol ou dans les vieilles souches ; elles consomment les racines tendres et dévorent le bois mort. La larve de certaines espèces mange les larves d'insectes dans le bois en décomposition. L'adulte fait le mort au moindre signe de danger. À cause de ses pattes trop courtes, le taupin serait incapable de se retourner s'il n'avait pas cette particularité d'exécuter des sauts alors qu'il est sur le dos, avec souvent un « déclic » audible d'où son nom anglais. Les taupins adultes mangent surtout des feuilles, on les trouve aussi aux fleurs. Pour les capturer, on utilise le battoir et le piège lumineux.

larve

nymphe

Sous-famille : *Agrypninae*

Le genre *Alaus* se rencontre dans la grande région de Montréal ; la larve est prédatrice, se nourrissant d'autres larves vivant dans le bois mort.

Alaus myops (F.)
24-32 mm
Taupin petit-ocelle
Small-eyed click beetle

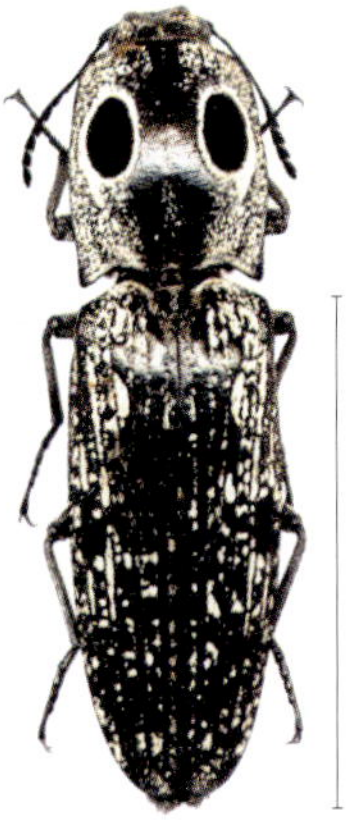

Alaus oculatus (L.)
24-40 mm
Taupin grand-ocelle
Large-eyed click beetle

Conoderus auritus (Hrbst)
6 mm
Taupin à longues pointes

Danosoma brevicorne (LeC.)
13-16 mm
Taupin maculé

Danosoma obtectum (Say)
16 mm
Taupin à tête noire

Lacon auroratus (Say)
12 mm
Taupin aurore

Sous-famille : *Prosterninae*

Athous rufifrons (Rand.)
11-16 mm
Taupin au pronotum rougeâtre

Athous scapularis (Say)
11 mm
Taupin à grandes épaulettes

Ctenicera elongaticollis (Ham.)
8-11 mm
Taupin au long pronotum

Ctenicera hamata (Say)
9-11,5 mm
Taupin à une bande

Ctenicera resplendens (Eschs.)
11-12 mm
Taupin vert
Green click beetle

Denticollis denticornis (Kby)
9-13 mm
Taupin au pronotum marginé

Eanus maculipennis LeC.
5 mm
Petit taupin maculé

Limonius aurifer LeC.
7,5 mm
Taupin à la tête bronzée

Pseudanostrirus hieroglyphicus (Say)
10-12 mm
Taupin hiéroglyphe

Pseudanostrirus triundulatus (Rand.)
6-7,5 mm
Taupin à trois bandes
threespotted click beetle

Pseudanostrirus propolus propolus (LeC.)
7-9 mm
Taupin à deux pics
Twospotted click beetle

Oxygonus obesus (Say)
9-11 mm
Taupin obèse

Pseudanostrirus vernalis (Hentz)
8,5-10 mm
Taupin à cinq points

Selatosomus appropinquans (Rand.)
10,5-15 mm
Taupin noir chatoyant

Selatosomus pulcher (LeC.)
11-13 mm
Taupin crucifère

Selatosomus splendens (Zieg.)
10-11 mm
Taupin splendide

Sous-famille : *Elaterinae*

Agriotes collaris (LeC.)
10-14 mm
Taupin à ailettes

Agriotes fucosus (LeC.)
11-13 mm
Taupin fardé

Agriotes limosus (LeC.)
8-9 mm
Petit taupin brun
Little brown click beetle

Ampedus apicatus (Say)
12 mm
Taupin à deux taches

Ampedus mixtus (Hbst.)
8 mm

Ampedus nigricollis (Hbst)
9-11 mm

Ampedus pullus Germ.
5 mm

Ampedus quebecensis Brown
7 mm

Ampedus sanguinipennis (Say)
7 mm
Taupin rougeâtre

Ampedus oblessus (Say)
11 mm
Taupin à bordure

Ampedus semicinctus (Rand.)
8-12 mm

Ampedus vitiosus (LeC.)
13 mm

Dalopius pallidus Br.
5-6,5 mm
Taupin à tête pâle

Elater abruptus Say
21 mm
Grand taupin noir

Melanotus castanipes (Payk.)
13-19 mm
Grand taupin brun

Melanotus leonardi (LeC.)
9-10,5 mm
Taupin à thorax rouge

Megapenthes stigmosus (LeC.)
9 mm
Taupin à quatre plaques

Sous-famille : *Cardiophorinae*

Cardiophorus propinquus Lan.
6-7 mm
Taupin à quatre taches

FAMILLE *LYCIDAE* **Lycidés** / Net-winged beetle

14 spp (Qc)

L'adulte dégage une forte odeur semblable à celle des lucioles, ce qui le protège des prédateurs. Les élytres sont mous, et les antennes sont longues. L'adulte et la larve sont des prédateurs.

Sous-famille : *Lycinae*

Calopteron discrepans (Newm.)
11-19 mm
Caloptère à deux bandes
Two banded net-winged beetle

Caenia dimidiata (F.)
9-12 mm
Caloptère à demi orangé

Calopteron terminale (Say)
9-16 mm
Caloptère à tache terminale

Leptoceletes basalis (LeC.)
6-8 mm
Caloptère brun

Sous-famille : *Erotinae*

Dictyoptera aurora Hbst
6-11 mm
Lycide rougeâtre

FAMILLE *LAMPYRIDAE* **Lampyrides, Lucioles ou Mouches-à-feu**

Lightningbugs or Firefly beetles 14 spp (Qc)

La larve de toutes les espèces de lampyrides produit de la lumière, ce qui n'est pas toujours le cas pour les adultes. De plus, les œufs de certaines espèces sont lumineux, probablement pour indiquer aux prédateurs qu'ils ne sont pas comestibles. Les lucioles produisent de la lumière afin de se trouver un compagnon ou une compagne pour l'accouplement. En général, le mâle vole alors que la femelle reste dans l'herbe. Les mâles ont un signal spécifique (nombre et séquence de clignotements et couleur) pour éviter les rencontres infructueuses avec d'autres espèces. On trouve les larves dans le compost où elles mangent de petits organismes. La forme du thorax et le dessin noir qu'on y observe permettent de différencier les espèces de lampyrides. La plus commune observée durant le jour est *E. corrusca* dont la larve vit dans le compost ; elle est dépourvue d'appareil lumineux à l'âge adulte. Les lucioles sont prédatrices ; elles se nourrissent de petits organismes du sol.

Sous-famille : *Lampyrinae*

Ellychnia corrusca (L.)
5-12 mm
Lampyride à bordure orange

Lucidota atra (Oliv.)
7-12 mm
Lampyride noir

larve

Photinus ardens LeC.
10 mm
Luciole ardente

Photinus marginellus LeC.
8 mm
Luciole marginée

Photinus obscurellus LeC.
6-7 mm
Luciole soyeuse

Pyractomena angulata (Say)
9-15 mm
Luciole à tête ailée

Pyractomena borealis (Rand.)
10-13 mm
Luciole à côtes

Pyropyga nigricans (Say)
5-6 mm
Luciole noire

Sous-famille : *Photurinae*

Photuris pensylvanica (DeG.)
15 mm
Luciole de Pennsylvanie

FAMILLE *CANTHARIDAE* **Cantharides** / Soldier beetles

48 spp (Qc)

Le corps des cantharides est mou et de forme allongée. Les élytres sont souvent plus courts que l'abdomen. Certains mangent du pollen, mais ce sont aussi des prédateurs de petits insectes. Ils peuvent être très communs dans l'herbe au printemps et dans les fleurs en été.

Sous-famille : *Cantharinae*

Atalantycha bilineata (Say)
6-8,5 mm
Cantharide à deux taches

Cantharis rufa L.
6,5-8,5 mm
Cantharide commun

Pacificanthia rotundicollis (Say)
7,5-11 mm
Cantharide à thorax jaune

Podabrus diadema (F.)
7-10 mm
Cantharide émarginé

Podabrus modestus (Say)
7,5-9 mm
Cantharide pubescent

Podabrus tricostatus (Say)
11 mm
Cantharide aux trois côtes

Rhagonycha fulva (Scop.)
11 mm
Cantharide à bande terminale

Sous-famille : *Chauliognathinae*

Chauliognathus pensylvanicus (DeG.)
10-12 mm
Cantharide de Pennsylvanie

FAMILLE *DERMESTIDAE* **Dermestes** / Dermestid beetles

19 spp (Qc)

À l'état larvaire, les dermestes vont manger les rongeurs et les insectes morts dans les murs et le grenier des maisons. La larve ressemble à une petite chenille poilue de couleur brune. Elle s'attaque souvent aux collections d'insectes, tissus en coton, poussières, poils d'animaux, plumes et pellicules. La carapace de l'adulte est couverte d'écailles microscopiques parfois colorées.

larve

Dermestes lardarius L.
6-8 mm
Dermeste du lard
Larder beetle

Dermestes maculatus DeG.
6-7 mm
Dermeste des peaux
Hide beetle

Attagenus unicolor japonicus Reitter
3-5 mm
Attagène du tapis
Black carpet beetle

Anthrenus scrophulariae (L.)
2,2-3,5 mm
Anthrène des tapis
Buffalo carpet beetle

FAMILLE *BOSTRICHIDAE* **Bostrichidés**

6 spp (Qc)

Les bostrichidés du Québec ne mesurent que quelques millimètres. Selon l'espèce, la larve vit dans le grain ou dans le bois en creusant des galeries. On trouve l'adulte surtout au piège lumineux.

Dinoderus minutus F.
3 mm

Lyctus opaculus LeC.
4 mm

FAMILLE *LYMEXYLIDAE*

1 sp (Qc)

On trouve l'adulte sur les arbres morts dans lesquels vivent les larves.

Elateroides lugubris (Say)
5-12 mm
Lymexylide lugubre

FAMILLE *ANOBIIDAE* **Ptines** / Drug store and Death watch beetles

51 spp (Qc)

Les Anobiidés ressemblent à de petites araignées ; ils ont une minuscule tête munie d'antennes laissant croire à une quatrième paire de pattes. L'abdomen est bombé un peu comme celui des araignées. On les retrouve dans les maisons, les magasins, les poulaillers : partout où ils peuvent trouver de la matière animale ou végétale desséchée, comme des rongeurs morts dans les murs, des insectes morts, du grain ou de la moulée. On peut aussi les trouver dans les nids de guêpes ou d'oiseaux. Ils s'introduiront facilement dans les boîtes de collections d'insectes dépourvues de boules à mites.

Mezium affine Boield.
2 mm
Ptine luisant
Shiny spider beetle

Ptinus fur (L.)
3 mm
Ptine bigarré
White-marked spider beetle

Ptinus villiger (Reit.)
3 mm
Ptine velu
Hairy spider beetle

FAMILLE *TROGOSSITIDAE* **Trogossitidés** / Bark-gnawing beetles

9 spp (Qc)

La larve se nourrit d'insectes dans les arbres morts ou les champignons. L'adulte vient aux lumières, mais on le trouve aussi en inspectant les troncs morts à l'aide d'une lampe de poche. On trouve *Thymalus marginicollis* dans les champignons polypores du bouleau.

Sous-famille : *Peltinae*

Ostoma fraterna (Rand.)
6-8 mm

Ostoma septentrionalis (Rand.)
9-10 mm

Thymalus marginicollis Chev.
5,5 mm
Thymale sphérique

Sous-famille : *Lophocaterinae*

Grynocharis quadrilineata (Melsh.)
6-9 mm
Trogossitide à quatre lignes

Sous-famille : *Trogossitinae*

Tenebroides americanus (Kby)
7-9 mm
Grand ténébroïde

Tenebroides corticalis (Melsh.)
6 mm
Ténébroïde au long cou

FAMILLE *CLERIDAE*

24 spp (Qc)

Ces insectes sont carnassiers ; ils s'attaquent souvent aux scolytes. Ils se rencontrent sur le bois mort, le bois carié et les souches. On peut aussi en trouver sur les plantes herbacées et les fleurs.

Sous-famille : *Thaneroclerinae*

Zenodosus sanguineus (Say)
4-5 mm
Cléride sanguin

Sous-famille : *Tillinae*

Cymatodera bicolor (Say)
5,5-10 mm
Cléride au thorax rougeâtre

Sous-famille : *Clerinae*

Enoclerus muttkowskii (Wolc.)
8-13 mm
Cléride de Muttkowski

Enoclerus nigrifons (Say)
4-6 mm
Cléride à quatre taches

Enoclerus nigripes rufiventris (Spinola)
7 mm
Cléride à bande en M

Placopterus thoracicus (Oliv.)
5-6 mm
Cléride à collier jaune

Thanasimus dubius (F.)
7-8 mm
Thanasime à tête rouge

Thanasimus trifasciatus (Say)
11-13 mm
Grand thanasime

Thanasimus undulatus (Say)
4-7 mm
Thanasime à tête noire

Trichodes nutalli Kby
8-9 mm
Cléride de Nutall

Sous-famille : *Epiphloinae*

Madoniella dislocata (Say)
3-6 mm
Cléride à bandes croisées

Sous-famille : *Enoplinae*

Neorthopleura thoracica (Say)
8-9 mm
Énopline au thorax rouge

Chariessa pilosa (Forst.)
8-11 mm
Énopline velu

FAMILLE *MELYRIDAE* **Mélyridés** / Melyrids

10 spp (Qc)

Sous-famille : *Malachinae*

Jolis petits coléoptères aux couleurs vives dont les élytres sont flexibles et couverts de minuscules soies. Ils sont plutôt insectivores, mais on les retrouve parfois sur les fleurs dont ils mangent le pollen. Les larves de la famille des mélyridés sont exclusivement carnivores.

Collops quadrimaculatus (F.)
4-6 mm
Collops à quatre taches

Collops tricolor (Say)
4,5-5 mm
Collops à trois couleurs

Collops vittatus (Say)
4,5 mm
Collops à deux lignes

Malachius aeneus (L.)
6,5-7 mm
Malache à tête verte

FAMILLE *NITIDULIDAE* **Nitidules** / Sap beetles

64 spp (Qc)

Certaines espèces sont communes sur les fruits en décomposition et sur la sève fermentée des arbres au printemps. D'autres mangent des cadavres d'animaux desséchés. L'odeur de la nourriture les attire vers les assiettes des pique-niqueurs ; ils sont particulièrement nombreux dans les champs de maïs, les vergers et les productions de petits fruits (fraises, framboises).

Sous-famille : *Nitidulinae*

Lobiopa undulata (Say)
3-4 mm

Prometopia sexmaculata (Say)
4-5 mm

Sous-famille : *Cryptarchinae*

Cryptarcha ampla Er.
4-7 mm
Nitidule brun

Glischrochilus fasciatus (Oliv.)
5-6 mm
Nitidule fascié

Glischrochilus moratus Br.
4 mm

Glischrochilus quadrisignatus (Say)
3-6 mm
Nitidule à quatre points
Four-spotted sap beetle

Glischrochilus sanguinolentus Oliv.
4-6 mm
Nitidule à taches rouges

Glischrochilus siepmani Br.
3-6 mm
Nitidule à petites taches

Glischrochilus vittatus (Say)
5 mm
Nitidule à taches diagonales

Les silvanidés et les passandridés étaient autrefois classés parmi les cucujidés. Les petites espèces de cucujidés qui étaient associées aux denrées alimentaires sont maintenant des silvanidés.

FAMILLE *SILVANIDAE* **Silvanidés** / Silvanids

4 spp (Qc)

Sous-famille : *Brontinae*

Uleiota dubia dubia (F.)
5 mm
Silvanide noir

FAMILLE *PASSANDRIDAE* **Passandridés** / Passandrids

1 sp (Qc)

Catogenus rufus (F.)
5-9,5 mm
Catogène roux

FAMILLE *CUCUJIDAE* **Cucujides** / Flat bark beetles

19 spp (Qc)

Les cucujidés mangent des petites larves ou des petits insectes vivant dans le bois mort. Certains, très petits, attaquent les aliments dans les magasins ou dans le garde-manger de la maison. On peut les attraper au piège lumineux, mais c'est sous l'écorce des feuillus morts qu'on trouve le Grand cucujide rouge ; c'est la plus grande espèce de cette famille au Québec.

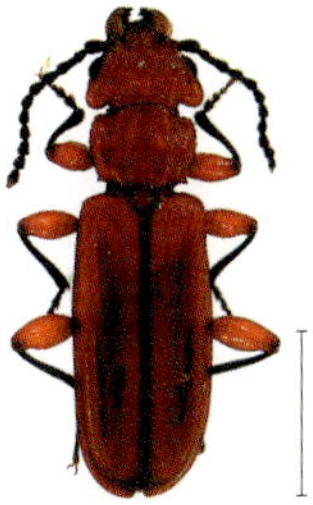

Cucujus clavipes Fab.
10-12 mm
Grand cucujide rouge
Red cucujid

Pediacus fuscus Er.
3 mm
Petit cucujide roux

FAMILLE *EROTYLIDAE* **Érotylidés**

4 spp (Qc)

Sous-famille : *Languriinae*

Les languriinés s'attaquent aux tiges de certaines plantes ; on trouve l'adulte sur les fleurs et les feuilles des mêmes plantes.

Acropteroxys gracilis (Newm.)
6-8 mm
Perce-tige gracile

Languria mozardi mozardi Latr.
5-7 mm
Perce-tige du trèfle
Clover stem borer

Sous-famille : *Erotylinae* | **Érotilinés** / Pleasing fungus beetles

On trouve ces insectes dans le bois en décomposition ; la larve vit dans les champignons. Au Québec, le genre *Megalodacne* se retrouve surtout dans le Sud-Ouest ; il vient aux lumières.

Megalodacne fasciata (Fab.)
11-14 mm
Érotyle jaunâtre

Megalodacne heros (Say)
12-20 mm
Érotyle rougeâtre

Triplax dissimulator (Crotch)
3-4 mm
Érotyle au thorax tacheté

Triplax macra LeC.
6 mm
Érotyle allongé

Triplax thoracica Say
4-5 mm
Petit érotyle jaunâtre

Tritoma pulchra Say
3-4 mm
Érotyle à bande rouge

Tritoma sanguinipennis (Say)
4 mm
Érotyle rouge sang

Ischyrus quadripunctatus quadripunctatus (Oliv.)
9 mm
Érotyle à quatre points

FAMILLE *BYTURIDAE* **Byturidés** / Fruitworm beetles

1 sp (Qc)

Sous-famille : *Byturinae*

Au stade adulte, le byture s'attaque aux bourgeons des feuilles et aux boutons floraux. La larve entre dans un bouton floral pour ensuite se retrouver dans le fruit, le rendant impropre à la consommation humaine.

Byturus unicolor Say
3 mm
Byture des framboises
Raspberry fruitworm

FAMILLE ENDOMYCHIDAE

8 spp (Qc)

Endomychidés / Handsome fungus beetles

Ces minuscules coléoptères mangent des champignons vivant sur le bois. On les trouve donc sur les arbres en décomposition.

Sous-famille : *Endomychinae*

Endomychus biguttatus Say
3-4 mm
Mycétine à deux taches

Sous-famille : *Lycoperdininae*

Lycoperdina ferruginea J.E. LeC.
5 mm
Mycétine rougeâtre

Mycetina perpulchra (Newm.)
4 mm
Mycétine à quatre taches

Sous-famille : *Leiestinae*

Phymaphora pulchella Newm.
3-4 mm
Mycétine à bandes rougeâtres

FAMILLE *COCCINELLIDAE* **Coccinelles** / Lady beetles

77 spp (Qc)

Les coccinelles sont généralement carnivores. Les larves et les adultes s'attaquent non seulement aux pucerons, mais aussi aux thrips, aux cochenilles, aux œufs d'insectes et aussi à certains acariens. En automne, la **Coccinelle asiatique multicolore** entre dans les maisons pour se protéger du temps froid. Il n'est pas rare d'en trouver dans la maison en plein mois de décembre.

larve

nymphe

Sous-famille : *Scymninae*

Brachiacantha ursina (F.)
3 mm
Coccinelle à huit points

Sous-famille : *Chilocorinae*

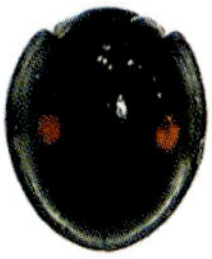

Chilocorus stigma (Say)
4 mm
Coccinelle stigma
Twice-stabbed lady beetle

Sous-famille : *Coccinellinae*

Anisosticta bitriangularis (Say)
3 mm
Coccinelle à deux triangles
Twotriangles spotted beetle

Coleomegilla maculata lengi Timb.
5,5 mm
Coccinelle maculée
Spotted lady beetle

Hippodamia convergens G.-M.
4-6 mm
Coccinelle convergente
Convergent lady beetle

Hippodamia glacialis (F.)
6 mm
Coccinelle à deux grandes bandes

Hippodamia parenthesis (Say)
4,5 mm
Coccinelle parenthèse

Hippodamia tredecimpunctata tibialis (Say)
5-6 mm
Coccinelle à 13 points
Thirteenspotted lady beetle

Anatis labiculata (Say)
8 mm
Coccinelle à 15 points
Fifteenspotted lady beetle

Anatis mali (Say)
9 mm
Coccinelle ocellée
Eyespotted lady beetle

Myzia pullata (Say)
5-7 mm
Coccinelle rayée

aberration cardisce

forme typique

aberration *quatuordecimguttata*

Calvia quatuordecimguttata (L.)
3,5-5 mm
Coccinelle à 14 taches
Fourteenspotted lady beetle

Adalia bipunctata (L.)
4 mm
Coccinelle à deux points
Twospotted lady beetle

Coccinella novemnotata Herbst
5-6,5 mm
Coccinelle à neuf taches
Ninespotted lady beetle

Coccinella septempunctata L.
7 mm
Coccinelle à sept points
Sevenspotted lady beetle

Coccinella transversoguttata richardsoni Brown.
5-7,5 mm
Coccinelle à bandes transversales
Transverse lady beetle

Coccinella trifasciata perplexa Muls.
4 mm
Coccinelle à trois bandes

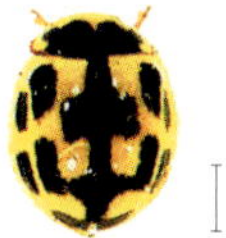

Propylaea quatuordecimpunctata (L.)
3,5-5 mm
Coccinelle à 14 points
Fourteenspotted lady beetle

Mulsantina hudsonica (Csy)
3,5-4 mm
Coccinelle à deux bandes
Twobanded lady beetle

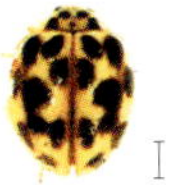

Psyllobora vigintimaculata (Say)
2-3 mm
Coccinelle à 20 taches

Harmonia axyridis (Pall.)
7 mm
Coccinelle asiatique multicolore
Multicolored asian lady beetle

FAMILLE *MYCETOPHAGIDAE* 13 spp (Qc)

Mycétophagidés / False darkling beetles

Petits insectes vivant sur les champignons. Ils sont attirés aux lumières.

Sous-famille : *Mycetophaginae*

Mycétophages tachetés / Mycetophaginids

Mycetophagus flexuosus Say
3 mm
Mycétophage à taches irrégulières

Mycetophagus punctatus Say
4-5 mm
Mycétophage à deux points

Mycetophagus serrulatus Csy
3-4 mm
Mycétophage soyeux

FAMILLE *TETRATOMIDAE* **Tétratomidés** / Polypore fungus beetles

7 spp (Qc)

On les trouve sur le bois mort en décomposition et sur les champignons polypores.

Sous-famille : *Penthinae*

Penthe obliquata (F.)
14-15 mm
Penthe à scutellum jaune

Penthe pimelia (F.)
14-15 mm
Penthe noire

FAMILLE *MELANDRYIDAE* **Mélandryidés** / False darkling beetles

42 spp (Qc)

Sous-famille : *Melandryinae*

La larve est carnivore ou végétarienne selon l'espèce. Les élytres sont flexibles, et le thorax a de petites dépressions. On les trouve au piège lumineux et sur les arbres morts.

Emmesa connectens Newm.
11 mm
Mélandryide bimaculé

Emmesa blackmani Hatch.
10-15 mm
Mélandryide tacheté

Melandrya striata Say
9-16 mm
Mélandryide strié

Enchodes sericea (Hald.)
12-15 mm
Mélandryide effilé

Serropalpus substriatus Hald.
8-14 mm
Mélandryide taupin

Dircaea liturata (LeC.)
6-8 mm
Mélandryide étoilé

FAMILLE *MORDELLIDAE* **Mordellidés** / Tumbling flower beetles

29 spp (Qc)

Il est difficile de capturer ces minuscules coléoptères. On les trouve le plus souvent dans les fleurs, mais aussi sur le feuillage, les champignons et le bois. La larve vit en mangeant des végétaux.

Sous-famille : *Mordellinae*

Tomoxia lineella LeC.
5-7 mm
Mordéllide ligné

Mordellaria serval (Say)
3-5 mm
Mordéllide tacheté

Yukuhananomia bidentata (Say)
10 mm
Mordéllide bidenté

Mordellochroa scapularis (Say)
3-5 mm
Mordéllide à deux points

Hoshihananomia octopunctata (F.)
5-6 mm
Mordéllide à huit points

FAMILLE ZOPHERIDAE **Zophéridés** / Ironclad beetles

1 sp (Qc)

Les zophéridés étaient autrefois classés dans la famille des ténébrionidés. Il y a une seule espèce au Québec ; on la trouve sous l'écorce du bois mort et dans les champignons polypores.

Sous-famille : *Zopherinae*

Phellopsis obcordata (Kby)
14 mm
Zophéride des bois morts

FAMILLE TENEBRIONIDAE **Ténébrions** / Darkling beetles

63 spp (Qc)

On retrouve parfois le Ver de la farine dans la maison, car l'adulte est attiré par la nourriture du garde-manger. On utilise la larve pour nourrir certains petits animaux dont les lézards ; elle est aussi comestible pour l'homme sous forme de farine ou simplement grillée. Le genre *Tribolium* s'attaque aux moulées et aux poussières de céréales ; l'insecte passe de l'œuf au stade adulte en un mois lorsque les conditions sont idéales. On trouve les ténébrions indigènes en retirant l'écorce des arbres morts et en regardant les champignons des arbres morts ; *Arthromacra aenea* se retrouve plutôt sur le feuillage des arbustes.

Sous-famille : *Lagriinae*

Arthromacra aenea (Say)
12 mm
Ténébrion vert

Sous-famille : *Bolitophaginae*

larve

nymphe

♂

♀

Bolitotherus cornutus Panz.
10-12 mm
Ténébrion cornu
Forked fungus beetle

Bolitophagus corticola Say
6-7 mm
Bolitophage à ailettes

Sous-famille : *Diaperinae*

Cynaeus angustus (LeC.)
4,5-5,5 mm
Ténébrion à angle aigu

Diaperis maculata Oliv.
6 mm
Ténébrion maculé
Spotted fungus beetle

Sous-famille : *Opatrinae*

Blapstinus metallicus (F.)
4 mm
Ténébrion à reflets métalliques

Sous-famille : *Tenebrioninae*

Blaps lethifera Marsh.
22-23mm
Blaps des écuries

Tribolium confusum JdV
3 mm
Tribolium brun de la farine
Confused flour beetle

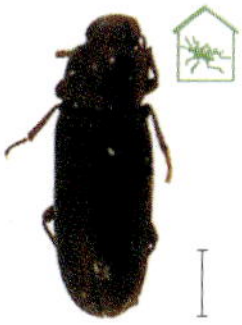

Tribolium destructor Uytt.
4-5 mm
Tribolium de la farine
Large flour beetle

Alphitobius diaperinus (Panz.)
6 mm
Petit ténébrion mat
Lesser mealworm

Centronopus calcaratus (F.)
13-15 mm
Grand ténébrion noir

Tenebrio molitor L.
9-15 mm
Ténébrion du meunier
Yellow mealworm

Neatus tenebrioides (Beauv.)
11-12 mm
Ténébrion forestier

Sous-famille : *Alleculinae*

Isomira quadristriata (Coup.)
5 mm
Ténébrion à quatre stries

Pseudocistela brevis (Say)
7-9 mm
Ténébrion ovale

Capnochroa fuliginosa (Melsh.)
12 mm
Ténébrion à forme de taupin

Androchirus erythropus (Kirby)
10-11 mm
Ténébrion aux pattes rouges

Mycetochara bicolor (Coup.)
6-8 mm
Ténébrion bicolore

Mycetochara foveata (LeC.)
4-5 mm
Ténébrion à fossettes

Mycetochara fraterna (Say)
4-5 mm
Ténébrion à épaulettes

Sous-famille : *Coelometopinae*

Merinus laevis (Oliv.)
17-21 mm
Ténébrion musclé

Haplandrus fulvipes (Herbst)
9 mm
Ténébrion à pronotum carré

Iphthiminus opacus (LeC.)
15 mm
Ténébrion ponctué

Alobates pensylvanicus (DeG.)
20-22 mm
Ténébrion aux yeux cordiformes

Upis ceramboides (L.)
18-19 mm
Ténébrion rugueux
Roughened darkling beetle

FAMILLE *SYNCHROIDAE* **Faux-ténébrions** / False darkling beetles

1 sp (Qc)

Semblable aux mélandryidés.

Synchroa punctata Newm.
9-12 mm
Faux-ténébrion ponctué

FAMILLE *STENOTRACHELIDAE* **Faux-longicornes** / False longhorned beetles

5 spp (Qc)

Les larves vivent dans le bois en décomposition, et l'adulte se retrouve sur les feuilles et dans les fleurs.

Sous-famille : *Cephaloinae*

Cephaloon lepturoides Newm.
6-10 mm
Faux-lepture
False-leptura beetle

Cephaloon ungulare LeC.
10-12 mm
Faux-longicorne scalaire

FAMILLE OEDEMERIDAE **Faux-méloides** / False blister beetles

5 spp (Qc)

Les larves vivent surtout dans les conifères en décomposition ; l'adulte se retrouve sur le feuillage et dans les fleurs où il mange le pollen.

Sous-famille : *Calopodinae*

Calopus angustus LeC.
15-18 mm
Faux-méloé brun

Sous-famille : *Oedemerinae*

Ditylus caeruleus (Rand.)
14 mm
Faux-méloé noir

Nacerdes melanura (L.)
7-13 mm
Nacerde
Wharf borer

FAMILLE *MELOIDAE* **Méloidés** / Blister beetles Oil beetles

12 spp (Qc)

Les méloidés du genre *Meloe* pondent leurs œufs au sol. Lorsque les larves (appelées triongulins) émergent, elles montent sur les fleurs (en particulier le pissenlit) et y attendent l'arrivée d'une abeille. Pendant que l'abeille butine, la petite larve du méloé s'agrippe aux poils de celle-ci et voyage jusqu'à son nid dans la terre. Lorsque l'abeille solitaire pond un œuf sur son miel, le triongulin descend sur l'œuf en prenant soin de ne pas tomber sur le miel, car la chute serait mortelle.

La minuscule larve se met ensuite à manger l'œuf en laissant une partie de la pellicule de l'œuf intacte ; elle aura alors un plancher bien propre pour se transformer en un deuxième stade larvaire (aveugle) qui a la forme de la larve du hanneton. Cette larve s'attaquera aux réserves de miel et de pollen et se changera en un troisième stade encore plus vorace. On suppose qu'à cette taille, la larve doit manger de jeunes larves d'abeilles dans le voisinage de la cellule d'origine. La larve se transformera éventuellement en nymphe puis en adulte végétarien. L'adulte est aptère, et sa démarche est lente; il se laisse tomber au sol si on le dérange. Lorsqu'on le tient entre les doigts, un produit corrosif suinte de ses articulations.

Les antennes du meloé mâle ont une forme particulière qui jouerait un rôle lors de l'accouplement ; il semblerait que le mâle utilise ses antennes pour tenir celles de la femelle, mais, en pratique, ce n'est pas toujours le cas puisque le mâle est souvent beaucoup plus petit que sa partenaire.

Lorsqu'on trouve un spécimen du genre *Meloe*, il y en a généralement un ou plusieurs autres tout près en même temps ou au même endroit dans les jours suivants. C'est par temps ensoleillé qu'on trouve les méloïdés ; *Lytta sayi* se prend sur le peuplier et les fleurs au printemps, *Epicauta pennsylvanica* se retrouve sur les fleurs de la Verge d'or dans le sud du Québec, alors que le *E. murina* vit sur la Vesce jargeau. Les larves du genre *Epicauta* mangent des œufs d'orthoptères.

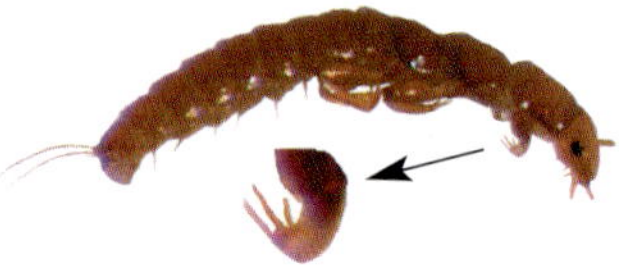

triongulin (1er stade larvaire)

Sous-famille : *Meloinae*

Meloe angusticollis Say
12-15 mm
Méloé au cou étroit

Meloe dianellus Pinto & Selander
11-14 mm

Meloe impressus Kirby
11-14 mm
Méloé impressionné

Lytta sayi LeC.
16-20 mm
Méloé de Say
Say's blister beetle

Epicauta murina (LeC.)
12-15 mm
Méloé cendré
Dark blister beetle

Epicauta pensylvanica (DeG.)
9-11 mm
Méloé noir
Black blister beetle

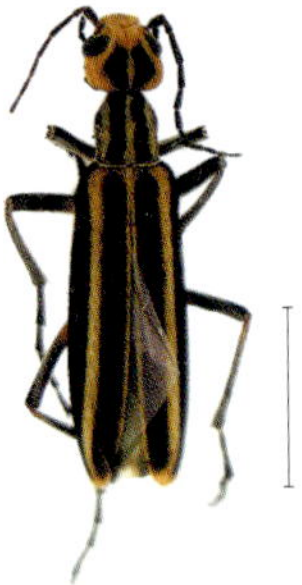

Epicauta vittata (F.)
12-13 mm
Méloé rayé
Striped blister beetle

Sous-famille : *Nemognatinae*

Nemognatha nemorensis Hentz
4-6 mm
Méloé à tête jaune

Tricrania sanguinipennis (Say)
7-9 mm
Méloé rouge

Les boridés et les pythidés ont déjà été regroupés dans la famille des salpingidés (non traités dans ce livre). Ce sont des insectes rarement rencontrés. Les larves mangent d'autres insectes dans le bois mort ; la biologie des adultes est peu connue. On les trouve sous l'écorce des conifères morts et sous divers débris au sol. On peut aussi les rencontrer au piège lumineux. Ces insectes sont plus communs au Nord.

FAMILLE *BORIDAE* **Boridés** / Conifer bark beetles

2 spp (Qc)

Sous-famille : *Borinae*

Boros unicolor Say
13 mm
Boride noir

Lecontia discicollis (LeC.)
15-17 mm
Boride à thorax rond

FAMILLE *PYTHIDAE* **Pythidés** / Dead log bark beetles

4 spp (Qc)

Sous-famille : *Pythinae*

Pytho niger Kby
9-13 mm
Pythide noir

Pytho americanus Kby
13-14 mm
Pythide à pattes jaunes

FAMILLE *PYROCHROIDAE* **Pyrochres** / Fire-colored beetles

7 spp (Qc)

La larve des pyrochroidés vit dans le bois mort; elle mange le bois et les champignons. L'adulte peut être capturé sur le bois mort et au piège lumineux.

Sous-famille : *Pyrochroinae*

Dendroides concolor Newm.
11-13 mm
Pyrochre unicolore

Neopyrochroa femoralis (LeC.)
13 mm
Pyrochre aux tibias noirs

larve

nymphe

Neopyrochroa flabellata (F.)
11-17 mm
Pyrochre aux pattes jaunes

Schizotus cervicalis Newm.
6-8 mm
Schizote

FAMILLE *ANTHICIDAE* **Anthicidés** / Antlike flower beetles

22 spp (Qc)

Les anthicidés mesurent entre 1,7 et 4,3 mm ; il faut donc être très attentif pour les trouver. La larve vit dans le sol, et l'adulte se cache au sol sous les pierres ou autres objets. Il semble que ce soit des décomposeurs de plantes et d'insectes morts. On peut les capturer au piège lumineux.

Sous-famille : *Anthicinae*

Notoxus anchora Hentz
3 mm
Anthicine cornu

FAMILLE *CERAMBYCIDAE* **Longicornes** / Long-horned beetles

180 spp (Qc)

Les cérambycidés sont aussi appelés longicornes ou capricornes à cause de leurs longues antennes dont la base est souvent partiellement entourée par les yeux. Les larves vivent dans le bois des arbres en creusant des galeries, alors que les adultes mangent surtout des feuilles et du pollen. Un bon livre pour connaître la biologie des différentes espèces retrouvées au Québec est le guide *Field Guide to Northeastern Longhorned Beetles* de Douglas Yanega.

Sous-famille : *Parandrinae*

Parandra brunnea (F.)
8-20mm
Parandre
Pole borer

Sous-famille : *Prioninae*

Orthosoma brunneum (Forst.)
25-50 mm
Prionide brun
Brown prionide

Prionus laticollis (Drury)
20-50 mm
Perceur des racines
Broadnecked root borer

Tragosoma depsarium (L.)
15-40 mm
Longicorne velu du pin
Hairy pine borer

Sous-famille : *Lepturinae*

Larve du Desmocère à manteau dans une tige de sureau.

Desmocerus palliatus (Forst.)
18-26 mm
Desmocère à manteau
Elder borer

Acmaeops proteus proteus (Kirby)
7-11 mm
Acméops proté

Acmaeopsoides rufula (Hald.)
8-10 mm
Acméops roux

Analeptura lineola (Say)
6-12 mm
Petit lepture ligné

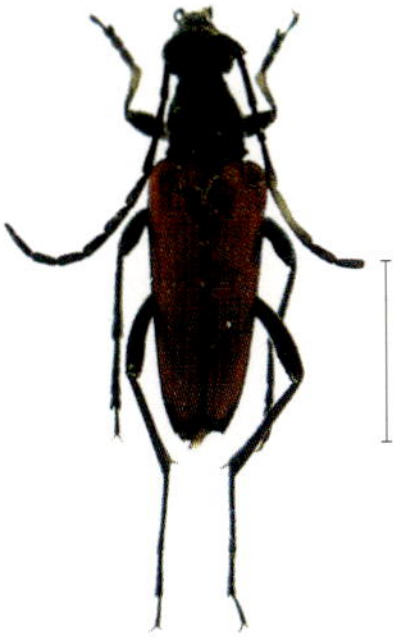

Anastrangalia sanguinea (LeC.)
7-13 mm
Lepture à deux teintes

Anthophylax attenuatus (Hald.)
12-17 mm
Anthophylax moucheté

Anthophylax cyaneus (Hald.)
11-16 mm
Anthophylax à pattes rouges
Red-footed longhorned beetle

Anthophylax viridis LeC.
12-17 mm
Anthophylax à pattes noires
Black-footed longhorned beetle

Brachysomida bivittata (Say)
7-11 mm
Brachysomide variable

Centrodera decolorata (Harr.)
19-30 mm
Longicorne décoloré

Lepturobosca chrysocoma (Kirby)
10-20 mm
Lepture doré

Evodinus monticola monticola (Rand.)
8-13 mm
Longicorne variable des conifères

Gaurotes cyanipennis (Say)
9-13 mm
Gaurote bleu brillant

Acmaeops pratensis (Laich.)
5-9 mm
Lepture des prés

Grammoptera haematites (Newm.)
4-7 mm
Acméops du cornouiller

Grammoptera subargentata (Kirby)
5-8 mm
Acméops de la spirée

Idiopidonia pedalis (LeC.)
8-11 mm
Acméops à cou articulé

Judolia montivagans montivagans (Couper)
7-12 mm
Lepture de l'Épinette noire

Brachyleptura champlaini Csy
8-12 mm
Petit lepture rougeâtre

Bellamira scalaris (Say)
17-26 mm
Longicorne scalaire

Brachyleptura rubrica (Say)
12-18 mm
Grand lepture rougeâtre

Leptura plebeja Rand.
9-14 mm
Lepture brun des pins

Lepturopsis biforis (Newm.)
12-16 mm
Lepture à deux points

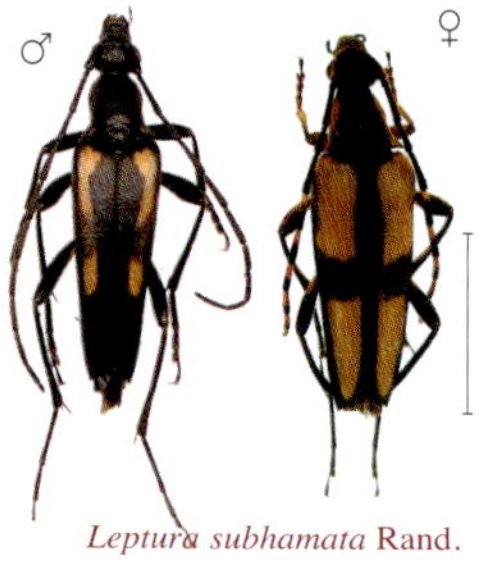

Leptura subhamata Rand.
11-17 mm.
Lepture crucifère

Metacmaeops vittata (Swed.)
6-8 mm
Lepture à trois lignes

Neoalosterna capitata (Newm.)
8-10 mm
Lepture à tête rouge

Pachyta lamed liturata Kirby
11-21mm
Lepture au thorax denté

Pidonia ruficollis (Say)
6-9 mm
Lepture à collier

Pseudogaurotina abdominalis (Bland)
9-16 mm
Faux-gaurote

Rhagium inquisitor (L.)
9-21 mm
Longicorne caréné du pin

Pygoleptura nigrella nigrella (Say)
11-23 mm
Lepture du Pin gris

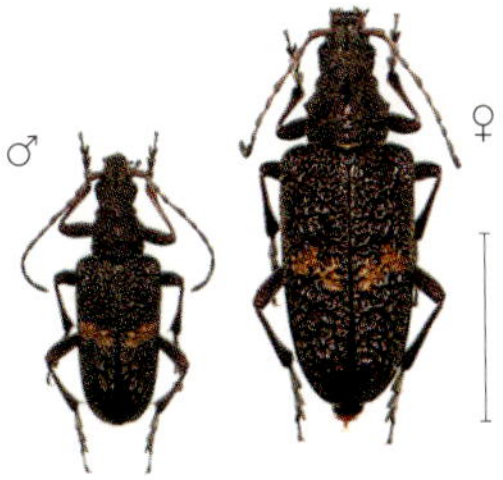

Sachalinobia rugipennis (Newm.)
10-16 mm
Longicorne à bande rouge

Stenocorus schaumii (LeC.)
17-30 mm
Lepture au thorax orangé

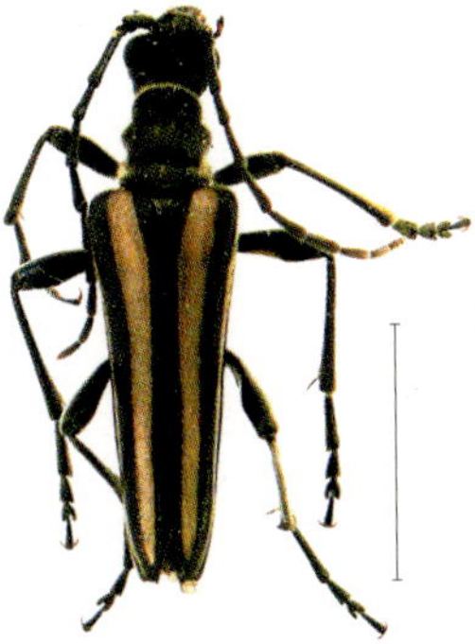

Stenocorus vittiger (Rand.)
12-20 mm
Lepture à deux bandes

Stictoleptura canadensis canadensis (Oliv.)
10-15 mm
Longicorne à épaulettes
Red-shouldered pine borer

Strangalepta abbreviata (Germar)
10-14 mm
Longicorne à deux lignes

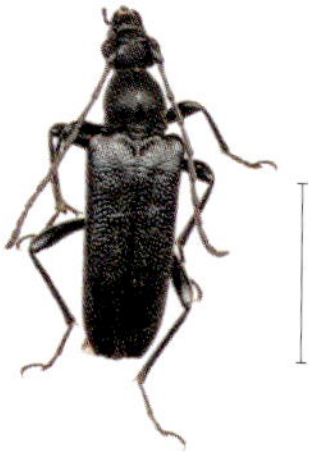

Anoplodera pubera (Say)
8-12 mm
Lepture de l'orme

Strangalia luteicornis (F.)
9-14 mm
Lepture à six taches

Strophiona nitens (Forst.)
10-15 mm
Perceur du châtaignier
Chestnut bark borer

On distingue les deux espèces du genre *Trigonarthris* en observant la pubescence ventrale et la courbure latérale des élytres ; ces caractères étant plus prononcés chez *T. minnesotana*. Au Québec, *T. proxima* semble un peu moins commun que *T. minnesotana*.

Les noms vernaculaires décrivent la forme du bout de l'abdomen de la femelle des deux espèces.

Trigonarthris minnesotana (Csy)
13-18 mm
Lepture non-caréné

Trigonarthris proxima (Say)
13-20 mm
Lepture caréné

Trachysida aspera brevifrons (Howden)
8-15 mm
Lepture noir mat

Trachysida mutabilis (Newm.)
8-15 mm
Lepture variable

Typocerus acuticauda acuticauda Csy
9-14 mm
Lepture à collier pubescent

Typocerus sparsus LeC.
7-10 mm
Lepture du pin

Typocerus velutinus velutinus (Oliv.)
9-16 mm
Lepture à bandes pourprées

Xestoleptura tibialis (LeC.)
9-16 mm
Lepture boréal

Sous-famille : *Spondylidinae*

Neospondylis upiformis (Mann.)
8-20 mm
Spondyle

Sous-famille : *Aseminae*

Arhopalus foveicollis (Hald.)
14-30 mm
Longicorne fovéolé
Pitted longhorned beetle

Asemum striatum (L.)
10-18 mm
Longicorne strié
Opaque sawyer

Tetropium cinnamopterum Kirby
8-15 mm
Longicorne cannelle
Eastern larch borer

Tetropium schwarzianum Csy
11-15 mm
Longicorne de Schwarz

Sous-famille : *Cerambycinae*

Knulliana cincta cincta (Drury)
15-30 mm
Longicorne à bande du caryer
Banded hickory borer

Hesperophanes pubescens (Hald.)
15-22 mm
Cérambycide mystérieux
Pubescent longhorned beetle

Tylonotus bimaculatus Hald.
9-18 mm
Perceur bimaculé du frêne
Ash and privet borer

Anelaphus parallelus (Newm.)
8-20 mm
Coupe-rameau du chêne
Oak twig pruner

Anelaphus villosus (F.)
12-20 mm
Perceur des rameaux
Twig pruner

Enaphalodes rufulus (Hald.)
15-28 mm
Grand longicorne du Chêne rouge
Red oak borer

Parelaphidion aspersum (Hald.)
14-21 mm

Molorchus bimaculatus bimaculatus Say
5-8 mm
Longicorne aux courtes ailes

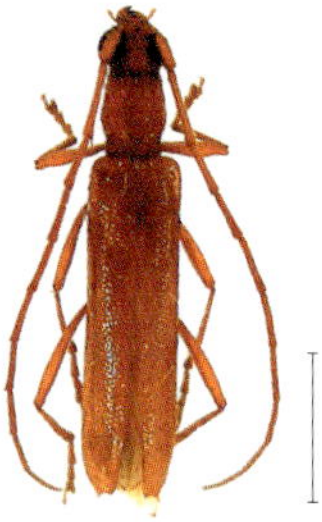

Psyrassa unicolor (Rand.)
7-13 mm
Longicorne jaune du hêtre

Obrium rufulum Gahan
5-8 mm
Longicorne du frêne

Callimoxys sanguinicollis sanguinicollis (Oliv.)
7-12 mm
Perceur du caryer

Callidium frigidum Csy
6-10 mm
Callidie du thuya

Callidium violaceum (L.)
9-15 mm
Callidie violacée

Meriellum proteus (Kirby)
10-16 mm
Longicorne à deux lignes fugaces

Phymatodes aereus (Newm.)
6-12 mm
Phymatode à pattes jaunes

Phymatodes dimidiatus (Kirby)
8-11 mm
Phymatode à deux tons

Phymatodes testaceus (L.)
8-17 mm
Phymatode à ponctuation fine
Tanbark borer

Phymatodes varius (F.)
5-10 mm
Phymatode à deux bandes jaunes

Physocnemum brevilineum (Say)
7-20 mm
Perceur d'écorce de l'orme
Elm bark borer

Pronocera collaris collaris (Kirby)
9-14 mm
Longicorne à col orangé de l'Épinette noire

Ropalopus sanguinicollis (Horn)
10-17 mm
Perceur du cerisier

Semanotus ligneus ligneus (F.)
8-12 mm
Perceur du thuya
Cedar tree borer

Semanotus litigiosus (Csy)
8-12 mm
Perceur noir du sapin
Fir tree borer

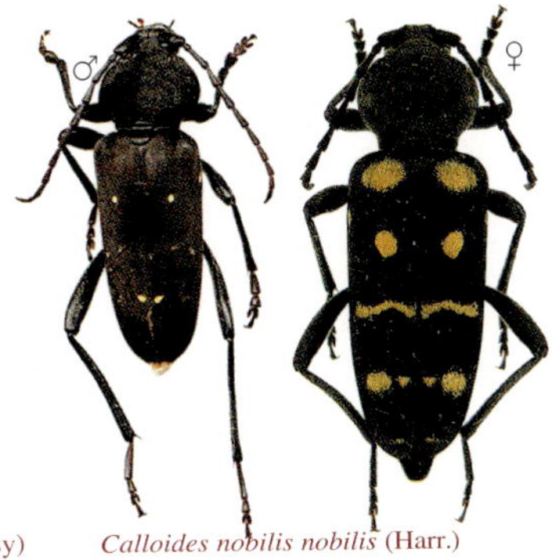

Calloides nobilis nobilis (Harr.)
18-25 mm
Perceur des souches

Clytus ruricola (Oliv.)
10-15 mm
Clyte des champs
Common dead handwood borer

La larve du Perceur de l'érable mange le cambium en causant une cicatrice autour du tronc de l'Érable à sucre. À mesure que le tronc s'élargira, la cicatrice se fera plus visible. L'insecte semble s'attaquer surtout aux jeunes arbres de moins de 12 ans ; le dommage au tronc est parfois mortel. Rares sont les collectionneurs qui ont capturé ce bel insecte emblème de l'Association des entomologistes amateurs du Québec (AEAQ).

Glycobius speciosus (Say)
20-30 mm
Perceur de l'érable
Sugar maple borer

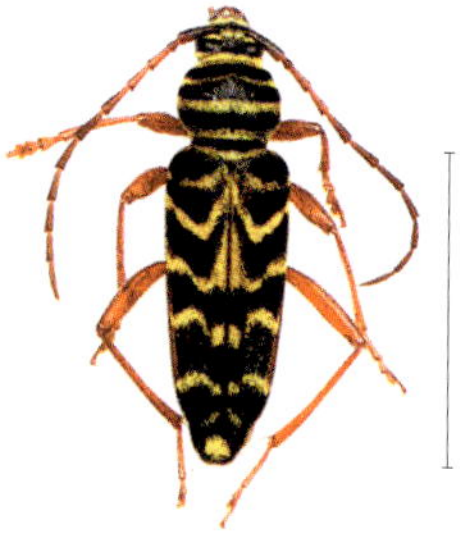

Megacyllene robiniae (Forst.)
11-28 mm
Cyllène du robinier
Locust borer

Neoclytus acuminatus (F.)
4-13 mm
Clyte du frêne
Redhead ash borer

Neoclytus leucozonus leucozonus (Lap. & Gory)
5-12 mm
Clyte des conifères

Sarosesthes fulminans (F.)
12-22 mm
Perceur cyclope

Xylotrechus aceris Fisher
10-14 mm
Perceur à galle de l'érable
Gallmaking maple borer

Xylotrechus annosus annosus (Say)
9-15 mm
Longicorne du peuplier
Poplar borer

Xylotrechus colonus (F.)
8-15 mm
Longicorne champêtre
Rustic borer

Xylotrechus integer (Hald.)
9-15 mm
Perceur à tête jaune du sapin
Balsam fir borer

Xylotrechus quadrimaculatus (Hald.)
8-15 mm
Longicorne du bouleau
Birch and beech girdler

Xylotrechus sagittatus sagittatus (Germar)
12-25 mm
Longicorne sagitté
Arrow head longhorn

Xylotrechus schaefferi (Schott)
8-14 mm
Petit longicorne des cones du Pin gris
Jack pine longhorned beetle

Xylotrechus undulatus (Say)
10-16 mm
Longicorne du mélèze

Cyrtophorus verrucosus (Oliv.)
7-11 mm
Longicorne à trois bosses

Microclytus compressicollis (Lap. & Gory)
5-7 mm
Longicorne au thorax compressé

Euderces picipes (F.)
5-9 mm
Longicorne du micocoulier

Purpuricenus humeralis (F.)
13-20 mm
Longicorne à triangles rouges

Sous-famille : *Lamiinae*

Goes debilis LeC.
11-16 mm
Longicorne du chêne
Oak branch borer

Microgoes oculatus (LeC.)
8-15 mm
Longicorne ocellé

Monochamus carolinensis (Oliv.)
15-23 mm
Longicorne de la Caroline
Carolina sawyer

Monochamus marmorator Kirby
18-29 mm
Longicorne du sapin
Balsam fir sawyer

Monochamus mutator LeC.
17-27 mm
Longicorne du Pin gris

Monochamus notatus (Drury)
23-35 mm
Longicorne gris
Northeastern sawyer

Monochamus scutellatus scutellatus (Say)
13-27 mm
Longicorne noir
White-spotted sawyer

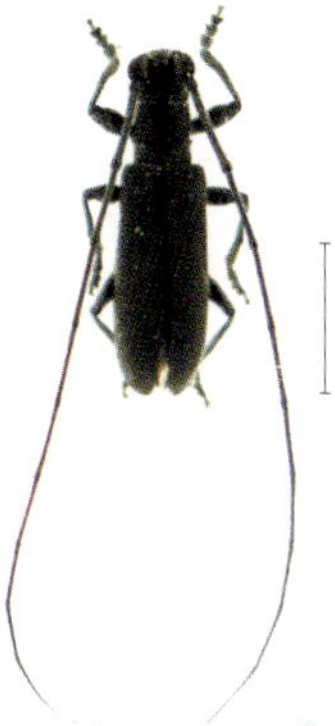

Dorcaschema nigrum (Say)
7-12 mm
Perceur noir du caryer

Eupogonius pauper LeC.
6-11 mm
Perceur rougeâtre

Eupogonius subarmatus (LeC.)
6-8 mm
Perceur à deux bandes jaunes du tilleul

Psenocerus supernotatus (Say)
4-8 mm
Petit perceur des rameaux
Currant-tip borer

Ecyrus dasycerus dasycerus (Say)
4-10 mm
Petit perceur bosselé

Pogonocherus mixtus Hald.
4-6 mm
Perceur à pubescence raide

Pogonocherus parvulus LeC.
4-6 mm
Perceur maculé du saule

Pogonocherus penicillatus LeC.
4-6 mm
Perceur aux petites épines

Aegomorphus modestus (Gyll.)
10-16 mm
Grand perceur bosselé à mouchetures

Oplosia nubila (LeC.)
9-14 mm
Perceur du tilleul

Acanthocinus obsoletus (Oliv.)
9-17 mm
Longicorne aux tarses noires

Acanthocinus pusillus Kirby
7-13 mm
Longicorne aux tarses blanchâtres

Astylopsis collaris (Hald.)
6-11 mm
Longicorne trapu du chêne

Astylopsis macula (Say)
6-9 mm
Longicorne trapu des décidus

Astylopsis sexguttata (Say)
6-11 mm
Longicorne trapu du pin

Dectes sayi Dill.&Dill.
6-11 mm
Longicorne grisâtre

Hyperplatys aspersa (Say)
4-10 mm
Longicorne picoté

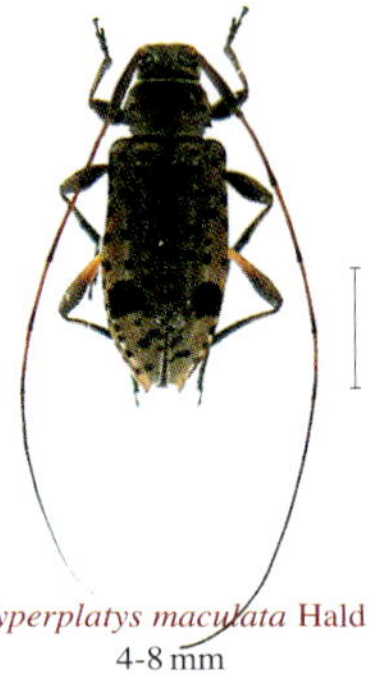

Hyperplatys maculata Hald.
4-8 mm
Longicorne picoté à deux taches

Le Longicorne étoilé n'avait pas encore été trouvé au Québec au moment de publier ce guide ; l'espèce a été trouvée à Toronto en 2003 et risque d'atteindre le Québec éventuellement. Si vous trouvez ce longicorne, vous devez communiquer avec le bureau de l'Agence canadienne d'inspection des aliments le plus près. Attention de ne pas le confondre avec la femelle du Longicorne noir (*Monochamus scutellatus*) montrée sur la page 211.

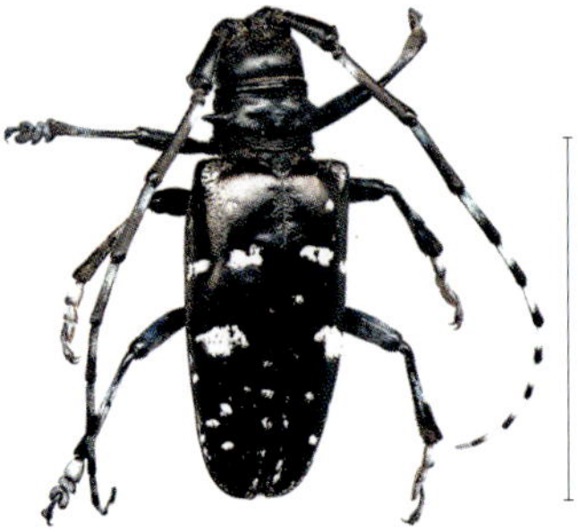

Anoplophora glabripennis (Motch.)
20-35 mm
Longicorne étoilé ou Capricorne asiatique
Asian longhorned beetle

Leptostylus transversus transversus (Gyll.)
6-14 mm
Longicorne variable à bande transverse

Lepturges confluens (Hald.)
5-10 mm
Longicorne calligraphe

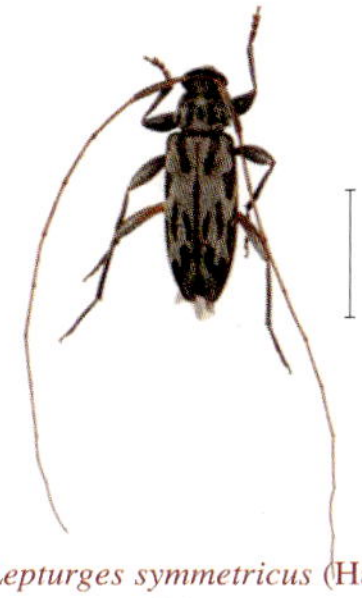

Lepturges symmetricus (Hald.)
6-9 mm
Longicorne calligraphe symétrique

Liopinus alpha (Say)
4-9 mm
Longicorne variable aux yeux séparés

Liopinus misellus (LeC.)
4-7 mm
Longicorne aux yeux elliptiques

Sternidius variegatus (Hald.)
7-11 mm
Longicorne à fémurs tachetés

Urgleptes querci (Fitch)
4-6 mm
Petit longicorne du caryer oval

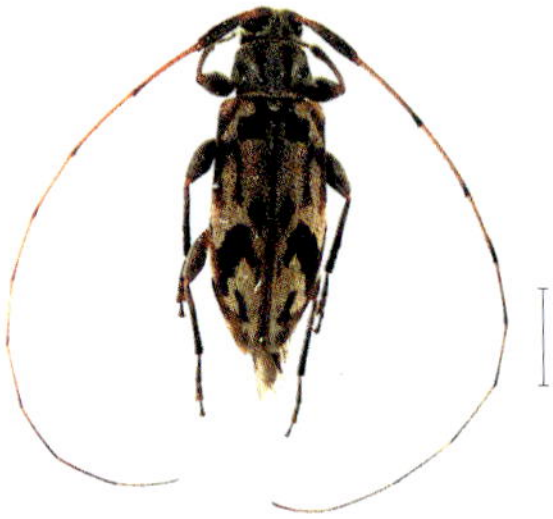

Urgleptes signatus (LeC.)
5-8 mm
Longicorne à bande en M

Urographis fasciatus (DeG.)
9-15 mm

Saperda calcarata Say
18-33 mm
Saperde du peuplier
Poplar borer

Saperda candida F.
10-21 mm
Saperde du pommier
Round-headed apple tree borer

Saperda inornata Say
10-12 mm
Saperde grise du saule
Gray saperda

Saperda discoidea F.
9-17 mm
Saperde du caryer
Hickory saperda

Saperda fayi Bland
9-15 mm
Saperde de l'aubépine
Deer track longhorn

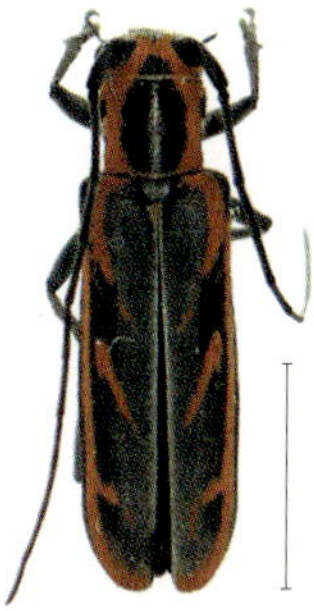

Saperda imitans Felt and Joutel
9-15 mm
Saperde du hêtre
Beech saperda

Saperda lateralis F.
9-14 mm
Saperde à bandes latérales
Red edged saperda

Saperda mutica Say
11-17 mm
Saperde du saule
Willow saperda

Saperda obliqua Say
14-19 mm
Saperde à bandes obliques de l'aulne
Alder borer

Saperda puncticollis Say
8-12 mm
Saperde de la vigne
Woodbine borer

Saperda tridentata Oliv.
8-17 mm
Saperde de l'orme
Elm borer

Saperda vestita Say
11-23 mm
Saperde du tilleul
Linden borer

L'Anneleur du framboisier pond dans le haut de la tige de l'année en cours. Il place un œuf entre les deux anneaux qu'il a découpés sur la tige. La tête du framboisier se flétrit, et la larve descend dans la tige jusqu'au niveau du sol. Deux ans plus tard, l'adulte émerge vers la mi-juin. Il faut couper les tiges flétries à 15 cm sous les anneaux en juin et juillet. De cette façon, la larve sera éliminée, et le plant restera en santé. On peut observer que l'insecte est plus commun lors des années paires, donc en 2006, 2008, etc.

Oberea affinis Leng & Ham.
10-16 mm
Anneleur du framboisier
Raspberry cane borer

Oberea pallida Csy
10-14 mm
Perceur mystérieux de l'aulne
Rusty alder borer

Oberea praelonga Csy
8-16 mm
Perceur jaunâtre du cornouiller
Dogwood yellowish borer

Oberea schaumii LeC.
8-17 mm
Perceur du peuplier
Poplar branch borer

Oberea tripunctata (Swed.)
8-13 mm
Perceur à trois points du cornouiller
Dogwood twig borer

Tetraopes tetrophthalmus (Forst.)
8-15 mm
Longicorne de l'asclépiade
Red milkweed beetle

Tetrops praeusta (L.)
4-6 mm
Perceur de l'aubépine
Hawthorn borer

FAMILLE *ORSODACNIDAE*

Orsodacnidés / Orsodacnid lenf beetles 1 sp (Qc)

La famille des orsodacnidés était autrefois classée parmi les chrysomélidés. *Orsodacne atra* est une espèce aux couleurs très variables ; on la trouve sur les fleurs du saule.

Orsodacne atra (Ahr.)
4-6 mm
Orsodacne variable

FAMILLE *BRUCHIDAE* **Bruchidés** / Seed beetles

5 spp (Qc)

Autrefois classée dans la famille des chrysomélidés, les bruchidés forment maintenant une famille à part. La larve des bruchidés s'attaque aux graines de plusieurs plantes. On trouve l'adulte dans les fleurs ; il peut sauter lorsqu'il est dérangé.

Sous-famille : *Bruchinae*

Megacerus discoidus (Say)
2-3 mm
Bruche à deux taches

FAMILLE *CHRYSOMELIDAE* **Chrysomèles** / Leaf Beetles

275 spp (Qc)

Les larves et les adultes de cette famille dévorent les plantes. De plus, les chrysomèles sont souvent spécifiques à une famille de plantes en particulier. Une bonne connaissance des plantes est fort utile pour savoir trouver les chrysomèles recherchées.

Sous-famille : *Donaciinae*

La larve des donaciinés vit dans la partie submergée des plantes aquatiques, tirant son oxygène à partir du tissu de la tige. La partie ventrale de l'adulte est couverte de soies qui emmagasinent l'air pour la respiration, ce qui lui permet d'aller pondre sous l'eau.

Donacia caerulea Oliv.
5,5-6,5 mm
Donacie noire

Donacia fulgens LeC.
7 mm
Donacie brillante

Donacia hirticollis Kby
7-9 mm
Donacie velue

Donacia palmata Oliv.
8 mm
Donacie des nénuphars

Donacia proxima Kby
7-10 mm
Donacie au pronotum vert

Donacia subtilis Kunze
6-9 mm
Donacie bronzée

Plateumaris flavipes (Kby)
6,5-7,5 mm
Plateumare à pattes jaunes

Plateumaris frosti (Schff.)
7 mm
Plateumare de Frost

Plateumaris germari (Mann.)
6 mm
Plateumare de Germar

Plateumaris metallica (Ahr.)
5-6,5 mm
Plateumare métallique

Plateumaris nitida (Germ.)
6,5 mm
Plateumare luisante

Plateumaris pusilla (Say)
6 mm
Plateumare fine

Plateumaris robusta (Schff.)
6 mm
Plateumare robuste

Plateumaris rufa (Say)
6-7 mm
Plateumare bossue

Plateumaris schoemakeri (Schff.)
6-8 mm
Plateumare de Schoemaker

Sous-famille : *Criocerinae*

Crioceris asparagi (L.)
6 mm
Criocère de l'asperge
Asparagus beetle

Crioceris duodecimpunctata (L.)
5 mm
Criocère à 12 points
Spotted asparagus beetle

Lilioceris lilii (Scop.)
6 mm
Criocère du lys
Lily leaf beetle

Lema daturaphila Kogan & Goeze
6 mm
Chrysomèle rayée de la pomme de terre
Treelined potato beetle

Sous-famille : *Cassidinae*

Baliosus nervosus (Panz.)
6 mm
Mineuse du tilleul
Basswood leaf miner

Sumitrosis inaequalis (Web.)
4-5 mm
Hispine variable

Sumitrosis rosea (Web.)
4 mm
Hispine brune

Odontota dorsalis (Thbrg)
6 mm
Hispine à ligne noire

Microrhopala excavata excavata (Oliv.)
6 mm
Hispine noire

Microrhopala xerene (Newm.)
5 mm
Hispine à lignes jaunes

C'est sur le liseron (*Convolvulus*) et la Gloire du matin (*Ipomea*) qu'on trouve les cassides. Les larves se cachent à l'aide de leur vieille peau et de leurs excréments. *Cassida rubiginosa* vit sur la bardane.

Chelymorpha cassidea (F.)
7-9 mm
Casside du liseron
Argus tortoise beetle

Plagiometriona clavata (F.)
6,5 mm
Casside oursonne

larve

Cassida rubiginosa Müll.
6 mm
Casside verte

Deloyala guttata (Oliv.)
5 mm
Casside tachetée
Mottled tortoise beetle

Charidotella purpurata (Boh.)
5 mm
Petite casside orangée

Charidotella sexpunctata bicolor (F.)
5 mm
Casside dorée
Golden tortoise beetle

Sous-famille : *Chrysomelinae*

Calligrapha alnicola Br.
5-7 mm
Calligraphe roux de l'aulne
Russet alder leaf beetle

Calligrapha bidenticola Br.
5 mm
Calligraphe du bident

Calligrapha californica coreopsivora Br.
4-5 mm
Calligraphe élégant

Calligrapha confluens Schaef.
5-7 mm
Calligraphe de l'aulne

Calligrapha apicalis Notman
5-7 mm
Calligraphe à pointes jaunes

Calligrapha multipunctata (Say)
6-7 mm
Calligraphe du saule
Willow leaf beetle

Calligrapha philadelphica L.
6-7 mm
Calligraphe ligné du cornouiller

Calligrapha pnirsa Stäl
8-9 mm
Grand calligraphe noir

Calligrapha rowena Knab.
7 mm
Calligraphe tatoué du cornouiller
Rowena calligrapha

Calligrapha scalaris J.E. LeC.
7-8 mm
Calligraphe de l'orme
Elm calligrapha

Chrysomela crotchi Br.
6 mm
Chrysomèle du tremble
Aspen leaf beetle

Chrysomela falsa Br.
4,5-6 mm
Chrysomèle léopard
Leopard beetle

Chrysomela laurentia Br.
6-7 mm
Chrysomèle laurentienne du saule

Chrysomela lineatopunctata (Forst.)
5-6 mm
Chrysomèle à taches longues

Chrysomela mainensis Béch.
5-6 mm
Chrysomèle de l'aulne

Chrysomela walshi Br.
5-6 mm
Chrysomèle du Peuplier baumier
Balsam poplar leaf beetle

Leptinotarsa decemlineata (Say)
8-9mm
Doryphore de la pomme de terre
Colorado potato beetle

larve

Labidomera clivicollis (Kby.)
9 mm
Chrysomèle de l'asclépiade
Milkweed labidomera

Chrysolina hyperici (Forst.)
7 mm
Chrysomèle verte

Chrysolina staphylaea (L.)
5-7 mm
Chrysomèle brunâtre

Gastrophysa polygoni (L.)
4 mm
Chrysomèle bleue à tête rouge

Gonioctena americana (Schff.)
4-5 mm
Chrysomèle d'Amérique
American aspen beetle

Phratora americana canadensis Brown
3,5 mm
Chrysomèle du saule
American willow leaf beetle

Phratora purpurea Br.
3,5-4 mm
Chrysomèle pourprée

Plagiodera versicolora (Laich.)
2,5-4 mm
Chrysomèle versicolore du saule
Imported willow leaf beetle

Zygogramma suturalis (F.)
4,5-6 mm
Chrysomèle à quatre lignes

Sous-famille : *Galerucinae*

Acalymma vittatum (F.)
6 mm
Chrysomèle rayée du concombre
Striped cucumber beetle

Capraita subvittata (Horn)
4,5-5 mm

Diabrotica barberi (Smith & Laur.)
5 mm
Chrysomèle des racines du maïs
Northern corn rootworm

Genre : *Capraita*
3,5-4,5 mm

Diabrotica undecimpunctata howardi Barber
6 mm
Chrysomèle maculée du concombre
Southern corn rootworm
or Spotted cucumber beetle

Tricholochmaea cavicollis (LeC.)
4-4,5 mm
Chrysomèle du cerisier
Cherry leaf beetle

Tricholochmaea decora (Say)
4 mm
Chrysomèle grise du saule
Gray willow leaf beetle

Tricholochmaea kalmiae (Fall)
4-5 mm
Chrysomèle du Kalmia

Xanthogaleruca luteola (Müll.)
5,5 mm
Chrysomèle de l'orme
Elm leaf beetle

Pyrrhalta viburni (Payk.)
4-5 mm
Chrysomèle du viorne

Scelolyperus meracus (Say)
3,5-4 mm
Chrysomèle bleutée

Trirhabda bacharidis (Web.)
9 mm
Chrysomèle à lignes convergentes

Trirhabda borealis Blk.
4,5-6 mm
Chrysomèle des conifères

Trirhabda canadensis (Kby)
7-8,5 mm
Chrysomèle à quatre bandes

Trirhabda virgata LeC.
6-7 mm
Chrysomèle rayée de la Verge d'or

Sous-famille : *Alticinae*

Altica corni Woods
3,5 mm
Altise du cornouiller

Altica ulmi Woods
4 mm
Altise de l'orme
Elm flea beetle

Disonycha alternata (Ill.)
6-7,5 mm
Altise des conifères

Disonycha latifrons Schff.
5,5-7,5 mm

Disonycha uniguttata (Say)
5,5-6,5 mm
Altise à tache hexagonale

Disonycha xanthomelas (Dal.)
4,5-5 mm
Altise de l'épinard
Spinach flea beetle

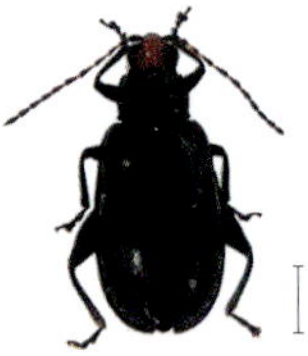

Systena frontalis (F.)
4-5 mm
Altise à tête rouge
Red-headed flea beetle

Sous-famille : *Cryptocephalinae*

Anomoea laticlavia latilavia (Forst.)
6,5-8 mm
Altise jaunâtre

Pachybrachis bivittatus (Say)
4 mm
Cryptocéphale à deux lignes

Bassareus formosus (Melsh.)
3,5 mm
Bassère à 16 taches

Bassareus mammifer Newm.
3,5 mm
Bassère à deux taches

Cryptocephalus notatus F.
3,5-4 mm
Cryptocéphale à taches diagonales

Cryptocephalus quadruplex Newm.
4-4,5 mm
Cryptocéphale à taches parallèles

Cryptocephalus venustus F.
5 mm
Cryptocéphale rayé

Sous-famille : *Eumolpinae*

Brachypnoea puncticollis (Say)
3-3,5 mm

Bromius obscursus (L.)
4,5 mm
Chrysomèle brune à tête noire

Chrysochus auratus (F.)
8-9 mm
Chrysomèle de l'apocyn
Dogbane beetle

Rhabdopterus praetextus (Say)
3,5-4,5 mm
Chrysomèle brune

Glyptoscelis pubescens (F.)
8 mm
Chrysomèle pubescente
Hairy leaf beetle

Xanthonia decemnotata (Say)
3,5 mm
Chrysomèle à 10 points
Tenspotted leaf beetle

Syneta extorris borealis Br.
5,5-7 mm
Synète boréale

Syneta ferruginea (Germ.)
5,5-6 mm
Synète rouillée
Rusty leaf beetle

Syneta pilosa Br.
6-7 mm
Synète pileuse

FAMILLE *ANTHRIBIDAE* **Anthribidés** / Fungus weevil

24 spp (Qc)

Surtout associés aux champignons, ces coléoptères sont assez peu récoltés. Certains se nourrissent de plantes herbacées ou de bois morts. On les trouve en regardant les champignons, en fauchant l'herbe longue avec un filet et au piège lumineux.

Euparius marmoreus (Oliv.)
5,5-6,5 mm
Anthribe à tête blanche

Eurymycter fasciatus (Oliv.)
6,5-7,5 mm
Anthribe à tache blanche

Eurymycter tricarinatus (Pierce)
7-7,5 mm
Anthribe à tache grisâtre

FAMILLE *ATTELABIDAE* **Charançons enrouleurs** / Leaf-rolling weevil

4 spp (Qc)

La femelle de certaines espèces coupe les feuilles pour les enrouler et y pondre un œuf.

Merhynchites bicolor (F.)
4-7 mm
Charançon bicolore du rosier
Rose curculio

Attelabus bipustulatus F.
3-3,5 mm
Attèle à deux taches

Himatolabus pubescens (Say)
4-6 mm
Attèle pubescent

FAMILLE *ITHYCERIDAE* **Ithycéridés** / New York weevil

1 sp (Qc)

Il existe une seule espèce d'ithycéridés ; il s'agit du Charançon de New York. L'adulte se nourrit d'écorce tendre et de bourgeons ; la larve mange les jeunes tiges. L'adulte est particulièrement commun à la base du hêtre en juin.

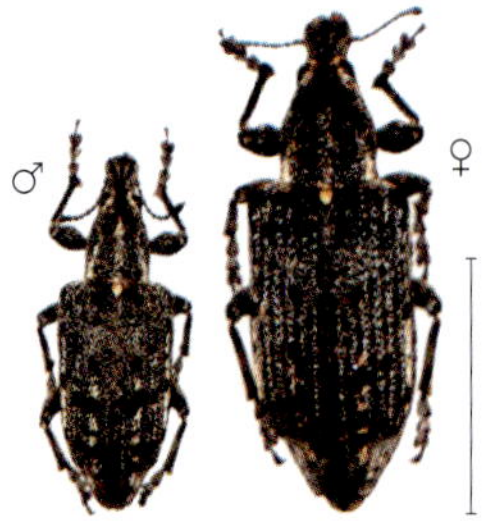

Ithycerus novaboracensis (Forst.)
12-18 mm
Charançon de New York
New York weevil

FAMILLE *BRENTIDAE* **Brentidés** / Straight-snouted weevils

14 spp (Qc)

La larve des brentidés se nourrit du bois du chêne, parfois du hêtre ou du peuplier. La femelle pond sur le bois vivant préalablement blessé au niveau du cambium ; après leur émergence, les jeunes larves creusent dans le bois sain. Notez la grosseur du rostre qui diffère entre les deux sexes. On les trouve au piège lumineux de juin à août dans les forêts de vieux chênes.

Arrhenodes minutus (Drury)
7-22 mm
Charançon du chêne
Oak timberworm

FAMILLE *CURCULIONIDAE* Curculionidés ou charançons / Snout beetles

361 spp (Qc)

Les curculionidés forment la plus grande famille d'insectes au monde avec plus de 40 000 espèces dont plus de 2 440 en Amérique du Nord réparties en 36 sous-familles. Les mandibules de ces curieux coléoptères se trouvent à l'extrémité du rostre. De nombreux charançons sont une peste en agriculture; ils sont souvent associés spécifiquement à une plante, mais, dans certains cas, ils peuvent étendre leurs dommages à d'autres espèces bien différentes. C'est le cas du Charançon du Pin blanc qui s'attaque à la flèche terminale de l'Épinette de Norvège; la larve du Charançon de la racine du fraisier fait des ravages dans les pépinières forestières en dévorant les racines des semis de conifères. Il est intéressant de savoir que cette espèce se reproduit par parthénogenèse; aucun mâle n'a en effet été trouvé jusqu'à ce jour. Les fruits sont probablement tous sujets à être endommagés par une espèce de curculionidés ou une autre, mais bon nombre d'entre eux sont quand même utiles pour leur rôle de décomposeurs de bois mort. Pour les capturer, on utilise le piège fosse, le battoir ou le piège lumineux.

Sous-famille : *Dryophthorinae*

Rhodobaenus quinquepunctatus (Say)
7,5-8,5 mm
Charançon à cinq taches

Sphenophorus rectus (Say)
10 mm
Petit charançon à crête

Sphenophorus costipennis Horr.
9-12 mm

Sphenophorus villosiventris Chitt.
13 mm
Grand charançon à crête

Sphenophorus zeae Walsh.
7-8 mm
Charançon du maïs

Sous-famille : *Erirhininae*

Notaris puncticollis (LeC.)
6-7 mm
Charançon ponctué

Sous-famille : *Curculioninae*

Dorytomus mucidus (Say)
5,5 mm
Charançon moucheté du peuplier

Dorytomus parvicollis Csy
6-7 mm
Charançon du peuplier

Curculio nasicus (Say)
9-16 mm

Myrmex chevrolatii (Horn)
4 mm
Charançon à tête ronde

Curculio caryae (Horn)
7 mm
Baladin du caryer
Hickory curculio

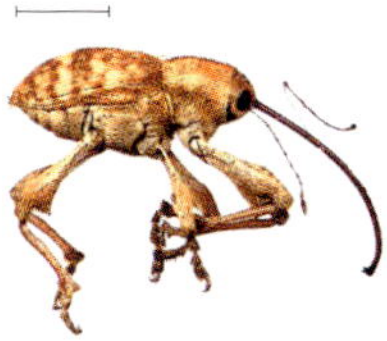

Curculio sulcatulus (Csy)
6,5 mm
Baladin des glands
Oak curculio

Anthonomus quadrigibbus Say
5 mm
Charançon de la pomme
Apple curculio

Lignyodes bischoffi (Blatch.)
3-4 mm
Charançon brun à V noir

Proctorus armatus LeC.
4 mm
Charançon de l'Épinette noire

Gymnetron tetrum (F.)
3-3,5 mm
Charançon de la molène
Mullein curculio

Sous-famille : *Cryptorhynchinae*

Cryptorhynchus lapathi (L.)
Charançon du saule
Poplar and willow borer

Eubulus parochus (Herbst)
5-7 mm
Charançon du Noyer cendré

Sous-famille : *Cyclominae*

Listronotus caudatus (Say)
13 mm
Grand charançon à queue

Sous-famille : *Entiminae*

Barynotus obscurus (F.)
9 mm
Charançon brun

Polydrusus cervinus (L.)
4-4,5 mm
Charançon bleu-vert du bouleau

Polydrusus impressifrons (Gyll.)
4,7-5 mm
Charançon vert pâle
Pale green weevil

Polydrusus sericeus (Schll.)
5,5-7 mm
Charançon bleu-vert du saule

Sciaphilus asperatus (Bonds.)
5 mm
Charançon bariolé

Hormorus undulatus Uhl.
6 mm
Charançon moucheté

Otiorhynchus ovatus (L.)
5 mm
Charançon de la racine du fraisier
Strawberry root beetle

Otiorhynchus rugosostriatus (Goeze)
6 mm
Charançon à stries rugueuses
Rough strawberry weevil

Otiorhynchus singularis (L.)
5 mm
Charançon des feuilles

Otiorhynchus sulcatus (F.)
8,5-9 mm
Charançon noir de la vigne
Black Vine weevil

Phyllobius oblongus (L.)
4 mm
Charançon radicicole européen
European snout beetle

Sous-famille : *Hyperinae*

Hypera zoilus (Scop.)
8 mm
Charançon des feuilles du trèfle
Clover leaf weevil

Sous-famille : *Lixinae*

Cleonis pigra (Scop.)
13,5 mm
Charançon du chardon
Sluggish weevil

Lixus concavus Say
Charançon de la rhubarbe
Rhubarb curculio

Lixus mucidus LeC.
11-17 mm

Lixus rubellus Rand.
5-13 mm
Charançon à pointes

Sous-famille : *Mesoptiliinae*

Magdalis armicollis (Say)
3,5-7 mm
Charançon de l'orme
Red elm bark weevil

Magdalis barbita (Say)
5-8 mm
Charançon noir de l'orme
Black elm bark weevil

Sous-famille : *Molytinae*

Hylobius congener D.T., Sch. & Marsh.
7,5-9 mm
Charançon radicicole des pins
Seedling debarking weevil

Hylobius pales (Herbst)
9 mm
Charançon des conifères
Pales weevil

Hylobius pinicola (Coup.)
9-12,5 mm
Charançon pinicole
Couper's collar weevil

Lepyrus palustris (Scop.)
9-11 mm
Charançon à deux points de l'aulne

Hylobius warreni Wood
11-14 mm
Charançon de Warren
Warren root collar weevil

Pissodes affinis Rand.
7-9 mm
Charançon du Pin rouge

Pissodes fiskei Hopk.
5,5 mm
Charançon à deux taches

Pissodes nemorensis Germ.
4,5-8 mm
Charançon du tronc des pins
Northern pine weevil

Pissodes similis Hopk.
4,5 mm
Petit charançon moucheté

Pissodes striatulus (F.)
11-14 mm
Charançon du sapin
Balsam bark weevil

Pissodes strobi (Peck)
5 mm
Charançon du Pin blanc
White pine weevil

Conotrachelus elegans (Say)
4 mm
Charançon du caryer

Conotrachelus juglandis LeC.
5,5-7 mm
Charançon du noyer
Butternut curculio

Conotrachelus nenuphar (Herbst)
4-5 mm
Charançon de la prune
Plum curculio

Conotrachelus posticatus Boh.
4-5 mm
Charançon de l'aubépine

Rhyssomatus lineaticollis (Say)
6-7 mm
Charançon de l'asclépiade

Sous-famille : *Scolytidae* | **Scolytes** / Bark beetles_81 spp (Qc)

Cette sous-famille de curculionidés peut causer de sérieux dommages aux arbres, car l'adulte et la larve creusent des galeries sous l'écorce. En plus de nuire directement à la circulation de la sève élaborée, l'insecte peut inoculer un champignon mortel à l'arbre, comme c'est le cas avec la maladie hollandaise de l'orme.

Les galeries creusées par la femelle du Scolyte de l'orme lors de la ponte sont bordées de fins chemins perpendiculaires dessinés par les larves après leur émergence.

Hylurgopinus rufipes (Eichh.)
2 mm
Scolyte de l'orme
Native elm bark beetle

Dendroctonus rufipennis (Kby)
4,5-6 mm
Dendroctone de l'épinette
Spruce beetle

Dendroctonus simplex LeC.
3-4,5 mm
Dendroctone du mélèze
Eastern larch beetle

Dendroctonus valens LeC.
5-8 mm
Dendroctone rouge de l'épinette
Red turpentine beetle

Ordre *MECOPTERA*

Mécoptères / Scorpionflies_23 spp (Qc)

Les pièces buccales des mécoptères sont de type broyeur; elles sont situées au bout du prolongement ventral de la tête.

Les boréidés sont de minuscules insectes aptères; on trouve la Borée au soleil sur la neige au printemps près des souches parmi les collemboles. Les quatre ailes membraneuses des panorpes sont tachetées; on capture ces insectes au filet dans les lieux ombragés où poussent les fougères. Le mâle possède des structures semblables à un dard de scorpion au bout de l'abdomen.

FAMILLE *BOREIDAE*

2 spp (Qc)

Boreus brumalis Fitch.
Borée
Snow scorpionfly

FAMILLE *PANORPIDAE*

15 spp (Qc)

Genre :
Panorpa L.
Panorpe ou Mouche scorpion
Scorpionfly

Ordre **SIPHONAPTERA**

Puces / Fleas

FAMILLE *PULICIDAE* **Puces** / Fleas

527 spp (É-U+Can)

Les puces sont des parasites externes qui s'attaquent surtout aux mammifères et aux oiseaux en les piquant pour en sucer le sang. Dans les maisons, on retrouve surtout la Puce du chat et la Puce du chien. Elles peuvent transmettre des maladies; c'est entre autres par la Puce du chien que la peste peut se répandre. La Puce de l'homme (*Pulex irritans* L.) est dépourvue du peigne noir bordant les pièces buccales qu'on observe chez la Puce du chien et la Puce du chat.

Ces insectes ont un corps très plat mesurant moins de 0,5 mm d'épaisseur. Les puces peuvent sauter à une hauteur de 20 cm sur une distance de 40 cm, mais c'est généralement par la marche qu'elles se déplacent.

Les piqûres faites aux humains ressemblent à celles causées par les moustiques. Après avoir piqué, la puce pond 2 à 4 œufs blancs qui ne sont pas fixés aux poils ni à la peau de l'animal. Les larves ressemblent à de petits vers. Elles mangent de tout petits débris organiques et se font un petit cocon d'où elles peuvent émerger au moment propice. La vibration causée par le passage d'un animal pourrait ainsi les faire éclore.

Il faut consulter un vétérinaire ou une entreprise de gestion anti-parasitaire pour éradiquer une infestation par les puces.

Ctenocephalides canis (Curt.)
Puce du chien
Dog flea

Ctenocephalides felis (Bouché)
Puce du chat
Cat flea

Ordre | *DIPTERA* _6914 spp (É-U+Can)

Ce qu'il y a de plus remarquable chez ces insectes, c'est l'absence de la paire d'ailes postérieures. Ces ailes sont remplacées par de petits haltères servant de balanciers durant le vol.

Sous-ordre | *NEMATOCERA*

Les nématocères sont les diptères aux antennes relativement longues (6 segments et plus), parfois plumeuses. Les larves sont surtout aquatiques, mais certaines vivent sous la mousse qui recouvre le sol humide ou les pierres. Ce sont les diptères primitifs.

FAMILLE *TIPULIDAE* **Tipules** / Crane flies

1517 spp (É-U+Can)

Ces diptères ressemblent à de gros maringouins, mais ils ne piquent pas. En fait, ils ne se nourrissent pas ou peu; certains boivent le nectar des fleurs. À l'état larvaire, les tipules sont aquatiques ou terrestres; on retrouve parfois des larves de tipule en brisant les vieilles souches.

Nephrotoma lugens (Loew.)
Tipule tigrée

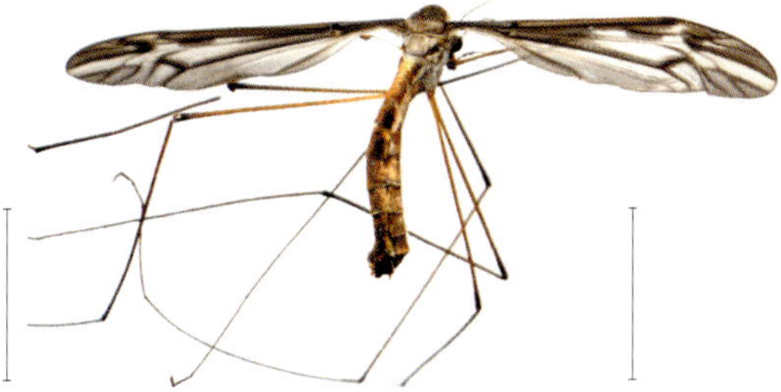

Tipula furca Walk.
Tipule fourchue

Tipula infuscata (Loew.)
Tipule géante

Pedicia albovitta Walk.
Tipule à triangles

FAMILLE *BIBIONIDAE*

78 spp (É-U+Can)

Bibions, Mouches de la St-Marc ou Mouches de la St-Jean / March flies

La larve de bibion se nourrit d'excréments, de bois ou de racines en décomposition; certaines espèces s'attaquent aux racines de plantes. L'adulte se retrouve sur les fleurs en été et non en mars, comme le laisse croire le nom anglais « March flies ».

Genre :
Bibio Geoff.

FAMILLE *PTYCHOPTERIDAE*

Ptychoptéridés / Phantom crane fly

16 spp (É-U+Can)

Ils ont une forme semblable à celle des tipulidés; la différence se voit au niveau des nervures des ailes. Les larves vivent dans la matière végétale en décomposition.

Bittacomorpha clavipes (F.)
Fantôme des marais
Phantom crane fly

FAMILLE *CULICIDAE* **Maringouins** / Mosquitoes

150 spp (É-U+Can)

La larve du maringouin vit dans l'eau stagnante. Une fois adulte, la femelle pique un animal vertébré ; le sang servira à nourrir les œufs dans son abdomen. La ponte se fait sur l'eau ou à un endroit inondable. Le mâle ne pique pas.

Les maringouins peuvent être vecteurs du Virus du Nil occidental en piquant d'abord un oiseau infecté pour ensuite transmettre le virus à l'humain en le piquant. Au moins 110 espèces d'oiseaux en seraient atteintes en Amérique. Les espèces d'oiseaux les plus touchées sont les corvidés : corbeaux, corneilles et geais bleus. Le virus cause une encéphalite.

L'infection chez l'humain passe inaperçue dans 80 % des cas ; environ 20 % des personnes infectées auront les symptômes d'une légère grippe. Pour 1000 infections, on compte environ une mortalité. En 2002, une vingtaine de Canadiens sont décédés à la suite d'une infection au Virus du Nil occidental alors que la grippe en a tué entre 500 et 1500 pour la même année.

Anopheles punctipennis Say
Maringouin ponctué

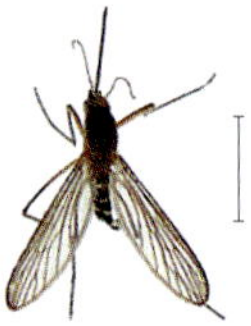

Aedes communis DeG.
Maringouin commun

FAMILLE *SIMULIIDAE* **Mouches noires** / Black flies

143 spp (É-U+Can)

La larve de mouche noire vit dans l'eau vive d'où elle tire sa nourriture par filtration. Contrairement à une croyance populaire, aucune mouche n'arrache de morceau de peau. La femelle fait une petite incision jusqu'à ce qu'un capillaire sanguin soit atteint, puis elle envoie un anti-coagulant ; ensuite, elle boit le sang dont elle a besoin pour nourrir ses œufs. Plusieurs espèces n'ont pas obligatoirement besoin de sang ; d'autres n'en ont pas besoin du tout.

Simulium venustum (Say)
Simulie à pattes blanches
White-stockinged black fly

FAMILLE *CERATOPOGONIDAE* 463 spp (É-U+Can)

Brûlots / Biting midges, Punkies, Sand flies or Nosee'ums

Seule la femelle pique. On retrouve ces minuscules insectes près de l'eau ; certains sont des parasites externes des autres insectes dont les odonates. Les larves mangent des végétaux en décomposition ou des plantes de milieux humides.

FAMILLE *CHIRONOMIDAE* **Chironomidés** / Midges

817 spp (É-U+Can)

Ces petits insectes aux antennes plumeuses ne piquent pas. On les voit parfois voler en groupes stationnaires. Les larves sont presque toutes aquatiques.

Ordre *DIPTERA*

Sous-ordre | *BRACHYCERA*

Les brachycères regroupent les diptères évolués. Leur vol est généralement plus rapide que celui des nématocères, leurs antennes sont plus courtes et les ailes sont relativement larges.

FAMILLE *STRATIOMYIDAE* **Stratiomyidés** / Soldier flies

254 spp (É-U+Can)

On retrouve les stratiomyidés surtout en forêt ou en bordure de celle-ci. Elles ont l'habitude de visiter les fleurs des ombellifères à la recherche de pollen et de nectar. Les larves des genres *Odontomyia* et *Stratiomys* sont aquatique; elles sont particulièrement communes au bord du fleuve. Certaines espèces mangent de petits organismes alors que d'autres sont herbivores. Elles font leur pupe sous les pierres ou les débris près de l'eau.

larve

Genre :
Odontomyia Meigen

Genre :
Stratiomys Geoff.

FAMILLE RHAGIONIDAE **Rhagionidés** / Snipe fly family

104 spp (É-U+Can)

L'adulte et la larve sont des prédateurs. Selon l'espèce, la larve vit dans le bois en décomposition, la mousse ou l'eau.

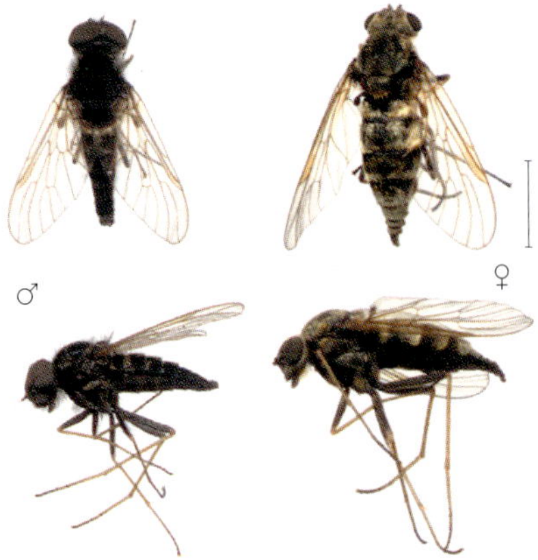

Chrysopilus proximus (Walk.)

Chrysopilus quadratus (Say)

Rhagio mystaceus (Macq.)

Rhagio vertebrus (Say)

FAMILLE *TABANIDAE*

350 spp (É-U+Can)

Taons et Frappe-à-bord (Mouches à chevreuil) / Horse flies and Deer flies

On donne les noms de « Frappe-à-bord » et de « Mouche à chevreuil » aux petites espèces du genre *Chrysops*. Les grands tabanidés sont les taons. Ces insectes sont très communs dans les champs, les tourbières et dans les clairières durant le jour. La femelle pique les mammifères et les oiseaux pour boire le sang qui nourrira les œufs qu'elle porte dans son abdomen. Les larves sont prédatrices; elles vivent dans l'eau ou la terre humide. Certains *Tabanus* sont attirés par le piège lumineux. Je laisse le lecteur deviner comment capturer les nombreux tabanidés durant le jour…

Stonemyia tranquilla (O.S.)

Chrysops carbonarius Wlk.

Chrysops excitans Walk.

Chrysops frigidus O.S.

Chrysops mitis O.S.

Hybomitra affinis (Kirby)

Hybomitra criddei (Brooks)

Hybomitra epistates (O.S.)

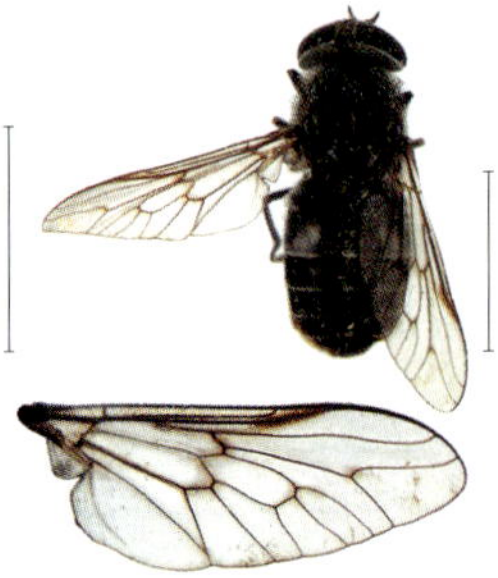

Hybomitra illota (O.S.)

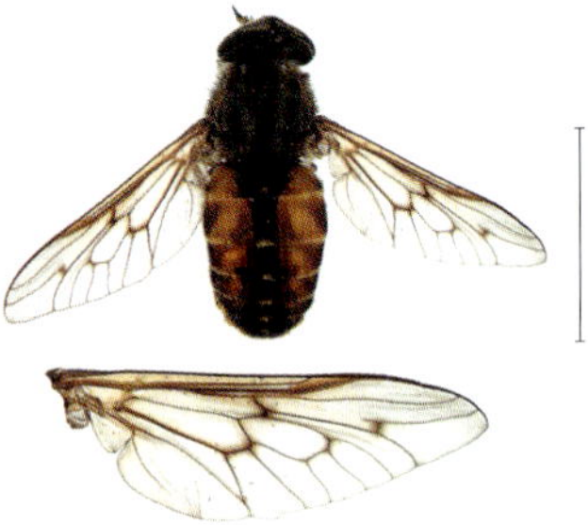

Hybomitra lasiophthalma (Macq.)

Hybomitra typhus (Whitn.)

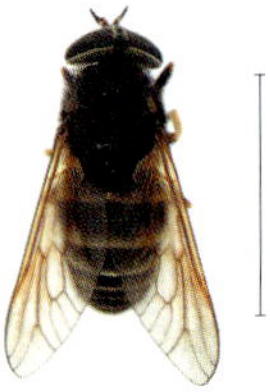

Hybomitra zonalis (Kirby)

Tabanus atratus F.

Tabanus catenatus Wlk.

Atylotus intermedius (Wlk.)

FAMILLE *ACROCERIDAE* **Acroceridés** / Smallheaded flies

59 spp (É-U+Can)

Les acrocéridés ont l'abdomen et le thorax gros alors que la tête est minuscule. De plus, ces insectes ont les cuillerons bien développés, il s'agit d'un lobe à la base des ailes. La nervation des ailes est souvent très réduite. La larve parasite les araignées. Peu de collectionneurs ont un représentant de cette famille dans leur collection, car ces mouches sont petites et peu communes.

FAMILLE *BOMBYLIIDAE* **Bombyles** / Bee-flies

797 spp (É-U+Can)

Ces belles mouches velues parasitent d'autres insectes lorsqu'elles sont à l'état larvaire. Les adultes butinent en vol stationnaire comme de minuscules colibris. Certaines sont communes sur la fleur du pissenlit et sur celle du fraisier sauvage. On les capture au filet dans les lieux ensoleillés alors qu'elles volent au raz du sol dégagé. Pour les capturer, il faudra visiter les terrains vagues sablonneux. Malgré leurs pièces buccales allongées en forme de dard, les bombyles sont des mouches inoffensives.

Bombylius major L.
Grand bombyle

Bombylius canadensis (Cu.)
Bombyle du Canada

Bombylius pygmaeus F.
Bombyle pygmée
Pygmy bee-fly

Bombylius subvarius Johns

Genre :
Exoprosopa Macq.

Poecilanthrax tegminipennis (Say)

Villa alternata (Say)

Villa fulviana (Say)

Hemipenthes morio (L.)

FAMILLE DOLICHOPODIDAE **Dolichopodidés** / Longlegged flies

212 spp (Qc)

Ces minuscules mouches vertes, cuivrées ou dorées se rencontrent très fréquemment sur le feuillage ensoleillé des arbustes et des herbacées ; elles sont dressées sur leurs grandes pattes jaunâtres. Souvent claires, les ailes de ces diptères peuvent avoir des taches foncées. La larve et l'adulte sont prédateurs. On retrouve les larves surtout dans l'eau et dans le sol humide. L'adulte se nourrit de petits insectes.

Condylostylus sipho Say

FAMILLE *THEREVIDAE* **Thérévas** / Stileto fly family

145 spp (É-U+Can)

La larve des thérévas se nourrit de larves des autres insectes vivant dans le bois en décomposition et dans le sol. Ils sont peu communs.

Genre :
Spiriverpa Irwin & Lynbg.

Ordre ***DIPTERA***

Sous-ordre | ***BRACHYCERA***

FAMILLE *ASILIDAE* **Asilidés** / Robber flies

883 spp (É-U+Can)

Ce sont des prédateurs d'insectes parfois plus gros qu'eux-mêmes. Certains ont le corps très mince et long, alors que d'autres ressemblent à des bourdons. Ils peuvent mordre si on ne fait pas attention en les manipulant. La larve se nourrit de larves des autres insectes vivant dans le bois en décomposition et dans le sable.

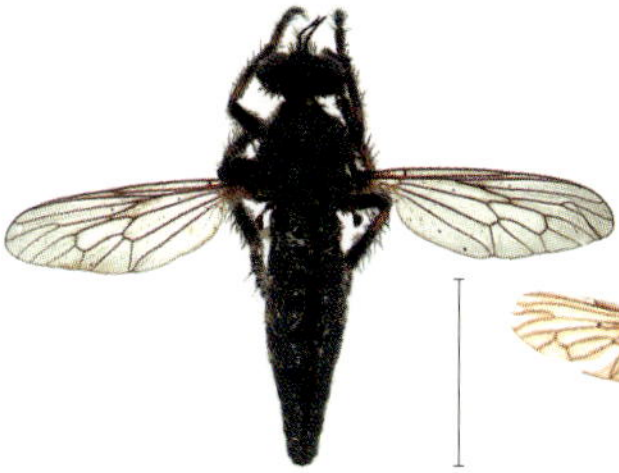

Cyrtopogon falto (Wlk.)

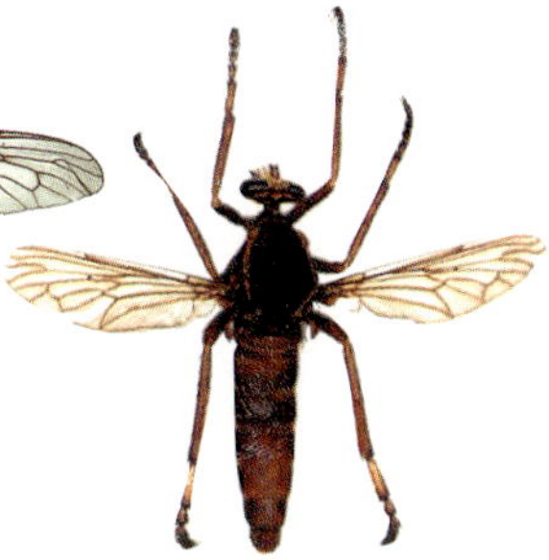

Genre :
Asilus L.

Diogmites discolor Loew.

Genre :
Laphria Meig.

FAMILLE *SYRPHIDAE* **Syrphidés** / Syrphid flies

874 spp (É-U+Can)

À l'état larvaire, les syrphidés peuvent être prédateurs ou décomposeurs, ils ont alors la forme d'un asticot. Ces mouches sont absolument inoffensives ; elles ne piquent pas et ne mordent pas. On les trouve souvent sur les fleurs ou au-dessus de celles-ci alors qu'elles volent sur place. La majorité des syrphidés ont des couleurs vives avec des reflets métalliques ; elles peuvent ressembler à des guêpes ou à des abeilles.

Chrysotoxum derivatum Wlk.

Chrysotoxum flavifrons Macq.

Didea fuscipes Loew

Eupeodes americanus (Wied.)

Eupeodes lapponicus (Zett.)

Eupeodes luniger (Meig.)

Platycheirus clypeatus (Meig.)

Genre : *Syrphus* F.

Genre : *Blera* Billb.

Brachypalpus oarus (Wlk.)

Chalcosyrphus vecors (O.S.)

Cheilosia hiawatha (Sham.)

Eristalis tenax (L.)
Eristale tenace
Drone fly

Eristalis dimidiatus (Wied.)

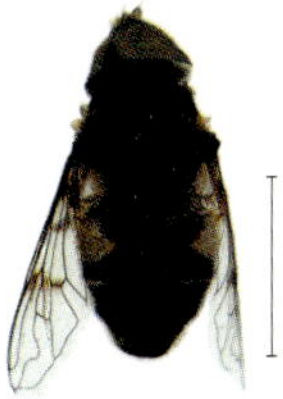

Eristalis obscurus Loew

Helophilus fasciatus Will.
Grand syrphide à bandes thoraciques
Striped large syrphid

Polydontomyia curvipes (Wied.)

Sericomyia bifasciata Will.

Sericomyia chrysotoxoides Macq.

Sericomyia militaris Wlk.

Temnostoma alternans Loew

Temnostoma vespiformis (L.)

Tropidia quadrata (Say)

Volucella bombylans (L.)
Volucelle faux-bombyle
Volucella bee-fly

FAMILLE CONOPIDAE **Conopidés** / Thickheaded flies

67 spp (É-U+Can)

Plusieurs conopidés ont la tête plus large que le thorax. Leurs larves parasitent les bourdons, les guêpes et les criquets. Les adultes butinent pour se nourrir du nectar et du pollen des fleurs.

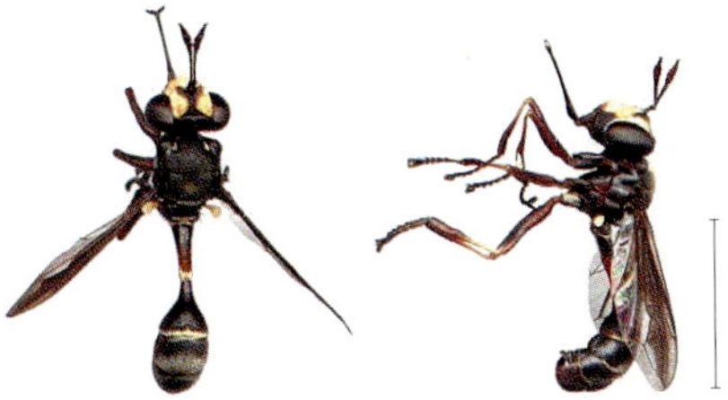

Physocephala furcillata (Will)
Conopide fourchu

FAMILLE PLATYSTOMATIDAE

41spp (É-U+Can)

Platystomatidés / Plastystomatid flies

La vie de ces petites mouches serait semblable à celle des téphritidés présentés à la page suivante.

Rivella viridulans Rib. - Desv.

Ordre | *DIPTERA*

Sous-ordre | *BRACHYCERA*

FAMILLE *TEPHRITIDAE* Téphritidés / Fruit flies

300 spp (É-U+Can)

La famille des téphritidés comporte plusieurs espèces s'attaquant aux fruits, aux graines, aux feuilles ou aux tiges des plantes. L'espèce la plus commune est certainement la Mouche de la pomme.

Myoleja nigricornis (Doane)

Rhagoletis mendax Curran
Mouche du bleuet
Blueberry magot fly

Rhagoletis pomonella (Walsh)
Mouche de la pomme
Apple magot

Strauzia longipennis (Wied.)
Mouche du tournesol
Sunflower magot

Genre : *Eutreta* Wied.

Galle causée par la mouche sur la tige de la Verge d'or.

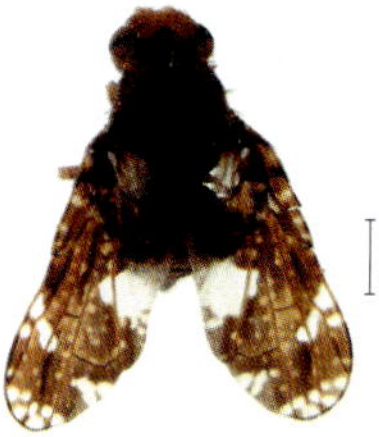

Eurosta solidaginis (Fitch.)
Mouche de la Verge d'or
Goldenrod gall fly

Paroxyna albiceps (Loew.)

FAMILLE *PYRGOTIDAE* **Pyrgotidés** / Light flies

6 spp (É-U+Can)

La larve des pyrgotidés est un parasite de plusieurs espèces de scarabées au stade adulte. La femelle vole surtout durant la nuit en même temps que les scarabées nocturnes; elle pond ses œufs directement dans leur abdomen en plein vol. Le coléoptère meurt entre 10 et 14 jours après avoir été parasité. La pupaison a lieu dans le corps du scarabée. La plupart des espèces volent durant la nuit; on les trouve au piège lumineux.

Ces insectes se retrouvent rarement dans les collections.

Pyrgota undata Wied.
Grand pyrgote

Pyrgotella chagnoni Johns.
Pyrgote de Chagnon

FAMILLE *DROSOPHILIDAE* **Drosophiles** / Pomace flies

300 spp (É-U+Can)

Minuscules mouches communes sur les fruits en décomposition. En laboratoire, on les élève sur des bananes écrasées. La drosophile est probablement l'être vivant le plus étudié, surtout en génétique.

Genre :
Drosophila Fallén
Drosophile
Small fruit fly

FAMILLE *HIPPOBOSCIDAE* **Hippoboscidés** / Louse flies

28 spp (É-U+Can)

Ces diptères sont des suceurs de sang, autant le mâle que la femelle ; ils parasitent les oiseaux, mais aussi les mammifères. La plupart sont spécifiques à un hôte et perdent leurs ailes une fois qu'ils l'ont trouvé. Quelques espèces sont aptères ou ont des ailes à l'état de vestige. Les hippoboscidés ont l'apparence des tiques, mais celles-ci sont des acariens, elles ont donc huit pattes plutôt que six.

La femelle du Barbin du mouton produit assez d'œufs pour donner naissance à 15 larves par semaine. La durée de vie de l'insecte est de 6 mois.

Melophagus ovinus L.
Barbin du mouton
Sheep ked

FAMILLE *ANTHOMYIIDAE* **Anthomyiidés** / Anthomyiid flies

412 spp (É-U+Can)

À l'âge adulte, certaines espèces sont prédatrices d'insectes, et la larve peut parasiter des chenilles ou s'attaquer aux tiges de certaines plantes. La larve des autres espèces peut être aquatique ou vivre sur de la matière végétale en décomposition.

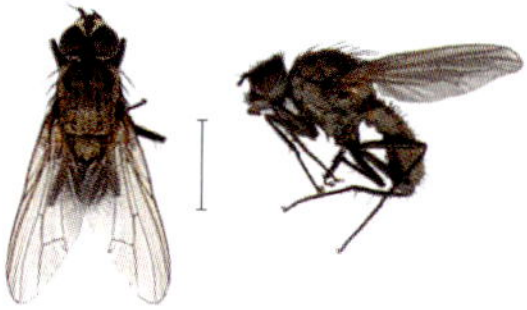

Delia antiqua (Meig.)
Mouche de l'oignon
Onion maggot

FAMILLE *MUSCIDAE* **Muscidés** / House fly family

622 spp (É-U+Can)

Ce sont principalement des décomposeurs dont la larve vit dans les excréments et les plantes ou animaux en décomposition. La larve peut aussi se nourrir de plantes vivantes. Certaines sont aquatiques.

Musca domestica L.
Mouche domestique
House fly

FAMILLE *CALLIPHORIDAE* **Calliphoridés** / Blow flies

78 spp (É-U+Can)

Ce sont principalement des décomposeurs dont la larve vit dans les excréments, les plantes ou animaux en décomposition. L'adulte peut se nourrir de nectar et de pollen. L'asticot de la Pollinie est un parasite du vers de terre. L'adulte hiverne souvent dans les murs et le grenier des maisons.

Contrairement à une certaine croyance populaire, même si les mouches se nettoient souvent les pattes en les frottant, comme le font à peu près tous les insectes, il n'en demeure pas moins qu'elles sont porteuses de bactéries pathogènes ; c'est pourquoi il faut éviter de laisser les mouches se promener sur le pique-nique…

Phaenicia siricata Meig
Mouche verte
Green fly

Cynomya cadaverina Rib. - Desv.
Mouche bleue
Blue fly

Pollenia rudis (F.)
Pollinie
Cluster fly

FAMILLE *SARCOPHAGIDAE* **Sarcophagidés** / Flesh flies

327 spp (É-U+Can)

L'adulte peut se nourrir de nectar, de sève, de jus de fruit et de miellat (liquide sucré produit par les pucerons). La larve de certaines espèces parasite les larves d'insectes, les nids de guêpes ou les plaies d'animaux.

Sarcophaga aldrichi Park.

FAMILLE *TACHINIDAE* **Tachinaires** / Parasitic flies

1277 spp (É-U+Can)

La larve des tachinaires parasite d'autres insectes, en particulier les chenilles. Elles participent donc au contrôle des insectes nuisibles.

Bombyliopsis abrupta Wied.

Nowickia algens Wied.

Pararchytas decisus Walk.

Ordre *TRICHOPTERA*_300 spp (Qc)

Trichoptères ou Phryganes / Caddisflies

Les larves de trichoptères sont aquatiques ; elles s'alimentent en filtrant l'eau. On les retrouve en grand nombre dans les ruisseaux, cachées dans le petit tube de débris qu'elles se construisent en grandissant. À l'âge adulte, on dirait de petits papillons bruns, mais les ailes sont sans écailles. De plus, les trichoptères n'ont pas de trompe en guise de pièces buccales ; il s'agit plutôt d'un appareil suceur semblable à celui des diptères ; ils utilisent cet appareil pour boire de l'eau.

larve

Macronema zebratum (Hagen)
Trichoptère zébré

Ordre **LEPIDOPTERA** _2577 spp (Qc)

Lépidoptères ou Papillons / Moths and Butterflies

Les papillons, ou lépidoptères, ont de nombreuses écailles qui recouvrent leurs ailes. Au stade adulte, ils se nourrissent en aspirant le nectar des fleurs et sucent aussi certains produits de la décomposition des fruits et des animaux. Les papillons de certaines familles ont les pièces buccales trop réduites pour leur permettre de s'alimenter. Par contre, au stade larvaire, plusieurs larves dévorent le feuillage, les fruits ou autres parties des plantes.

Étant donné que les papillons traités dans ce livre ont une taille relativement grande par rapport aux autres groupes d'insectes, les photos sont à la taille réelle des papillons, c'est pourquoi il n'y a pas de ligne indiquant cette information.

Le nombre à côté des papillons indique le numéro MONA (Check List of the Lepidoptera of America North of Mexico including Greenland). Cette numérotation est couramment utilisée par les collectionneurs de papillons.

Le livre le plus complet sur les lépidoptères du Québec est celui de Louis Handfield *Le Guide des papillons du Québec* aux Éditions Broquet. Pour identifier les chenilles, il est recommandé de consulter celui de David L. Wagner *Caterpillars of Eastern North America*.

FAMILLE *HEPIALIDAE* **Hépiales** / Ghost moths

9 spp (Qc)

Selon l'espèce, la larve de ces papillons creuse des galeries dans les racines des arbres (souvent des racines submergées) ou attaque les racines d'autres plantes (fougères, graminées). Les antennes sont très courtes et minces. On les capture aux lumières. Le cycle biologique des hépiales peut prendre un à deux ans.

18

Sthenopis argenteomaculatus (Harr.)
Hépiale d'argent
Silver-spotted ghost moth

19

Sthenopis purpurascens (Pack.)
Hépiale pourprée
Reddish ghost moth

20

Sthenopis quadriguttatus (Grt.)
Hépiale à quatre points
Fours-potted ghost moth

21

Sthenopis thule Stkr
Hépiale du saule
Willow ghost moth

FAMILLE *SESIIDAE* **Sésies** / Clearwing moths

32 spp (Qc)

Cette famille de papillons est très particulière, car, à première vue, on dirait qu'il s'agit de guêpes à cause de leurs ailes transparentes et des lignes jaunes et noires sur l'abdomen. De plus, la larve vit dans les tiges, le tronc ou les racines de plantes herbacées ou ligneuses, ce qui rend ce groupe encore plus spécial. On capture ces papillons au soleil à l'aide du filet à papillons; la seule espèce susceptible de venir au piège lumineux est la Sésie de l'érable (*Synanthedon aceri* Clem.).

2513

Pennisetia marginata (Harr.)
Sésie des feuilles du framboisier
Raspberry crown borer moth

2533

Albuna pyramidalis (Wlk.)
Sésie de l'épilobe
Fire clearwing moth.

2543

Sesia tibialis (Harr.)
Sésie du peuplier
Poplar clearwing moth

2549

Synanthedon scitula (Harr.)
Sésie du cornouiller
Dogwood borer moth

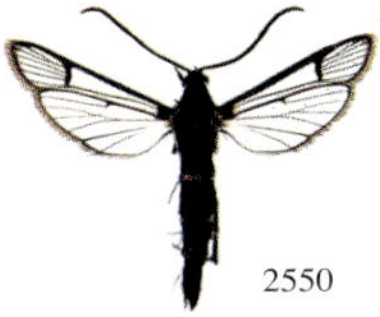
2550

Synanthedon pictipes (Grt.&Rob.)
Petite sésie du pêcher
Lesser peachtree borer moth

2553

Synanthedon tipuliformis (Clerck)
Sésie du groseillier
Currant borer moth

2554

Synanthedon acerni (Clem.)
Sésie de l'érable
Maple callus borer moth

2572

Synanthedon proxima (Edw.)
Sésie du saule
Willow stem borer moth

2585

Synanthedon pini (Kell.)
Sésie du pin
Pitch mass borer moth

2589

Podosesia syringae (Harr.)
Sésie du frêne ou Sésie du lilas
Lilac or Ash borer moth

2597

Carmenta corni (Edw.)
Sésie de l'aster
Aster borer moth

FAMILLE COSSIDAE

4 spp (Qc)

La chenille des cossidés creuse dans le bois des arbres (peuplier, bouleau, frêne, chêne et autres essences) d'où le nom de « charpentier ». Le cycle de vie peut varier de 3 à 4 ans. On capture ces papillons au piège lumineux.

2675

Acossus centerensis (Lint.)
Charpentier du peuplier
Poplar carpenterworm moth

♀

2693

♂

Prionoxystus robiniae (Peck)
Charpentier des bois tendres
Carpenterworm moth

FAMILLE *TORTRICIDAE* **Tordeuses** / Leafrollers

152 spp (Qc)

La famille des tordeuses comprend plusieurs espèces ayant un impact économique en foresterie, en agriculture et en horticulture. Étant donné l'importance de suivre les fluctuations des populations de certaines espèces, des phéromones synthétiques ont été développées pour les capturer dans des pièges spéciaux. On les trouve aussi au piège lumineux et en faisant du battage en plein jour.

masse d'œufs

chenille (larve)

pupe

2X

3635

Choristoneura rosaceana (Harr.)
Tordeuse à bandes obliques
Oblique-banded leafroller

2X

3240

Zeiraphera canadensis Mut.&Free.
Tordeuse de l'épinette
Spruce bud moth

2X

3638

Choristoneura fumiferana (Clem)
Tordeuse des bourgeons de l'épinette
Spruce budworm

FAMILLE HESPERIDAE

30 spp (Qc)

Les hespéridés volent rapidement et de manière saccadée, souvent à moins de 60 cm au-dessus de l'herbe. On les trouve dans les champs et en bordure des forêts.

3870

Epargyreus clarus (Cram.)
Hespérie à taches argentées
Silverspotted skipper

3910

Thorybes pylades (Scud.)
Hespérie nuageuse
Northern cloudy wing

3945

Erynnis icelus (Scud.&Burg.)
Hespérie givrée
Dreamy dusky wing

3982a

Carterocephalus palaemon mandan (Edw.)
Échiquier
Arctic skipper

4004

Ancyloxypha numitor (F.)
Hespérie délicate
Least skipper

4012

Thymelicus lineola (Och.)
Hespérie des graminées
European skipper

4020d

Hesperia comma borealis Linds.
Hespérie boréale
Boreal skipper

4036

Polites peckius (W. Kby)
Hespérie de Peck
Peck's skipper

4041

Polites themistocles (Latr.)
Hespérie à tache costale
Tawny edged skipper

4042

Polites origenes (F.)
Hepérie à ligne oblique
Cross line skipper

4043

Polites mystic (Edw.)
Hespérie mystique
Long dash

4059

Poanes hobomok (Harr.)
Hespérie hobomok
Hobomok skipper

4078a

Euphyes vestris metacomet (Harr.)
Hespérie rurale
Dun skipper

FAMILLE PAPILIONIDAE

4 spp (Qc)

Lorsqu'ils butinent, les papilionidés peuvent être capturés avec les mains. Les fleurs qu'ils préfèrent sont probablement celles de la Julienne des dames, du lilas et du trèfle rouge. Les larves ont un organe glandulaire nommé *osmeterium* ; il est situé sur le dos de la chenille près de la tête. Lorsqu'elle se sent attaquée, la chenille sort cet organe nauséabond qui ressemble à de petites cornes orangées. Les chenilles du genre *Papilio* sont souvent parasitées par le Trogue du Papilio (*Trogus pennator*), un hyménoptère de la famille des braconidés.

La chenille du Papillon du céleri mange les feuilles d'ombellifères (carottes, céleri, aneth, persil). Le Papillon queue-courte vit sur la Côte-Nord ; il est commun à Anticosti, alors qu'en Gaspésie on trouve *Papilio brevicauda gaspeensis* McD. Cette sous-espèce est presque identique à celle de la Côte-Nord.

chrysalide

chenille (larve)

4159a

♂

♀

3/4

Papilio polyxenes asterius Stoll
Papillon du céleri
Black swallowtail, Celeryworm or Parsleyworm

chenille (larve)

chrysalide

3/4

4163

Papilio brevicauda Saund.
Papillon queue-courte
Shorttailed swallowtail

chrysalide

chenille (larve)

3/4

4166b

Papilio machaon hudsonianus
A. H. Clark
Machaon de la baie d'Hudson
Canadian tiger swallowtail

3/4

4176,1

Papilio canadensis R.& J.
Papillon tigré du Canada
Canadian tiger swallowtail

FAMILLE *PIERIDAE* **Piéridés** / Pierids

14 spp (Qc)

Les piéridés sont abondants dans les champs de trèfle et de luzerne ; le soir venu, on peut les capturer avec les mains.

L'élevage en vivarium de ces papillons est facile, en particulier pour la Piéride du rave ; comme le cycle biologique est court (moins de deux mois), il serait aisé de faire un projet scolaire démontrant la métamorphose de la chenille en papillon. Pour obtenir de jeunes larves, il suffira de semer du chou au printemps et de ne pas les traiter aux pesticides. En septembre, les choux seront infestés de dizaines de larves de diverses tailles qu'on pourra récolter et élever à l'intérieur. À température ambiante, les chrysalides issues des chenilles deviendront papillons en moins de trois semaines.

4195

Pieris oleracea Harr.
Piéride des crucifères
Mustard white

chenille (larve)

chrysalide

4197

Pieris rapae (L.)
Piéride du rave (du chou)
Imported cabbageworm

♂

♀ 4209

Colias philodes Gdt
Coliade du trèfle
Clouded sulphur

♂

♀ 4220

Colias interior Scud.
Coliade intérieur
Pinkedged sulfur

Colias eurytheme Bdv.
Coliade de la luzerne
Alphalfa caterpiller

FAMILLE *LYCAENIDAE* **Lycénidés** / Lycenids

29 spp (Qc)

La famille des lycénidés est très intéressante à collectionner à cause des belles couleurs de ces papillons, et aussi parce qu'on y compte un grand nombre d'espèces. Le lycénide le plus particulier est probablement le Moissonneur, car sa larve se nourrit de pucerons lanigères ; ceux-ci vivent surtout sur l'Aulne rugueux. L'espèce la plus prisée des collectionneurs de lycénidés du Québec est probablement le Lutin mystérieux ; la larve vit sur les fruits du hêtre à la cime des arbres. Le papillon descend au sol entre 11 h et 13 h pour boire l'humidité du sol sur les roches et les sentiers ; l'espèce est rare.

chenille (larve)

Feniseca tarquinius (F.)
Moissonneur
Harvester

Lycaena phlaeas americana Harr.
Cuivré d'Amérique
American copper

4256

Lycaena hyllus (Cram.)
Bronzé
Bronze copper

Lycaena epixanthe michiganensis Raw.
Cuivré des tourbières
Bog copper

4260b

4282a

Satyrium calanus falacer (Gdt)
Porte-queue du chêne
Banded hairstreak

Satyrium liparops strigosum (Harr.)
Porte-queue à bandes brisées
Striped hairstreak

4285a

4322

Callophrys augustinus (West.)
Lutin brun
Brown elfin

4326

Incisalia henrici (G.&R.)
Lutin des bleuets
Henry's Elfin

4349

Erora laeta (Edw.)
Lutin mystérieux
Early hairstreak

chenille (larve)

chrysalide

4363a

Celastrina ladon lucia (W. Kby)
Azure printanier
Spring azure

4372a

Glaucopsyche lygdamus couperi Grt.
Bleu argenté
Silver blue

4361

Everes comyntas (Gdt)
Bleu porte-queue de l'Est
Eastern tailed blue

4374e

Lycaeides idas scudderii (Edw.)
Bleu nordique
Northern blue

FAMILLE *NYMPHALIDAE* **Nymphalidés** / Nymphalids

70 spp (Qc)

Les premiers papillons diurnes que l'on aperçoit au printemps sont généralement de cette famille. Certains membres de cette famille passent l'hiver à l'état adulte dans les cordes de bois, les cabanons ou autres abris. Ils ont un vol très rapide ; ils se réchauffent au soleil sur le sol au printemps et à l'automne. Il est possible de les attirer autour de la maison à l'aide d'un appât fait de fruits en fermentation et de mélasse.

Sous-famille : *Nymphalinae*

3/4 4420

Polygonia interrogationis (F.)
Polygone à queue violacée
Question mark

3/4 4421

Polygonia comma (Harr.)
Polygone virgule
Hop merchant or Comma

3/4 4423

Polygonia faunus (Edw.)
Polygone à taches vertes
Green comma

chenille (larve)

chrysalide

3/4 4429

Polygonia progne (Cram.)
Polygone gris
Gray comma

3/4 4430a

Nymphalis vau-album j-album (Bdv. & LeC.)
Grande vanesse
Compton Tortoise-shell

3/4 4433

Nymphalis milberti (Gdt)
Petite vanesse
Milbert's Tortoise-shell

chenille (larve)

chenille épineuse de l'orme

chrysalide

3/4

4432

Nymphalis antiopa (L.)
Morio
Mourningcloak butterfly

3/4

4434

Vanessa virginiensis (Drury)
Vanesse de Virginie
American painted lady or
Painted Beauty

3/4

4435

Vanessa cardui (L.)
Belle dame
Painted lady

3/4 4440

Junonia coenia Hbn.
Papillon ocellé
Common buckeye butterfly

chenille (larve)

chrysalide

3/4 4437a

Vanessa atalanta rubria (Fruhst.)
Vulcain
Red admiral

Sous-famille : *Argynninae*

3/4 4447

Euptoieta claudia (Cram.)
Fritillaire panachée
Variegated fritillary

3/4 4451a

Speyeria aphrodite winni (Gunder)
Argynne aphrodite
Aphrodite

♂ 3/4

♀ 4450

Speyeria cybele (F.)
Argynne cybèle
Great spangled fritillary

3/4 4459

Speyeria atlantis (Edw.)
Argynne de l'Atlantique
Atlantis fritillary

Boloria selene atrocostalis (Huard)
Boloria à taches argentées
Silver bordered fritillary

4464b

4465a

Bolaria bellona toddi (Holl.)
Boloria des prés
Meadow fritillary

Chlosyne harrisii (Scud.)
Damier de Harris
Harris's checkerspot

4491

3/4 4481,1

Phyciodes cocyta (Cram.)
Croissant nordique
Northern crescent

3/4 4516

Euphydryas phaeton (Drury)
Baltimore
Baltimore

Sous-famille : *Limenitidinae*

3/4 4522a

Limenitis arthemis arthemis (Drury)
Amiral blanc
White admiral

chenille (larve)

chrysalide

L'insecte emblème du Québec est l'Amiral blanc. La chenille et la chrysalide du papillon imitent les fientes d'oiseaux ; le papillon est quand même superbe !

L'Amiral points-rouge vit à la limite sud du Québec où il s'accouple parfois avec l'Amiral blanc pour donner un hybride.

3/4 4522b

Limenitis arthemis astyanax (F.)
Amiral points-rouges
Red spotted purple

Notez la bande noire sur l'aile postérieure du Vice-roi ; c'est par cette ligne qu'on le distingue facilement du Monarque.

chrysalide

3/4

4523

Limenitis archippus (Cram.)
Mimique ou le Vice-roi
Mimic or Viceroy

Sous-famille : *Satyrinae*

4557

Asterocampa celtis (Bdv.&LeC.)
Papillon du micocoulier
Hackberry butterfly

4568,3

Satyrodes eurydice (L.)
Satyre ocellé
Eyed brown

4568,1

Enodia anthedon A.H.Clark
Satyre perlé
Pearly eye

4578

Megisto cymela (Cram.)
Petit satyre des bois
Little wood satyr

4583a

Coenonympha tullia inornata Edw
Satyre fauve
Inornate ringlet

4587c

Cercyonis pegala nephele (W. Kby)
Satyre des prés
Wood nymph

4606d

Oeneis chryxus calais (Scudder)
Nordique orangé
Chryxus arctic

4611g

Oeneis jutta ascerta (Mast. & Sorens.)
Nordique des tourbières
Jutta artic

FAMILLE DANAÏDAE

1 sp (Qc)

La seule espèce de cette famille que l'on rencontre au Québec est le Monarque. Il s'agit du plus grand papillon diurne du Québec. Ce papillon est le seul à faire une vraie migration, voyageant du Mexique vers le Canada sur quelques générations au printemps et en été. En septembre, les papillons nés au Canada partent hiverner au Mexique ; leurs descendants viendront l'année suivante. La plante hôte de la chenille est l'asclépiade.

chrysalide

chenille (larve)

3/4 ♀

Le mâle produit un parfum pour exciter la femelle à partir de la tache noire qui se trouve au centre des ailes postérieures.

3/4 ♂ 4614

Danaus plexippus (L.)
Monarque
Monarch

FAMILLE LIMACODIDAE

15 spp (Qc)

4697

Euclea delphinii (Bdv.)
Limacode épineuse
Spiny oak-slug

FAMILLE PYRALIDAE Pyralidés / Pyralids

282 spp (Qc)

♂ 4949

Ostrinia nubilalis (Hbn.)
Pyrale du maïs
European corn borer moth

4952

Eurrhypara hortulata (L.)
Pyrale de l'ortie
Small Magpie

4958a

Anania funebris glomeralis (Wlk.)
Pyrale à huit points
Eight-spotted pyralid

5510

Pyralis farinalis L.
Pyrale de la farine
Meal moth

6019

Plodia interpunctella (Hbn.)
Pyrale indienne de la farine
Indian meal moth

6076

Thyris maculata Harr.
Pyrale butineuse maculée
Spotted thyris moth

FAMILLE *THYATIRIDAE*

4 spp (Qc)

6235

Habrosyne scripta (Gosse)
Habrosyne rosée
Lettered habrosyne

6240

Euthyatira pudens (Gn.)
Thyatiride du cornouiller
False owlet moths

FAMILLE *DREPANIDAE*

4 spp (Qc)

6251

Drepana arcuata Wlk.
Faucille lignée
Masked birch caterpillar

6252

Drepana bilineata (Pack)
Faucille dentelée
Two-lined hooktip

6255

Oreta rosea (Wlk.)
Faucille rosée
Rose hooktip

FAMILLE *GEOMETRIDAE* Géométridés ou Arpenteuses
Geometrids or Geometers

292 spp (Qc)

La larve des géométridés a généralement deux paires de fausses pattes (pattes abdominales) plutôt que cinq, ce qui lui procure la démarche caractéristique des arpenteuses-géomètres. Les adultes sont nocturnes, mais leur corps frêle et leurs fines antennes rappellent ceux des papillons diurnes.

Sous-famille : *Archiearinae*

6256

Archiearis infans (Mösch.)
Géomètre orangé d'avril
The Infant

Sous-famille : *Ennominae*

6321

Macaria truncataria (Wlk.)
Étincelle des tourbières

6428

Orthofidonia tinctaria (Wlk.)

6430

Orthofidonia flavivenata (Hulst)

6588

Iridopsis larvaria (Gn.)
Bent-line gray

6597

Ectropis crepuscularia (D.&S.)
Saddleback looper or Small engrailed

6640a

Biston betularia cognataria (Gn.)
Arpenteuse cornue
Pepper-and-salt moth
or Cleft-headed

6720

Lytrosis unitaria (H.-S.)
Lytrosie brune
Common lytrosis

6725

Euchlaena muzaria (Wlk.)

6728

Euchlaena effecta (Wlk.)

6734

Euchlaena marginaria (Minot)
Margined euchlaena

6737

Euchlaena tigninaria (Gn.)

6740

Xanthotype urticaria Swett.
Géomètre tacheté
False crocus geometer

6743

Xanthotype sospeta (Drury)
Géomètre safran
Crocus geometer

6755

Pero morrisonaria (Hy Edw.)
Arpenteuse cornue piquetée
Morrison's pero

6763

Phaeoura quernaria
(J.E. Smith)
Oak beauty

6796

Campaea perlata (Gn.)
Arpenteuse perlée
Fringed looper or Pale beauty

6798

Ennomos subsignaria (Hbn.)
Elm spanworm

6804

Petrophora subaequaria (Wlk.)
Northern petrophora

6817

Selenia alciphearia Wlk.
Northern selenia

6819

Metanema inatomaria Gn.
Pale metanema

6820

Metanema determinata Wlk.
Dark metanema

6822

Metarranthis duaria (Gn.)
Ruddy metarranthis

6832

Metarranthis obfirmaria (Hbn.)
Yellow-washed metarranthis

6836a

Plagodis pulveria occiduaria (Wlk.)
American barred umber

6837

Probole alienaria H.-S.
Alien probole

6840

Plagodis serinaria H.-S.
Lemon plagodis

6841

Plagodis kuetzingi (Grt.)
Purple plagodis

6842

Plagodis phlogosaria (Gn.)
Straight-lined plagodis

6844

Plagodis alcoolaria (Gn.)
Hollow-spotted plagodis

6863

Caripeta divisata Wlk.
Arpenteuse grise de l'épinette
Gray spruce looper

6864

Caripeta piniata (Pack.)
Northern pine looper

chenille de l'Arpenteuse de la pruche

chrysalide

6888

Lambdina fiscellaria (Gn.)
Arpenteuse de la pruche
Hemlock looper

6906

Nepytia canosaria (Wlk.)
Fausse arpenteuse de la pruche
False hemlock looper

6912

Sicya macularia (Harr.)
Arpenteuse bi-épineuse
Sharp-lined yellow

6963a

Tetracis crocallata aspilatata Gn.
Yellow-slant line

6964

Tetracis cachexiata Gn.
White slant-line

6966

Eutrapela clemataria (J. E. Smith)
Géomètre à dent recourbée
Curve-toothed geometer or
Purplish-brown looper

6982

Prochoerodes lineola (Goeze)
Arpenteuse brune du tremble
Large maple spanworm moth

Sous-famille : *Geometrinae*

7085
Mesothea incertata (Wlk.)
Géomètre vert des bois

Sous-famille : *Sterrhinae*

7146
Haematopis grataria (F.)
Géomètre rosé
Chickweed geometer

7159
Scopula limboundata (Haw.)
Large lace-border

7182
Dysstroma citrata (L.)
Arpenteuse verte élancée

7189
Dysstroma hersiliata (Gn.)

7197
Eulithis gracilineata (Gn.)
Greater grapevine looper

7201
Eulithis testata (L.)

7203
Eulithis molliculata (Wlk.)
Dimorphic eulithis

7206
Eulithis explanata (Wlk.)

7208
Eulithis serrataria (B.& McD.)

7213a

Ecliptopera silaceata albolineata (Pack.)

7217

Thera juniperata (L.)

7285a

Triphosa haesitata affirmaria (Wlk.)
Tissue moth

7293a

Rheumaptera hastata gothicata (Gn.)
Géomètre noir du bouleau
Spear-Marked black

7329

Anticlea vasiliata Gn.

7430

Trichodezia albovittata (Gn.)
White-striped black

7627

Aplocera plagiata (L.)

7648

Dyspteris abortivaria (H.-S.)
Géomètre vert de la vigne
Bad-wing

FAMILLE *LASIOCAMPIDAE* **Lasiocampidés** / Lasiocampids

6 spp (Qc)

Sous-famille : *Macromphaliinae*

7670

Tolype velleda (Stoll)
Lasiocampe à épaulettes
Velleda lappet moth

Sous-famille : *Gastropachinae*

7687

Phyllodesma americana (Harr.)
Papillon épaulettes
Lappet moth

Sous-famille : *Lasiocampinae*

La Livrée des forêts est un important défoliateur. La chenille préfère le Peuplier faux-tremble, mais elle s'attaque aussi à l'Érable à sucre, au saule, au Chêne rouge et à plusieurs autres feuillus. Elle ne fait pas de tente, mais elle est grégaire à ses premières semaines de vie. L'espèce peut faire d'impressionnants ravages, laissant de nombreux arbres sans feuilles. On trouve le papillon aux lumières.

chenille (larve)

♂ 7698

♀

Malacosoma disstria Hbn.
Livrée des forêts
Forest tent caterpillar moth

bague d'œufs avec larves en émergence

chenille (larve)

nid de chenilles

cocon

7701

La Livrée d'Amérique est à l'origine des fameux nids de chenilles que l'on aperçoit en particulier dans les cerisiers et les pommiers en mai et juin. Cette construction protège les larves contre les prédateurs et les parasites.

Malacosoma americanum (F.)
Livrée d'Amérique
Eastern tent caterpillar

FAMILLE *SATURNIIDAE* **Saturnidés** / Saturnids

10 spp (Qc)

Certains ont des dessins ressemblant à des yeux (ocelles) sur les ailes. Ces formes rappellent aussi les anneaux de la planète Saturne, d'où le nom de Saturnie. Le papillon montre ses ocelles lorsqu'il est dérangé par un oiseau ; celui-ci se croyant face à un hibou a tôt fait de se sauver en laissant le papillon intact. Les antennes des mâles sont plumeuses. Elles servent à repérer le parfum (phéromone) des femelles, même si celles-ci sont situées à 1 km. Le corps des saturnidés est couvert de petites soies qui gardent la chaleur produite par les muscles des ailes durant le vol. Ces papillons ne butinent pas les fleurs, car leurs pièces buccales sont très réduites, les obligeant à vivre sur les réserves accumulées à l'état larvaire. Ce sont des papillons qu'on trouve aux lumières à partir du 15 mai jusqu'au début de juillet.

Sous-famille : *Ceratocampinae*

7723

Anisota virginiensis (Drury)
Anisote rose du chêne
Pinkstriped oakworm

♂ 7715 ♀

Dryocampa rubicunda (F.)
Anisote de l'érable
Greenstriped mapleworm

Selon le *Guide des papillons du Québec* de Louis Handfield, le Papillon impérial est l'un des plus beaux papillons du Québec, mais on le retrouve uniquement au sud-ouest de Trois-Rivières ; il est rare, sauf à Oka. La larve vit sur le pin ; elle fait sa métamorphose dans le sol à l'abri des grands froids. Le papillon vole surtout durant les deux premières semaines de juillet ; il n'arrive aux lumières que très tard dans la nuit, soit à partir de 23 heures. L'élevage de cette espèce serait difficile même pour les éleveurs expérimentés en saturnidés.

♂
3/4
7704a

Eacles imperialis pini Mich.
Papillon impérial
Imperial moth

Sous-famille : *Hemileucinae*

L'Automéris a été capturé de Québec à Oka. Il est assez rare, sauf dans la région de Montréal où il est occasionnel. La chenille est couverte d'une protection urticante qui cause une douloureuse brûlure si on y touche. La chenille est polyphage (chêne, cerisier et autres) et grégaire ; elle fait son cocon dans les feuilles mortes au sol pour se protéger des grands froids. L'élevage de la chenille n'est pas conseillé pour les enfants à cause du risque de brûlure par les poils urticants.

7732

Hemileuca lucina (Hy Edw.)
Saturnide automnal
New England buck moth

chenilles à différents stades

cocon

♂

3/4
7746

♀

Automeris io (F.)
Automéris io
Io moth

Sous-famille : *Saturniinae*

Le Polyphème est le plus commun de nos grands saturnidés. Selon le Guide des papillons du Québec de Louis Handfield, on le trouve jusqu'à Chibougamau et Rivière-Ste-Marguerite. La chenille est polyphage (bouleau, pommier, cerisier, érable et autres) ; son élevage est assez facile, même pour les débutants. La chenille fait son cocon au sol ou dans les branches exposées aux grands vents hivernaux.

chenille (larve)

cocon

chrysalide du mâle

♂ 3/4

7757

Antheraea polyphemus (Cram.)
Polyphème d'Amérique
Polyphemus moth

Le Papillon lune est commun dans les lieux sablonneux envahis par son hôte préféré, le bouleau. L'élevage de cette espèce est assez facile à condition de ne pas laisser les cocons aux grands froids, car la chenille se métamorphose au sol parmi les feuilles. Elle sera couverte de neige et protégée des dures conditions hivernales.

chenille (larve)

cocon

♂ 3/4

7758

Actias luna (L.)
Papillon lune
Luna moth

La chenille de la Saturnide du cerisier est l'une des plus belles ! Elle se nourrit de cerisier et de frêne ; le taux de survie des chenilles en élevage est habituellement de 10 %, ce qui est faible. Pour avoir plus de succès dans l'élevage en manchon, il semble préférable de ne pas avoir plus de 4 chenilles par manchon. La chenille fait son cocon dans les branches exposées aux dures conditions hivernales.

Curieusement, c'est entre 15 h 30 et 20 h que la femelle attire le mâle. La meilleure façon de capturer les mâles, c'est de laisser une femelle vierge fraîchement émergée de son cocon attirer les mâles dans une petite cage. Les mâles arrivent les uns après les autres, jusqu'à une dizaine en trois heures. La femelle vient aux lumières.

chenille (larve)

cocon

♂ 3/4

7764

♀ 3/4

Callosamia promethea (Drury)
Saturnide du cerisier
Promethea moth

Le plus gros de nos papillons est le Cécropia. Il est assez commun même si peu de gens le connaissent. La chenille préfère l'Érable Negundo et l'Érable à sucre, mais elle aime tout autant le bouleau, le cerisier et un grand nombre d'autres essences. L'élevage de cette espèce est assez facile ; la chenille fait son cocon dans les branches sans craindre les grands froids.

chenille (larve)

cocon

♂

2/3

7767

Hyalophora cecropia (L.)
Cécropia
Cecropia moth

Cette espèce vit sur le mélèze uniquement. L'élevage peut être difficile, car le mélèze n'est pas toujours facilement disponible et ses aiguilles fanent rapidement une fois coupées. La chenille fait son cocon dans les branches exposées aux grands froids. On trouve le papillon aux lumières.

Il est possible de croiser le Cécropia avec la Saturnie du mélèze pour créer un hybride infertile.

cocon

chenille

♂
3/4

7768

Hyalophora columbia (S.I. Smith)
Saturnide du mélèze
Larch Silkworm

FAMILLE *SPHINGIDAE* Sphingidés ou Sphinx / Sphingids or Hornworms

37 spp (Qc)

La chenille des sphinx est généralement ornée d'une petite corne sur le dos, près de l'anus. Elle fait sa pupe dans la terre sans tisser de cocon. Quelques espèces sont diurnes (*Sphinx luscitiosa*, les genres *Hemaris*, *Amphion*, *Proserpinus* et *Hyles*), mais la plupart sont nocturnes.

On observe les sphinx le jour ou la nuit alors qu'ils butinent les fleurs du lilas, du kalmia, de la Julienne des dames, de la nicotine, du pommier et autres. Certains sont attirés par la miellée, en particulier le Sphinx du kalmia.

La nuit, on les prend surtout aux lumières ; le jour, on les capture au filet à papillons alors qu'ils butinent, tels des colibris.

Sous-famille : *Sphinginae*

3/4 7771

Agrius cingulata (F.)
Sphinx à taches roses
Pinkspotted hawkmoth or
Sweetpotato hornworm

3/4 7776

Manduca quinquemaculata (Haw.)
Sphinx de la tomate
Tomato hornworm or
Fivespotted hawkmoth

Dolba hyloeus (Drury)
Sphinx du houx
Blackalder sphinx

3/4 7784

3/4 7786

Ceratomia amyntor (Gey.)
Sphinx de l'orme
Elm sphinx

chenille
(larve)

3/4

Ceratomia undulosa (Wlk.)
Sphinx ondulé
Waved sphinx

7787

3/4

Sphinx chersis (Hbn.)
Sphinx du frêne
Great ash sphinx

7802

3/4

Sphinx canadensis Bvd.
Sphinx du Canada
Northern Ash sphinx

7807

3/4

Sphinx kalmiae J.E. Smith
Sphinx du laurier
Laurel sphinx

7809

chenille
(larve)

3/4

Sphinx poecila Steph.
Sphinx du pommier
Apple sphinx

7810,1

3/4

Sphinx luscitiosa Clem.
Sphinx du bouleau ou
Sphinx ocré
Clemen's Hawkmoth

7811

3/4 7812

Sphinx drupiferarum J.E. Smith
Sphinx du cerisier
Wild cherry sphinx

3/4 7817

Lapara bombycoides Wlk.
Sphinx du pin
Pine tree sphinx

3/4 7821

Smerinthus jamaicensis (Drury)
Sphinx géminé
Twinspotted sphinx

3/4 7822

Smerinthus cerisyi W. Kby
Sphinx du saule
Willow sphinx

3/4 7824

Paonias excaecata (J. E. Smith)
Sphinx aveugle
Blindeyed sphinx

3/4 7825

Paonias myops (J. E. Smith)
Sphinx myope
Smalleyed sphinx

3/4 7827

Amorpha juglandis (J. E. Smith)
Sphinx du noyer
Walnut sphinx

chenille (larve)

chrysalide

3/4 7828

Pachysphinx modesta (Harr.)
Sphinx du peuplier
Big poplar sphinx

Sous-famille : *Macroglossinae*

7853

Hemaris thysbe (F.)
Sphinx colibri
Hummingbird clearwing or
Common clearwing

7854

Hemaris gracilis (G.&R)
Sphinx gracieux
Graceful clearwing

7855

Hemaris diffinis (Bdv.)
Sphinx du chèvrefeuille
Honeysuckle clearwing

3/4

Eumorpha achemon (Drury)
Sphinx d'Achemon
Achemon sphinx

7861

3/4 7870

Sphecodina abbottii (Sw.)
Sphinx d'Abbott
Abbott's phinx

3/4 7871

Deidamia inscriptum (Harr.)
Sphinx de la vigne
Lettered sphinx

3/4 7873

Amphion floridensis B. P. Clark
Sphinx nessus
Nessus sphinx

3/4 7877

Proserpinus flavofasciata (Walk.)
Sphinx de l'épilobe
Yellowbanded day sphinx

3/4 7884

Darapsa versicolor (Harr.)
Sphinx du céphalanthe
Hydrangea sphinx

3/4 7885

Darapsa myron (Cram.)
Sphinx de Myron
Virginia-creeper sphinx

3/4 7886

Darapsa choerilus (Cram.)
Sphinx de l'Alisier
Azalea sphinx

3/4 7893

Hyles gallii (Rottemburg)
Sphinx du gaillet
Bedstraw hawkmoth

3/4 7894

Hyles lineata (F.)
Sphinx à lignes blanches
Whitelined sphinx

FAMILLE NOTODONTIDAE

Les antennes du mâle sont souvent plus pectinées et plus volumineuses que celles de la femelle. Les notodontidés ressemblent aux noctuidés ; la différence se voit plus facilement au stade larvaire, car les fausses-pattes postérieures sont plus grandes. Les pièces buccales des adultes sont peu développées, et les larves sont rarement récoltées. Il semblerait que la diversité des espèces de ce groupe serait un bon indicateur de la biodiversité d'un écosystème. De plus, la diversité des formes et des couleurs à l'état larvaire permet de faire d'intéressantes photos ! Il est donc intéressant de capturer les femelles, de les laisser pondre et d'élever les chenilles pour les observer et les photographier.

7895

Clostera albosigma Fitch.
Notodonte luné
Rustylined leaftier
or Sigmoid prominent

7901

Clostera apicalis (Wlk.)
Notodonte à tache rousse
Redmarked tent maker

7902

Datana ministra (Drury)
Chenille à col jaune
Yellownecked caterpillar

7915

Nadata gibbosa (J.E. Smith)
Chenille à raies jaunes
Yellowlined caterpillar

7917

Hyperaeschra georgica (H.-S.)
Notodonte de Georgie
Georgian prominent

7919

Peridea basitriens (Wlk.)
Notodonte triangulé
Oval-based prominent

7921

Peridea ferruginea (Pack.)
Notodonte ferrugineux
Chocolate prominent

7922

Pheosia rimosa Pack.
Faux-sphinx
False sphinx or false hornworm

7924

Odontosia elegans (Stkr)
Notodonte élégant
Elegant prominent

7928

Notodonta simplaria Graef.
Notodonte gris
Northern finned prominent

7929

Nerice bidentata Wlk.
Notodonte à dents-de-scie
Double-toothed prominent

7933

Gluphisia avimacula Hud.
Notodonte points-jaunes
Yellow-spotted gluphisia

7939

Furcula occidentalis (Lint.)
Cérure occidentale
Western furcula

7941

Furcula modesta (Hud.)
Cérure modeste
Yellowish furcula

chenille (larve)

7942b

Cerura scitiscripta canadensis McD.
Cérure du Canada
Canadian black-etched prominent

chenille
(larve)

7953

Symmerista leucitys Franc.
Chenille à bosse orangée
Orangehumped mapleworm

7975

Macrurocampa marthesia (Cram.)
Notodonte fausse-cérure
Mottled prominent

7958

Dasylophia thyatiroides (Wlk.)
Notodonte du hêtre
Gray-patched prominent

7990a

Heterocampa
umbrata pulverea G.&R.
Hétérocampe à tache apicale

7994

Heterocampa guttivitta (Wlk.)
Hétérocampe de l'érable
Saddled prominent
or Maple prominent

8005

Schizura ipomeae Doub.
Chenille bossue du chêne et de l'érable
Oak and maple humped caterpillar

8007

Schizura unicornis (J.E. Smith)
Chenille licorne
Unicorn caterpillar

8010

Schizura concinna (J.E. Smith)
Chenille à bosse rouge
Redhumped caterpillar

8011

Schizura leptinoides (Grt.)
Chenille à tubercule courbé
Black-blotched schizura

FAMILLE *ARCTIIDAE* **Arctiidés** / Arctiids

54 spp (Qc)

La famille des arctiidés regroupe de beaux papillons souvent colorés ; leurs couleurs indiquent aux oiseaux qu'il ne faut pas y goûter.

Ils dégagent une odeur désagréable et auraient aussi une saveur qui découragerait leurs prédateurs potentiels. Certains produisent un bruit permettant aux chauves-souris de les reconnaître pour les éviter.

Sous-famille : *Lithosiinae*

8043

Eilema bicolor (Grt.)
Lithosie bicolore
Black lichen moth

8087

Lycomorpha pholus (Drury)
Lithosie orangée
Black-and-yellow lichen moth

8089

Hypoprepia miniata (W.Kby)
Lithosie écarlate
Scarlet-winged lichen moth

8090b

Hypoprepia fucosa tricolor (Fitch)
Lithosie peinte
Painted lichen moth

Sous-famille : *Arctiinae*

8114

Virbia laeta (Guér. - Mén.)
Écaille joyeuse
Joyful holomelina

8123

Virbia ferruginosa (Wlk.)
Écaille ferrugineuse
Rusty holomelina

8111

Haploa lecontei (Guér.-Mén.)
Arctiide de LeConte
Leconte's haploa

8112

Haploa confusa (Lyman)
Arctiide nuancé
Lyman's haploa

larve

8129

Pyrrharctia isabella (J. E. Smith)
Isia isabelle
Bonded woollybear

♂

8131

♀

Estigmene acrea (Dru.)
Estigmène dimorphe ou
Papillon de la Chenille des marais salants
Acrea moth

8156a

Phragmatobia fuliginosa rubricosa (Harr.)
Arctiide fuligineux

8158

Phragmatobia assimilans Wlk.
Écaille pareille
Large ruby tiger moth

8137

Spilosoma virginica (F.)
Diacrisie de Virginie
Yellow wollybear

8162

Platarctia parthenos (Harr.)
Arctiide du Canada
Giant tiger moth

chenille (larve)

8166a

Actia caja americana Harr.
Écaille martre
Great tiger moth

8171

Apantesis nais (Drury)
Apanthèse naïde
Nais tiger moth

8175a

Grammia virguncula (W.Kby)
Apanthèse petite fille
Little virgin tiger moth

8176

Grammia anna (Grt.)
Apanthèse Anne
Anna tiger moth

8186

Grammia williamsii (Dodge)
Apanthèse du blé
William's tiger moth

8196

Grammia parthenice (W. Kby)
Apanthèse de la parthenice
Parthenice moth

8197

Grammia virgo (L.)
Apanthèse vierge
Virgin tiger moth

chenille (larve)

8203

Halysidota tessellaris (J.E. Smith)
Halisidote du pommier
Banded tussock moth

8211

Lophocampa caryae Harr.
Halisidote du caryer
Hickory tussock moth

chenille (larve)

8214

Lophocampa maculata Harr.
Lophocampe maculé
Spotted tussock moth

8231

Cycnia oregonensis (Stretch)
Arctiide de l'Orégon
Oregon cycnia

chenille (larve)

8238

Euchaetes egle (Drury)
Arctiide de l'asclépiade
Milkweed tussock

Sous-famille : *Ctenuchinae*

chenille (larve)

cocon

8262

Ctenucha virginica (Esper)
Cténuche de Virginie
Virginian ctenucha

8267

Cisseps fulvicollis (Hbn.)
Cisseps à col orangé
Yellow-collared scape moth

FAMILLE *LYMANTRIIDAE* **Lymantriidés** / Lymantriids

11 spp (Qc)

Les chenilles à houppes appartiennent à la famille des lymantriidés. Ces papillons montrent parfois un dimorphisme sexuel très évident ; la femelle de certaines espèces est aptère ; chez la Spongieuse, la femelle est blanche alors que le mâle est brun.

Sous-famille : *Orgyiinae*

8304

Dasychira plagiata (Wlk.)
Chenille à houppes grises des conifères

8314

Orgyia definita Pack
Chenille à houppes jaunes
Definite tussock moth

chenille (larve)

♂ 8308a

Orgyia antiqua nova Fitch
Chenille à houppes rousses
Rusty tussock moth

♀

la femelle est aptère

8316a

Orgyia leucostigma intermedia Fitch
Chenille à houppes blanches
Whitemarked tussock moth

8319

Leucoma salicis (L.)
Papillon satiné
Satin moth

La Spongieuse est une espèce européenne introduite accidentellement au Massachusetts vers 1869. Ce papillon est maintenant très commun de Montréal à Québec. On capture le mâle aux lumières, mais aussi en vol durant le jour ; la femelle ne vole pas. On trouve les chrysalides de ce papillon dans les cavités des chênes et d'autres feuillus en juillet.

chenille (larve)

masse d'œufs

♂

8318

♀

Lymantria dispar (L.)
Spongieuse
Gypsy moth

FAMILLE *NOCTUIDAE* **Noctuelles** / Noctuids or Cutworms

710 spp (Qc)

On connaît surtout les noctuelles par les dommages que causent certaines larves (dont le Ver-gris) au jardin. Cette grande famille comporte plusieurs beaux papillons qu'on trouve aux lumières et à la miellée. Il faut savoir qu'elles sont au menu des chauves-souris, mais que pour éviter d'être capturées par celles-ci, les noctuelles se sauvent au moindre bruit. Il faut donc être silencieux lorsqu'on s'approche d'une noctuelle qui se nourrit à la miellée.

Sous-famille : *Hypeninae*

8442

Hypena baltimoralis (Gn.)
Noctuelle Baltimore
Baltimore noctuid

Sous-famille : *Catocalinae*

8536

Calyptera canadensis (Beth.)
Canadian owlet

8555

Scoliopteryx libralix (L.)
Découpure
The herald

8587

Panopoda rufimargo (Hbn.)
Red lined panopoda

8636a

Drasteria adumbrata alleni (Grt.)

La Sorcière noire est un papillon exotique parfois abondant dans le sud des États-Unis ; les ouragans semblent favoriser son déplacement jusqu'au Québec. Les collectionneurs les plus perspicaces suivront donc le déplacement des ouragans par Internet. Il n'est pas exclu que des spécimens arrivent par camions et par trains de marchandises. Pour capturer la bête, il faudra chercher aux lumières et à la miellée ; l'urine serait un excellent appât selon le *Guide des papillons du Québec* de Louis Handfield. En 2004, on a répertorié 3 spécimens dans la grande région de Québec dont le spécimen présenté ici ; il a été capturé par André Beaudoin à Ste-Foy aux lumières d'un débarcadère.

♀
3/4

8649

Ascalapha odorata (L.)
Sorcière noire
Black witch

8697

Zale minerea (Gn.)
Fausse-arpenteuse des feuillus
Colorful zale

8689

Zale lunata (Drury)
Lunate zale

8692

Zale galbanata (Morr.)
Maple zale

8694

Zale aeruginosa (Gn.)
Green-dusted zale

8713

Zale lunifera (Hbn.)
Noctuelle lunifère

8716

Zale unilineata (Grt)
One-lined zale

8717

Zale horrida Hbn.
Horrid zale

8738

Caenurgina crassiuscula (Haw.)
Arpenteuse du trèfle
Clover looper

3/4 8719

Euparthenos nubilis (Hbn.)
Fausse-likenée du robinier
Locust underwing

3/4 8778

Catocala habilis Grt.
Likenée orangée du caryer
Habilis underwing

3/4 8784

Catocala obscura Stkr
Likenée obscure du caryer
Obscure underwing

Catocala retecta Grt.
Likenée noire du caryer
Yellow-gray underwing

3/4 8788

3/4 8797

Catocala subnata Grt.
Likenée du Caryer cordiforme
Youthful underwing

3/4 8798 3/4

Catocala neogama (J.E. Smith)
Likenée orangée du noyer
The bride

3/4

3/4 8801 3/4

Catocala ilia (Cram.)
Likenée du chêne
Ilia underwing

3/4

3/4

8802

Catocala cerogama Wlk.
Likenée du tilleul
Yellow-banded underwing

forme *clara* Beut.

3/4

forme grise

3/4

8803

forme typique

3/4

Catocala relicta Wlk.
Likenée blanche
White underwing

3/4 8805

Catocala unijuga Wlk.
Likenée rougeâtre
One-married underwing

3/4

8806

3/4 8817

Catocala briseis Edw.
Likenée Briseis
Briseis underwing

3/4

Catocala parta Gn
Likenée orangée commune
Mother underwing

3/4 8821

Catocala semirelicta Grt.
Likenée du peuplier
Poplar underwing

3/4 8832

Catocala cara Gn
Likenée rouge du saule
Darling underwing

3/4 8833

Catocala concumbens Wlk.
Likenée rosée
Pink underwing

3/4 8857

Catocala ultronia (Hbn.)
Likenée du prunier
Plum tree underwing

3/4 8858

Catocala crataegi Saund.
Likenée de l'aubépine
Thorn underwing

3/4

3/4

3/4

8834

Catocala amatrix (Hbn.)
Likenée orangée du saule
The sweetheart

3/4 8864

Catocala grynea (Cram.)
Likenée verdâtre
Woody underwing

3/4 8867

Catocala blandula Hulst
Likenée gris-bleu
Gray-blue underwing

Sous-famille : *Plusiinae*

8897

Diachrysia balluca Gey.
Noctuelle aux miroirs verts
Green-patched looper

8907

Megalographa biloba (Steph.)
Noctuelle bilobé
Bilobed looper

8908

Autographa precationis (Gn.)
Autographe commun
Common looper

8911

Autographa bimaculata (Steph.)
Autographe bimaculé
Two-spotted looper

8912

Autographa mappa (G.& R.)
Autographe carte
Mapped looper

8916

Autographa flagellum (Wlk.)
Autographe sinué
Sinuated looper

8923

Autographa ampla (Wlk.)
Autographe ample
Large looper moth

8926

Syngrapha octoscripta (Grt.)
Syngraphe huit
Silver-eight looper-moth

8941

Syngrapha cryptica
Eich.& Cunn.

8942

Syngrapha rectangula (W. Kby)
Autographe à rectangle
Angulated cutworm

8950

Plusia putnami Grt.
Noctuelle de Putnam
Putnam's looper

8952

Plusia contexta Grt.
Connected looper

8953

Plusia venusta Wlk.
Thin-streaked looper moth

Sous-famille : *Acontiinae*

9065

Leuconycta diphteroides (Gn.)
Green leuconycta

9066

Leuconycta lepidula (Grt.)
Marbled-green leuconycta

Sous-famille : *Pantheinae*

9177

Panthea acronyctoides (Wlk.)
Noctuelle marbrée de l'épinette
Tufted spruce caterpillar moth

9182

Panthea furcilla (Pack.)

9184

Colocasia flavicornis (Sm.)

9189

Charadra deridens (Gn.)

9193

Raphia frater Grt.
The brother

Sous-famille : *Acronictinae*

Acronicta americana (Harr.)
Acronicte d'Amérique
American dagger moth

9200

9203

Acronicta dactylina Grt.
Acronicte de l'aulne
Fingered dagger moth

9206

Acronicta vulpina (Grt.)
Millar dagger moth

9207

Acronicta innitata (Gn.)
Acronicte du bouleau
Birch dagger moth

9211

Acronicta tritona (Hbn.)

9224

Acronicta quadrata Grt

9226

Acronicta superans Gn.
Splendid dagger moth

9229

Acronicta hasta Gn.
Speared dagger moth

9235

Acronicta spinigera Gn.

9236

Acronicta morula G. & R.
Acronicte muriforme
Elm dagger moth

9249

Acronicta increta Morr.

9261

Acronicta impressa Wlk.
Acronicte impressionnée
Willow dagger moth

9281

Agriopodes fallax (H.-S.)
Merveille verte
Green marvel

9286

Harrisimemna trisignata (Wlk.)
Noctuelle trois taches
Harris's three spot

Sous-famille : *Agaristinae*

9299

Eudryas unio (Hbn.)
Agaristine à bande courbe
Pearly wood nymph

9301

Eudryas grata (F.)
Agaristine à bande droite
Beautiful wood nymph

chenille
(larve)

9314

Alypia octomaculata (F.)
Alypie à huit points
Eight-spotted forester

9318

Alypia langtoni Couper
Alypie de Langton
Fireweed caterpillar

Sous-famille : *Amphipyrinae*

9326

Apamea verbascoides (Gn.)

9333

Apamea lignicolora (Gn.)
Wood colored apamea

9348

Apamea amputatrix (Fitch)
Ver-gris à tête jaune
Yellowheaded cutworm

9367

Apamea dubitans (Wlk.)
Doubtful apamea

9373

Apamea helva (Grt.)

9374

Apamea nivelvenosa (Grt.)

9456-9457

Genre : *Amphipoea* Bill.

9382

Apamea devastator (Brace)
Ver-gris vitreux
Glassy cutworm

9471

Papaipema arctivorens Hamp.

9525

Bellura obliqua (Wlk.)

9545

Euplexia benesimilis McD.

9546

Phlogophora iris Gn.
Olive angle shades

9547

Phlogophora periculosa Gn.
Brown angle shades

9548

Conservula anodonta (Gn.)

9549

Enargia decolor (Wlk.)
Noctuelle décolorée
Aspen twoleaf tier

9578

Hyppa xylinoides (Gn.)
Noctuelle des atocas
Cranberry cutworm

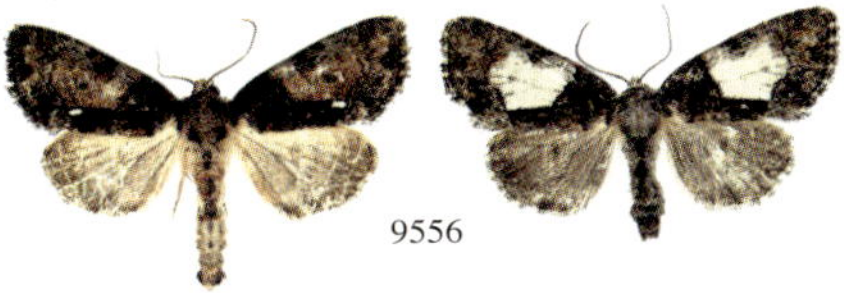

9556

Chytonix palliatricula (Gn.)
Cloaked marvel

9582

Nedra ramosula (Gn.)
The half-spot

9631

Callopistria mollissima (Gn.)

9633

Callopistria cordata (Ljungh)
Silver-spotted fern moth

9638

Amphipyra pyramidoides Gn.
Noctuelle cuivrée
Copper underwing

9917

Lithophane fagina Morr.
Gray pinion

9922

Lithophane pexata Grt.

9933

Eupsilia vinulenta (Grt.)
Straight-toothed sallow

9965

Xanthia tatago Laf. & Mik.
Xanthie jaune tachetée
Pinbarred sallow

10005

Ferralia jocosa (Gn.)
Jocose sallow

10008

Feralia comstocki Grt.
Comstocks sallow

10194

Cucullia intermedia Speyer
Intermediate cucullia

chenille (larve)

chrysalide

10202

Cucullia convexipennis G. & R.
Cuculie de l'aster
Brown-hooded owlet
or Aster cutworm

Sous-famille : *Hadeninae*

10276

Polia imbrifera (Gn.)
Cloudy arches

10280

Polia purpurissata (Grt.)

10292

Melanchra adjuncta (Gn.)
Hitched arches

10397

Lacinipolia renigera (Steph.)
Bristly cutworm

10431

Faronta diffusa (Wlk.)
Légionnaire des épis de blé
Wheat head armyworm

10436

Mythimna oxygala (Grt.)
Bog grass moth

10438

Pseudaletia unipuncta (Haw.)
Légionnaire unipunctuée
Armyworm

10462

Leucania pseudargyria Gn.

10490

Orthosia revicta (Morr.)
Subdued quaker

10520

Morrisonia evicta (Grt.)
Bicolored woodgrain

10524

Nephelodes minians Gn.
Noctuelle bronzée
Bronzed cutworm

Sous-famille : *Noctuinae*

10641

Agrotis vetusta (Wlk.)
Old man dart

10651

Agrotis venerabilis Wlk.
Venerable dart

10663

Agrotis ipsilon (Hufn.)
Ipsilon dart

10676

Feltia herilis (Grt.)
Master's dart

10680

Trichosilia geniculata (G.& R.)
Knee-joint dart

10801

Euxoa ochrogaster (Gn.)

10891

Ochropleura implecta Laf.

10925,1

Noctua pronuba (L.)
Fiancée
Large yellow underwing

10929

Eurois occulta (L.)
Great dart

10926

Spaelotis clandestina (Harr.)
le Ver-gris clandestin
Clandestine dart

10930

Eurois astricta (Morr.)

10942

Xestia c-nigrum (L.)
Papillon du Ver-gris tacheté
Spotted cutworm

11000

Anaplectoides prasina (D.&S.)
Noctuelle olive
Green arches

11012

Cryptocala acadiensis (Berth.)
Fausse-likénée d'Acadie

11164

Schinia florida (Gn.)
Noctuelle rose de l'onagre
Primrose moth

Ordre | *HYMENOPTERA* _17 777 spp (É-U+Can)

Les hyménoptères ont les ailes postérieures et antérieures liées entre elles par une rangée de petits crochets (les hamuli). Leurs pièces buccales sont de type broyeur-lécheur.

Sous-ordre | *SYMPHYTA*

Les symphytes ont l'abdomen fortement réuni au thorax alors que les apocrites ont le premier segment de l'abdomen très étroit.

FAMILLE *PAMPHILIIDAE* **Pamphiliidés** / Spinning sawflies

12 spp (É-U+Can)

La larve des pamphiliidés enroule le feuillage des plantes avec de la soie ; une fois cachée dans sa construction, elle mange les feuilles.

Cephalcia marginata Middk.
Pamphile-tisseuse du Pin rouge
Red pine web spinning sawfly

FAMILLE *SIRICIDAE* **Siricidés** / Horntails

19 spp (É-U+Can)

La larve des siricidés attaque le bois. L'ovipositeur de la femelle lui permet d'insérer ses œufs dans le bois ; c'est souvent lors de la ponte qu'on la capture. Le genre *Urocerus* s'attaque aux conifères alors que le Tremex pond dans le tronc des feuillus dont l'érable et le hêtre.

Il est fréquent de trouver l'adulte dans les fenêtres des sous-sols où le bois de chauffage est entreposé ; il peut aussi émerger du bois de construction non traité.

Sous-famille : *Siricinae*

Sirex cyaneus F.
Sirex bleu
Blue horntail

Urocerus albicornis (F.)
Urocère à cornes blanches
Black horntail sawfly

Urocerus cressoni Nort.
Urocère de Cresson
Black and red horntail sawfly

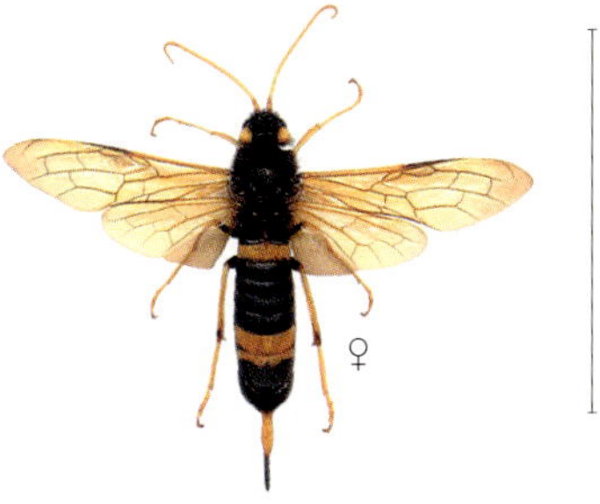

Urocerus gigas L.
Urocère à cornes jaunes
Banded horntail sawfly

Sous-famille : *Tremicinae*

♀

Tremex columba (L.)
Tremex
Pigeon tremex

FAMILLE *CIMBICIDAE* **Cimbicidés** / Giant sawflies

12 spp (É-U+Can)

La larve des cimbicidés mange des feuilles d'arbres. L'adulte a de fortes mandibules capables d'infliger une bonne morsure, et les antennes se terminent en massue. On capture l'adulte de la Tentrède de l'orme par temps ensoleillé surtout à partir de 11 h jusqu'à 14 h, du début de juin jusqu'à la fin du mois d'août. La couleur de l'abdomen est variable, mais il est facile de l'identifier à cause de sa forme. On trouve la larve surtout sur l'orme, mais aussi sur le bouleau, le peuplier et le saule.

larve

Cimbex americana Leach
Tenthrède de l'orme
Elm sawfly

cocon

Trichiosoma triangulum Kby
Tenthrède à tête blanche
Giant birch sawfly

Ordre | **HYMENOPTERA**
Sous-ordre | **SYMPHYTA**

FAMILLE DIPRIONIDAE

41 spp (É-U+Can)

Diprions, Porte-scie ou Mouches à scie / Conifer sawflies

ovipositeur en forme de scie

Une minuscule scie permet à la femelle des diprionidés de déposer ses œufs directement dans le tissu des végétaux ; l'observation de cet ovipositeur à l'aide d'une loupe binoculaire permet d'identifier l'espèce. Les antennes sont toujours composées de 13 articles ou plus, et elles peuvent être plumeuses chez le mâle. Certaines espèces causent des infestations en forêt.

larve

cocon

♂

♀

Diprion similis Hart
Diprion importé du pin
Introduced pine sawfly

FAMILLE TENTHREDINIDAE

371 spp (É-U+Can)

Tenthrèdes, Porte-scie ou Mouches à scie / Common sawflies

La femelle a un ovipositeur en forme de scie. Les antennes sont formées de 7 à 10 articles. Les tenthrédinidés peuvent être d'importants défoliateurs selon l'espèce.

larve

Pristiphora erichsonii Hart
Tenthrède du mélèze
Larch sawfly

FAMILLE VESPIDAE

78 spp (É-U+Can)

Après avoir hiverné dans le sol, la reine construit un nid dans les arbres, sur les bâtiments ou dans le sol. Le nid sera agrandi à mesure que le nombre d'ouvrières augmentera tout au long de l'été. C'est dans le nid à l'automne qu'aura lieu la fécondation des jeunes reines qui survivront à l'hiver suivant. La reine née l'année précédente ainsi que les mâles et les ouvrières de l'année en cours vont tous mourir à l'automne. La nourriture des guêpes est surtout constituée d'insectes vivants et de miellat des pucerons tombé sur le feuillage. Malgré que ces guêpes soient utiles, les nids construits près des habitations sont un risque sérieux pour la vie des personnes allergiques à leur piqûre. Chaque année, deux à huit Québécois meurent après avoir été piqués par une guêpe. Les nids les plus problématiques sont ceux cachés dans les haies ou les arbustes ; on les trouve parfois lors de la taille des branches ou lorsqu'un ballon s'engouffre accidentellement dans le buisson…

Sous-famille : *Eumeninae* | **Guêpes potières** / Potter wasps

Ancistrocerus antilope Panz.

Sous-famille : *Vespinae* | **Guêpes** / Hornets and yellow jackets

larves dans les alvéoles du nid

La Guêpe parasite n'a pas d'ouvrière, car la reine pond dans le nid d'une autre espèce après y avoir tué la reine ; ce sont les ouvrières du nid parasité qui s'occuperont des larves. Ce type de comportement porte le nom de parasitisme social obligatoire ; la reine est incapable de construire son propre nid. Il existe des espèces dont la femelle fabrique un nid de façon facultative ; si l'occasion se présente, elle ira pondre dans un autre nid, c'est le parasitisme social facultatif.

Dolichovespula arctica Roh.
Guêpe parasite

Dolichovespula arenaria F.
Guêpe jaune
Aerial yellow jacket wasp

Dolichovespula maculata L.
Guêpe à taches blanches
Bald-faced hornet

Dolichovespula norvegicoides Slad.

Vespula acadica Slad.
Guêpe forestière
Forest yellowjacket

♂

♀

Vespula consobrina Saus.
Guêpe cousine

ouvrière

Vespula germanica (F.)
Guêpe germanique
German Yellowjacket

♂ ♀

Vespula maculifrons Buys.
Guêpe de l'Est

♂ ♀

Vespula vulgaris L.
Guêpe commune

FAMILLE *FORMICIDAE* **Fourmis** / Ants

696 spp (É-U+Can)

La nourriture des fourmis se constitue surtout de miellat, de nectar et d'insectes morts ou vivants. Les fourmis vivent en société de quelques dizaines, centaines ou milliers d'individus. L'accouplement se produit parfois en vol ; des milliers de reines et de mâles d'une même espèce peuvent alors s'envoler en même temps. Le vol nuptial se produit à la fin du mois d'août en fin d'après-midi chez une espèce commune du genre *Lasius*. Chaque reine ira ensuite constituer une nouvelle colonie. Lorsque l'emplacement du futur nid sera trouvé, la reine se coupera les ailes.

Les fourmis noires qui construisent de gros nids dans le gazon appartiennent au genre *Formica* alors que les fourmis charpentières construisent plutôt leur nid dans le bois pourri. La présence de *Camponotus* dans une maison peut donc être un mauvais signe de l'état de sa structure, mais, le plus souvent, elles sont introduites par le bois de chauffage. La présence de gros arbres malades très près de la maison explique parfois leur venue inopinée dans la maison ; il faut alors les observer afin de trouver par où elles entrent. La petite fourmi rouge qui creuse ses galeries autour des trottoirs et des pavés appartient au genre *Lasius*. La présence occasionnelle de fourmis dans la maison est souvent reliée à l'arrivée récente d'un bouquet de fleurs qui n'aurait pas été secoué avant d'entrer.

Genre : *Myrmica*

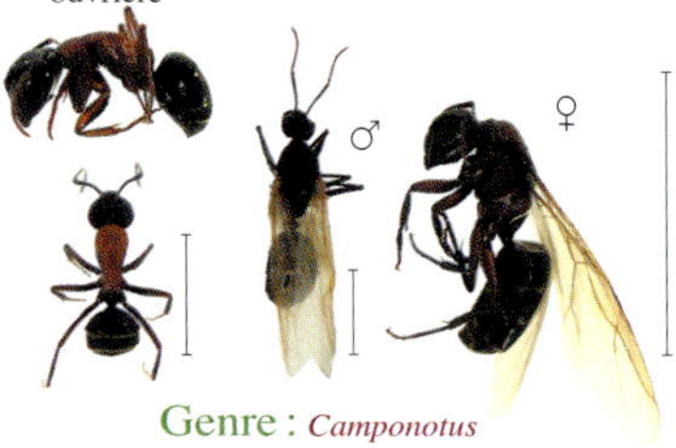

Genre : *Camponotus*

Genre : *Lasius*

Genre : *Formica*

FAMILLE *SPHECIDAE* **Guêpes fouisseuses** / Sphecid wasps

1139 spp (É-U+Can)

Ces guêpes solitaires capturent des araignées ou des insectes (souvent des chenilles) et les transportent dans une cellule faite de salive et de boue dans le sol ou, selon l'espèce, suspendue à un objet. Lorsqu'une proie a été paralysée par le venin, la guêpe la transporte vers la cellule qui servira de garde-manger aux larves. Celles-ci vont dévorer les proies vivantes; la paralysie des proies est permanente.

alvéoles de boue séchée
contenant larves et araignées

Chalybion californicum Saus.
Potière bleue
Blue mud wasp

Sphex ichneumoneus (L.)
Grand sphex doré
Great golden digger wasp

Le Grand sphex noir est un redoutable prédateur qui paralyse les sauterelles pour les donner à ses larves dans le nid souterrain.

Sphex pennsylvanicus L.
Grand sphex noir
Great black wasp

FAMILLE *MEGACHILIDAE* 682 spp (É-U+Can)

Abeilles mégachiles / Leaf-cutting bees and Mason bees

Ces abeilles solitaires découpent des morceaux de feuilles pour la construction du nid; celui-ci sera situé dans le sol, dans les interstices d'un morceau de bois ou dans toutes autres cavités naturelles. Elles ne transportent pas le pollen sur les pattes arrières comme le font les bourdons et l'Abeille domestique; c'est plutôt sous l'abdomen que l'Abeille mégachile accumule le pollen. Elle frotte ses brosses ventrales sur les fleurs pour capter le pollen et l'amener au nid; il constituera une bonne source de protéine pour les larves qui passeront l'hiver au stade larvaire.

nid d'une abeille mégachile

Coelioxys rufitarsus Smith

Megachile latimanus Say

Megachile melanophaea Sm.

FAMILLE *APIDAE*

57 spp (É-U+Can)

Sous-famille : *Bombinae*

Bourdons / Bumblebees or Humblebees_20 spp (Qc)

Les bourdons sont d'importants pollinisateurs ; ils sont très utiles à l'agriculture et à l'horticulture. À l'automne, le mâle et la reine s'accouplent ; la reine se cache ensuite dans le sol pour passer l'hiver, alors que le mâle et les ouvrières meurent avant l'hiver. Au printemps, la reine émerge du sol et se cherche un endroit pour faire son nid ; elle choisit souvent un vieux nid de souris sur le sol ou dans la terre, parfois une cabane d'oiseaux ou une cavité dans le mur d'une maison. La reine nourrit les petites larves avec un mélange de miel et de pollen. Les larves nées à l'été deviendront des ouvrières infertiles qui participeront à la collecte du nectar et du pollen pour nourrir les larves dans le nid ; elles participeront aussi à la construction du nid. C'est seulement à la fin de l'été que naîtront les bourdons fertiles et les jeunes reines. La taille des bourdons est très variable ; il faut surtout s'attarder à la couleur des soies et à la présence ou non de la corbeille à pollen.

Bombus borealis Kby.
Bourdon boréal

Bombus fervidus (F.)
Bourdon agité

Bombus frigidus Smith
Bourdon lent

Bombus griseocollis DeG.

Bombus impatiens Cres.
Bourdon fébrile

Bombus perplexus Cres.

Bombus rufocinctus Cres.

Bombus sandersonii Flkn.

Bombus ternarius Say
Bourdon tricolore

boule de pollen
fixée à la corbeille

Bombus terricola Kby.
Bourdon terricole

Bombus vagans Smith
Bourdon errant

Les espèces du genre *Psithyrus* sont des parasites obligatoires des *Bombus*. Les *Psithyrus* n'ont pas d'ouvrière pour s'occuper de leurs larves puisque la reine pond dans le nid des *Bombus*. Une autre caractéristique de ces parasites est l'absence de la corbeille à pollen sur les pattes arrières. Lorsque le Bourdon usurpateur (*Psithyrus citrinus*) s'introduit dans le nid d'un *Bombus*, il s'approprie du nid en tuant la reine à l'aide de son dard.

Psithyrus ashtoni Cres.
Bourdon d'Ashton

dard

Psithyrus citrinus Smith
Bourdon usurpateur
Usurper bee

Psithyrus fernaldae Frank.

Psithyrus insularis Smith

Sous-famille : *Apinae* | **Abeilles**

C'est l'Abeille domestique qui produit le miel utilisé pour la consommation humaine. On exploite aussi la ruche de l'abeille domestique pour les boulettes de pollen, la cire et la gelée royale.

alvéoles de cire servant à emmagasiner le miel

corbeille à pollen

ouvrière

faux-bourdon

♂

reine

♀

Apis mellifera L.
Abeille domestique
Honey bee

FAMILLE *BRACONIDAE* **Braconidés**

2350 spp (É-U+Can)

La grande famille des braconidés joue un rôle important dans le contrôle des populations d'insectes ; les larves de lépidoptères en sont particulièrement parasitées.

Sous-famille : *Braconinae*

Bracon rhyacioninae Mues

Sous-famille : *Ichneumoninae*

Ichneumon feralis Cres.

Protichneumon grandis Brul.

La chenille du Papillon du céleri est souvent parasitée par *Trogus pennator* F.

Trogus pennator F.
Trogue du Papilio
Swallowtail killer

Genre : *Ophion* F.

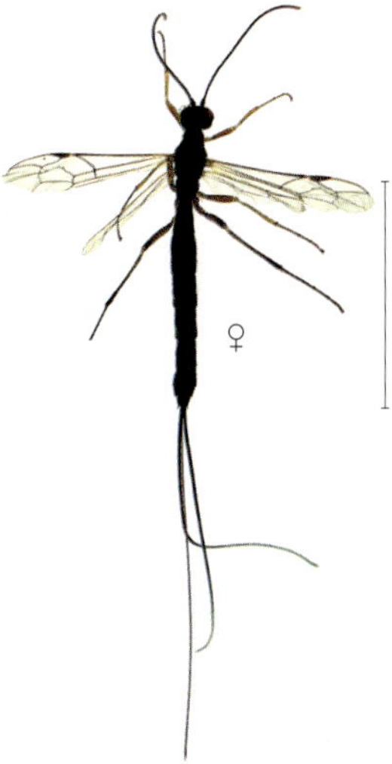

Genre : *Dolichomitus* Smith

Exeristes comstockii Cress.

Pimpla pedalis Cres.

FAMILLE *ICHNEUMONIDAE* **Ichneumonidés** / Ichneumonids

8000 spp (É-U+Can)

Ce groupe de parasites s'attaque à un grand nombre d'insectes. Les rhysses plantent leur ovipositeur dans les arbres infestés de larves de ciricidés. Ils déposent leurs œufs dans les tunnels ; les larves des rhysses pénètreront par les orifices buccaux et respiratoires des ciricidés.

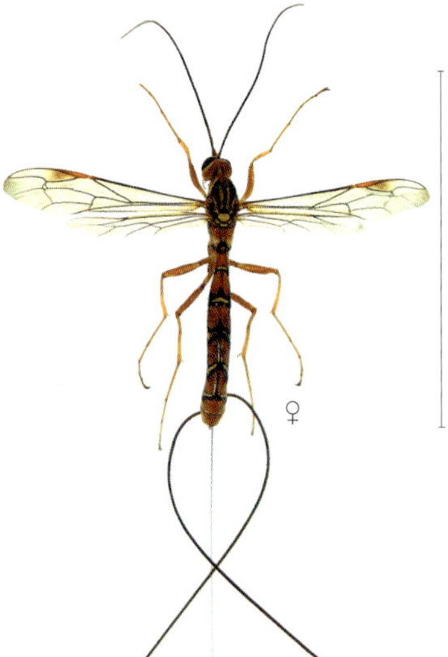

Megarhyssa macrurus lunator Say
Rhysse cannelle
Brown giant ichneumon

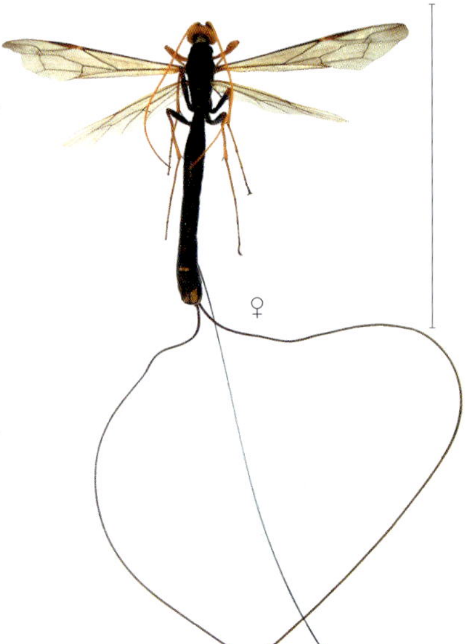

Megarhyssa atrata lineata Drury
Rhysse noirâtre
Black giant ichneumon

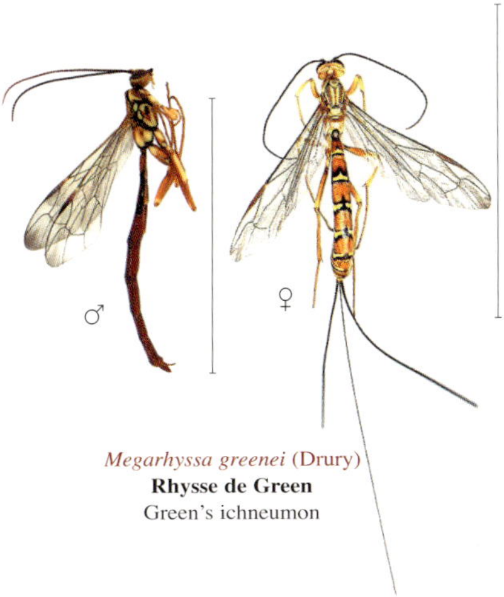

Megarhyssa greenei (Drury)
Rhysse de Green
Green's ichneumon

Rhyssa crevieri (Prov.)
Rhysse de Crevier
Crevier's ichneumon

FAMILLE *CYNIPIDAE*

636 spp (É-U+Can)

Sous-famille : *Cynipinae* | **Cynipides ou Cynips** / Gall wasps

La larve de plusieurs cynipidés parasite des pupes de diptères ou d'hyménoptères. Les espèces les plus communes appartiennent à la sous-famille des cynipinés ; ces petits hyménoptères produisent une tumeur sur les tiges ou les feuilles de leur plante hôte spécifique. Les tiges des framboisiers, des ronces et des rosiers sont particulièrement susceptibles d'être atteintes ainsi que les feuilles des chênes.

Diastrophus turgidus Bass.

FAMILLE *PELECINIDAE*

1 sp (É-U+Can)

Le Pélécinide est un parasite de la larve du hanneton ; il est commun dans l'herbe en août et en septembre. L'abdomen du mâle ne mesure que le tiers de celui de la femelle.

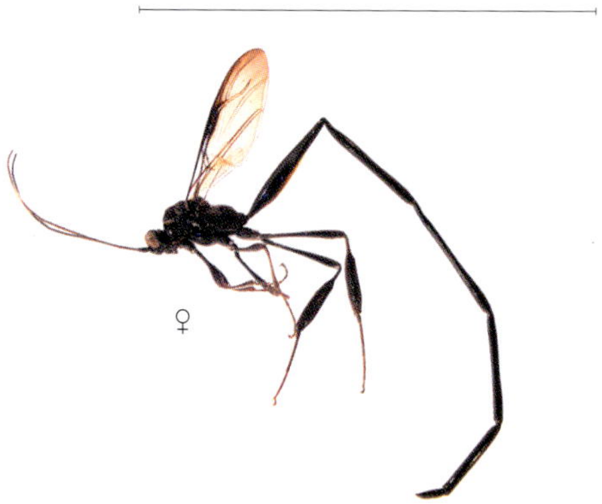

♀

Pelecinus polyturator (Drury)
Pélécinide
Pelecinid

LA CHASSE AUX LUMIÈRES

Par André BEAUDOIN et Yves DUBUC

Lumières fatales

Tout le monde a sûrement eu l'occasion, au moins une fois dans sa vie, d'observer différents insectes tournoyer autour d'une lumière ou d'une flamme jusqu'à ce que l'insecte s'y brûle les ailes ! Ce comportement peut sembler stupide à nos yeux, mais mettons-nous un instant à la place d'un papillon... Pendant des millions d'années, les papillons nocturnes n'ont eu d'autres sources lumineuses que celles fournies essentiellement par la Lune et les étoiles. L'homme est apparu et, progressivement, la nuit est devenue de moins en moins noire à cause de l'éclairage artificiel.

Avant l'arrivée de toute cette lumière, les papillons se servaient de la Lune comme point de repère en gardant un angle constant entre la direction de leur vol et la position de celle-ci. Maintenant, lorsqu'un papillon vole et qu'il se sert d'une lumière artificielle pour se guider, comme elle ne se situe pas très loin contrairement à la Lune, il va tourner en spirale autour de cette source jusqu'à l'atteindre ; il est génétiquement programmé pour voler avec un angle constant par rapport à cette lumière. Son système habituel de navigation est en quelque sorte déjoué.

Les papillons sont donc déviés par la lumière blanche, mais surtout par l'ultraviolet (UV) qu'ils peuvent voir, contrairement à nous pour qui ce type de lumière est invisible (d'où le nom de lumière noire ou black-light). Après avoir tourné autour de la lumière, le papillon va souvent se poser proche d'elle. Autre comportement qui peut sembler bizarre... Probablement que son système visuel est saturé de lumière comme en plein jour ce qui commande le comportement de repos.

Les lumières de nos villes et de nos campagnes

Il y a beaucoup de lumières dans nos villes et villages pour éclairer les commerces et les industries ; il suffit de les visiter le soir ou la nuit pour attraper beaucoup d'insectes de façon économique et avec efficacité.

Les lumières les plus performantes sont celles qui émettent de la lumière blanche et de l'ultraviolet (UV). C'est le cas des lampes à vapeur de mercure de forme allongée ayant un renflement. Autrefois, elles étaient couramment utilisées pour les lampadaires le long des chemins de campagne, mais elles ont été remplacées par les lampes au sodium qui émettent une lumière jaune peu visible pour les insectes.

L'endroit où est localisée la lampe a son importance. Si l'éclairage est sur un mur, il faut rechercher ceux qui sont réfléchissants, donc de couleur claire, avec une texture qui permet aux papillons de s'y poser. Il faut donc privilégier les murs clairs faits de briques, pierres, agrégats, bois… Les revêtements lisses comme le verre, le métal ou le vinyle sont moins efficaces ; ils offrent peu de prises aux pattes des insectes.

Avec ces caractéristiques en tête, il ne vous reste plus qu'à sélectionner des bâtiments éclairés de quartiers industriels ou commerciaux et de les visiter le soir venu aux heures durant lesquelles les insectes que vous recherchez sont actifs. Bien entendu, il n'est pas question de sauter des clôtures ou d'approcher des bâtiments ayant des panneaux d'avertissement de chien méchant, par exemple ! Il est de mise d'obtenir la permission du propriétaire.

On peut se constituer un circuit en voiture ou à vélo pour visiter plusieurs sites éclairés et ainsi attraper de nombreux insectes. Il y a cependant des inconvénients à utiliser cette méthode ; premièrement, les lumières sont souvent hors de portée d'un filet habituel. Prévoyez le coup, il faut avoir un filet télescopique ! N'oubliez pas que cette chasse se pratique le soir ou durant la nuit dans des quartiers souvent déserts ; il est recommandé de pratiquer ce type de chasse à 2 personnes ou davantage.

Les pièges lumineux portatifs

L'entomologiste passionné utilise des sources lumineuses portatives ; il ne faut pas oublier que ce que vous attrapez à la lumière dépend beaucoup de la qualité de l'environnement entourant cette lumière. Comme les habitats sont relativement pauvres en ville, il faudra s'en éloigner pour trouver de la diversité. Le tableau I recense les principales sources de lumières utilisées par les amateurs.

Tableau I

Sources lumineuses portatives usuelles pour les entomologistes amateurs

Type de source lumineuse	Puissance (Watt)	Type de courant électrique	Fournisseurs	Coût	Avantages	Désavantages
Ampoule noire à UV	75 W	110 V CA	Quincaillerie	5 $	Peu chère, utile dans la cour	Moins efficace et doit être utilisée avec une autre lumière.
Néon bleu à UV	15-20 W	12 V CC	Bioquip	80-120 $	Efficace, portable	Relativement cher
Lampe à vapeur de mercure	160 W	110 V CA	Spécialistes en éclairage	40-50 $	Efficace, lumière brillante pour bien voir	Nécessite 110 V ; chaude et attention à la pluie ; coût de l'ampoule

L'AMPOULE DE LUMIÈRE NOIRE (BLACK LIGHT BLACK OU BLB)

C'est la solution la plus économique. Il s'agit d'acheter une ampoule noire de 75 watts pour quelques dollars dans toute grande quincaillerie et la mettre dans une douille avec une rallonge assez longue afin de brancher le tout dans votre cour, par exemple, ou simplement sur le mur de la maison. Cependant, le désavantage est qu'on n'y voit pas grand chose même si la source est relativement forte en rayons UV. Assurez-vous d'avoir une autre source de lumière incandescente autour et évitez de rester à moins de 50 cm de la lumière noire; ne la regardez pas directement puisque les forts rayons UV sont associés au cancer. Il est préférable de porter des lunettes anti-UV.

LE NÉON ULTRAVIOLET BLEU (BLACK LIGHT OU BL)

Ce tube néon est blanc lorsqu'il est éteint et bleu, une fois allumé; sa puissance peut être de 15 ou 20 watts et même plus. C'est de loin la source la plus efficace pour attirer les insectes par rapport à sa consommation d'énergie. Il fonctionne à l'aide d'un transformateur, et le tout se branche sur une batterie de 12 V. Il émet beaucoup d'ultraviolets ainsi qu'une belle lumière bleue claire permettant de voir ce qui se passe autour du piège lumineux. C'est le dispositif le plus utilisé par les entomologistes amateurs. La compagnie Bioquip en vend aux États-Unis, ils sont montés et prêts à fonctionner pour un montant d'environ 80 $.

Il y a moyen de se fabriquer un tel piège lumineux (fig. 1, page suivante) pour environ 65 $. Il faudra se procurer un tube F20T12BL au prix de 25 $ chez un spécialiste d'éclairage industriel (la longueur du tube est de 60 cm). Il sera branché sur un circuit UK162 (fig. 2, page suivante) de Canakit vendu en pièces (24 $ pour les bricoleurs) ou déjà monté (30 $); ce circuit est disponible chez les distributeurs de pièces électroniques. S'il n'y a pas de distributeur dans votre région, commandez à partir de **kanakit.com** à l'aide d'une carte de crédit.

Vous aurez aussi besoin d'une diode IN5400 pour protéger le circuit contre les erreurs de branchement entre le positif et le négatif de la source de 12 volts. On trouve cette diode en paquet de 10 pour environ 2 $ chez les distributeurs de pièces électroniques; attention de respecter la polarité de la diode (bout gris vers le circuit). Le circuit tiendra dans un boîtier en plastique (5 $) de 4 x 6,5 x 12 cm disponible aussi chez les distributeurs de pièces électroniques. Les fils entre la batterie et le circuit peuvent mesurer 2,5 mètres ; ils seront terminés par des pinces de type crocodile à 2 $ l'unité. Les fils du tube fluorescent peuvent mesurer respectivement 60, 60, et 120 cm ; le plus long des trois longera le tube. Tous les fils doivent être soudés, et les bouts du tube seront enveloppés de ruban électrique pour éviter les chocs électriques du haut-voltage ; ce n'est pas grave comme choc, mais ça fait mal !

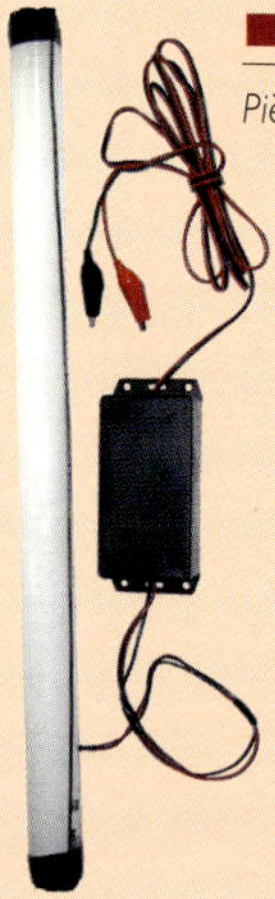

Figure 1

Piège lumineux 20 watts.

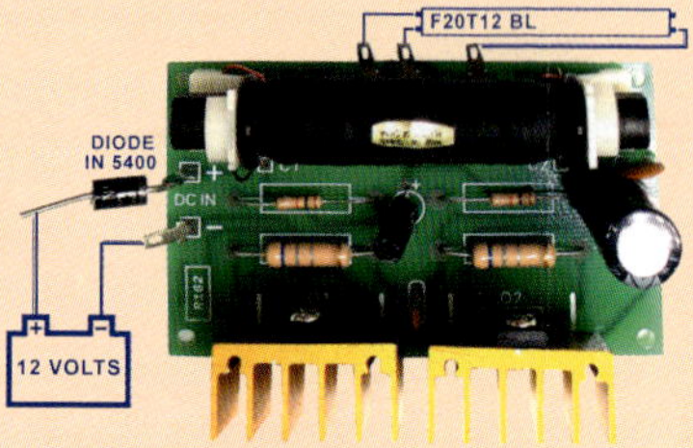

Figure 2

Circuit UK 162 de Kanakit dans un schéma de montage de piège lumineux de 20 watts.

La lampe au mercure

La lampe au mercure est très efficace, car elle émet une forte lumière blanche avec beaucoup de UV, ce qui ajoute un pouvoir attractif additionnel et permet de bien voir l'activité des insectes autour de la lumière. Il faut acheter cette lampe chez un fournisseur spécialisé en éclairage ; les quincailleries ne vendent pas de lampe avec ballast. La lampe au mercure est fragile et devient très chaude ; l'enveloppe de verre peut craquer s'il pleut dessus, il faut donc la protéger en cas d'intempéries. Il est aussi recommandé de changer de lampe après 3 ans d'usage, car l'émission des UV diminue avec le temps.

ATTENTION : tout comme dans le cas d'une exposition prolongée au soleil, il est conseillé de porter des lunettes filtrant les UV si l'on utilise souvent les sources lumineuses ultraviolettes ou, sinon, il ne faut pas fixer trop longtemps avec les yeux ce type de lumière.

Les sources de courant

Différentes sources existent pour alimenter votre néon UV ou lampe à mercure, avec leurs avantages et désavantages, tel que décrit au Tableau 2.

Tableau 2

Sources de courant pour alimenter les sources lumineuses

Courant électrique nécessaire	Sources et accessoires	Coût approximatif
12 V CC (néon UV)	Allume-cigarette voiture + rallonge Bloc d'alimentation rechargeable	10 $ 50-60 $
110 V CA (lampe mercure)	Courant domestique + rallonge Convertisseur 12 V CC- 110 V CA pour batterie de voiture (onduleur) Mini-génératrice	5-10 $ 50-70 $ 400-600 $

Si vous ne voulez pas investir de l'argent dans une source portative, le néon UV (avec transformateur adapté) ou la lampe à mercure peuvent être alimentés à partir d'une prise murale extérieure de votre maison ; vous n'aurez accès qu'à l'environnement immédiat de votre maison ou de votre chalet. Afin d'aller dans d'autres milieux sans investir beaucoup d'argent, vous pouvez utiliser la voiture. Il suffit de brancher votre néon UV sur la batterie via l'allume-cigarette moyennant une prise adaptée et une rallonge suffisante ; ce montage permet d'atteindre un environnement intéressant le long d'un chemin. La lampe au mercure peut même être alimentée par votre batterie de voiture pour autant que vous vous procuriez un convertisseur de courant 12 V CC-110 V CA pour quelques dizaines de dollars. Cependant, dans ce dernier cas, il faut laisser tourner le moteur de la voiture sinon la batterie de la voiture se décharge très rapidement.

L'idéal est d'avoir une source permettant d'aller n'importe où. Le bloc d'alimentation portatif rechargeable, que l'on trouve par exemple chez Canadian Tire, alimente un néon UV 20 W pendant 4 à 5 heures ; au retour, il s'agit simplement de le brancher dans une prise murale pour le recharger. Dans tous les cas, faites attention d'acheter quelque chose de léger et petit, car il faut transporter le tout dans le bois avec le reste de l'équipement !

Pour alimenter leur lampe à mercure, les vrais maniaques investiront quelques centaines de dollars dans une mini-génératrice à essence ; cet appareil est plus ou moins commode à transporter dans le bois.

Montage du dispositif

Il faut monter ces sources de lumières portatives devant une surface qui réfléchit la lumière et sur laquelle les insectes peuvent se poser. La technique habituelle est de tendre une pièce de tissu résistante et semi-transparente, telle de la doublure à manteau en nylon. En général, on tend une corde entre deux arbres à environ deux mètres du sol, et on épingle le drap sur cette corde. Une autre corde est alors tendue devant la première corde à environ 30 cm ; on y suspend la lumière de façon à ce qu'elle éclaire bien le drap. Attention, il ne faut pas mettre la lampe au mercure trop proche du tissu.

Il faut tendre le drap verticalement pour éviter que le vent ne le déplace ; pour cela, on dépose des pierres sur le drap. L'excédent de tissu au sol forme un angle de 90 degrés et permet aux insectes de s'y poser sans qu'on les perde dans la végétation.

On monte ce dispositif typiquement au travers d'un sentier ou d'un chemin dans le bois, en bordure d'une clairière ou d'une tourbière.

Des chasses lumineuses pleines de surprises et de plaisir !

La chasse ou l'observation d'insectes au piège lumineux vous procurera des heures de plaisir et parfois des surprises, c'est garanti. L'investissement initial autour de 100 $ à 150 $ en vaut la chandelle si vous êtes le moindrement mordu par cette activité merveilleuse.

Nous avons connu des soirées de chasse au piège lumineux où il y avait tellement d'insectes qu'il était pratiquement impossible de respirer ou de garder les yeux ouverts proches du piège pour les ramasser, surtout vers la fin juin où l'on observe une diversité maximale d'espèces en grande quantité ! Avant un gros orage où le temps est lourd et sans vent, les chances sont bonnes pour que les insectes soient très actifs. Parfois, il y a des nuits décevantes, mais, en général, il est rare qu'il ne se passe rien. Les meilleurs moments pour la chasse aux lumières sont les soirées humides, nuageuses avec peu de vent et une absence de Lune. Pour optimiser les chasses, on peut se faire un calendrier des jours de l'été où la Lune n'est pas pleine (disons en dehors des périodes de demie à pleine Lune) ou bien lorsqu'elle n'est pas levée entre le début et la fin de soirée.

LA MIELLÉE

Par Michel COULOMBE

Tout bon chasseur d'insectes doit savoir préparer une bonne recette de miellée s'il veut augmenter ses chances de faire des captures exceptionnelles, car plusieurs papillons nocturnes sont plus attirés par un appât sucré, salé et acide que par la lumière (fig. 1). Il faut comprendre que la nature fournit elle-même des sources variées de nourriture dont profitent les insectes ; le collectionneur astucieux a intérêt à imiter la nature s'il veut avoir dans sa collection une diversité représentative de l'habitat. Dans l'environnement, les insectes se nourrissent entre autres de sève, de nectar, de fruits pourris, d'urine et même du liquide des animaux en décomposition.

La recette miracle n'existe pas, mais tous les chasseurs que j'ai interrogés sur le sujet m'ont donné leurs trucs. À partir de leurs idées, j'ai créé mon propre mélange. Voici donc une recette qui a fait ses preuves et que j'utilise couramment :

Les ingrédients

- *sucre blanc ou cassonade*
- *bière brune (forte en alcool)*
- *vinaigre balsamique*
- *mélasse*
- *banane très mûre (écrasée) ou pommes pourries*
- *sauce soya*
- *Gatorade (ou autre boisson du genre)*

Le mélange

Dans un gros chaudron, on ajoute à parts égales sucre, mélasse, bière brune ainsi que la banane et quelques gouttes de sauce soya et environ $^1/_4$ de tasse de vinaigre balsamique. Le Gatorade est facultatif, mais, selon certains collectionneurs, les sels et le sucre de cette boisson seraient appréciés par les femelles papillons pour nourrir les œufs qu'elles portent en elles. Faire chauffer en portant à ébullition, laisser bouillir 10 minutes à feu doux en brassant constamment, laisser refroidir légèrement, puis ajouter encore un peu de bière pour augmenter la teneur en alcool. Attention, car la levure présente dans la bière et les fruits en décomposition peut produire une fermentation capable de faire exploser le contenant de miellée ; il ne faut jamais laisser ce mélange dans un pot fermé hermétiquement.

L'APPLICATION

La technique consiste à badigeonner la miellée encore tiède sur le tronc des arbres à surface rugueuse à la hauteur des épaules et sur les feuilles basses de l'arbre avec un pinceau d'une largeur de 4 à 6 cm. Le plus simple, c'est de choisir un sentier bien dégagé et d'étendre la miellée sur les arbres au début du sentier à la tombée du jour. Surtout, n'oubliez pas d'apporter une serviette humide, car vos doigts pourraient être collés.

LA RÉCOLTE

Muni d'une lampe frontale, on s'approche des arbres en s'assurant de faire le moins de bruit possible, car les noctuelles sont sensibles aux ultrasons que produisent nos mouvements ; il faut éviter d'éclairer directement la miellée, car certains papillons semblent craindre la lumière forte. Pour attraper les papillons qui s'alimentent à la miellée, on place notre filet ou pot de capture sous le papillon et on l'effleure légèrement pour qu'il se laisse tomber vers l'arrière avant de prendre son envol.

Les ingrédients de la recette de miellée peuvent être changés selon ce que vous avez dans votre garde-manger. Après plusieurs tentatives, vous trouverez votre propre recette qui sera peut-être miraculeuse. Même si la miellée ne donne pas de bons résultats, il ne faut pas se décourager. Le fait d'en appliquer une fois par semaine dans le même boisé pendant tout l'été augmentera le nombre d'espèces et de spécimens l'année suivante. En offrant une bonne source de nourriture aux papillons, il y aura plus de femelles qui pondront dans les parages. Bonne chasse !

Photo : André Beaudoin

Figure 1

Un spécimen de la Likenée rosée sur de la miellée.

L'ÉLEVAGE DES GRANDS SATURNIDÉS

Par Christian GUAY et Mélanie MORIN

Avant de commencer un élevage de saturnidés, il faut savoir que l'élevage de ces chenilles demande des soins quasi quotidiens, et ce, du mois de juin au mois de septembre.

Pour débuter, on peut se procurer des œufs ou des chenilles en trouvant un fournisseur sur Internet. Certains forums de discussion tels celui de l'Association des entomologistes amateurs du Québec (AEAQ) sont de bons outils de recherche et d'échange. Sinon, on doit attraper une femelle aux lumières et la mettre dans un petit sac de papier pour qu'elle y ponde. En général, lorsqu'une femelle vole, elle est déjà accouplée. Il est aussi possible, avec de la chance, de trouver des chenilles en nature sur le feuillage des plantes hôtes de l'espèce recherchée, mais elles sont souvent parasitées par des diptères ou des hyménoptères.

Lorsque les chenilles émergent des œufs, on peut commencer l'élevage. Il existe deux manières de faire l'élevage des saturnidés : l'élevage en manchon ou l'élevage en vivarium. La première manière consiste en une grosse poche de tissu ou de moustiquaire recouvrant une branche de la plante hôte dans laquelle les chenilles sont disposées. Cette poche doit laisser passer la lumière, tout en étant assez fine pour empêcher les parasites de traverser. On doit prévoir un dispositif pour ouvrir et fermer le manchon facilement, car un changement de localisation est nécessaire lorsque les chenilles ont mangé tout le feuillage ; une bande de velcro fait l'affaire. Une fois le manchon bien installé, on peut y insérer les chenilles en s'assurant qu'il n'y ait aucune ouverture par lesquelles les chenilles pourraient sortir. Il faudra vérifier régulièrement le manchon pour s'assurer qu'il y a du feuillage et pour ramasser les chrysalides le moment venu.

La deuxième méthode d'élevage, le vivarium, demande beaucoup plus de soins et d'énergie. On coupe des branches de la plante hôte que l'on dispose dans le vivarium avec les chenilles. Le feuillage doit être changé tous les jours, car il sèche très rapidement. De plus, un arrosage régulier est requis, à l'aide d'un pulvérisateur, pour que les chenilles puissent s'abreuver. Pour prévenir les risques de maladies, il est important de bien nettoyer le vivarium chaque jour. Il est déconseillé de mettre beaucoup de chenilles ensemble dans le même espace, car la plupart des chenilles de saturnidés sont solitaires. Si on est un peu bricoleur, il est possible de fabriquer un vivarium plus élaboré qui réduit le nombre de fois où le feuillage doit être changé. Cela peut consister en une boîte en bois de la grosseur désirée avec une porte moustiquaire ou autre. On perfore le fond de la boîte pour y insérer des branches, le pied de celles-ci trempant dans une chaudière d'eau.

Il est très important de réduire le nombre de manipulations des chenilles avec nos mains pour permettre leur bon développement. Dans ce sens, il est possible de se servir d'un sécateur pour couper le bout de branche où repose la chenille pour ensuite la remettre dans le vivarium.

Malgré tous les bons soins apportés à l'élevage, certaines larves vont mourir avant la formation de leur chrysalide, dont certaines ne s'ouvriront jamais.

Quand les chenilles atteignent le stade de chrysalide, il est important de les disposer dans un endroit frais pour qu'elles puissent effectuer leur diapause. L'idéal est de les mettre dehors pour la saison hivernale dans un endroit qui respecte les limites physiologiques de l'espèce ; si la chenille fait normalement son cocon sur le sol, c'est pour éviter les grands froids ; si elle fait son cocon dans les branches, c'est qu'elle peut résister aux grands froids. L'hivernage des chrysalides permet de suivre le cycle de vie normal de l'espèce, surtout si l'on veut continuer l'élevage l'année suivante.

Si l'on désire seulement avoir un spécimen adulte en excellent état, il est possible de mettre les chrysalides au réfrigérateur pour quelques mois. En janvier, on les placera à température ambiante pour stimuler l'éclosion. Un délai de 4 à 8 semaines est à prévoir pour l'éclosion du papillon. Il arrive même parfois que le délai se prolonge encore de quelques semaines.

L'élevage est un passe-temps exigeant, mais très stimulant lorsque l'on obtient de bons résultats. Nous espérons que les conseils des passionnés que nous sommes vous motiveront à tenter l'expérience !

LA CONFECTION D'UNE PAPILLOTE

Par Marc COUTURE

Une papillote est une enveloppe de papier dans laquelle on glisse un insecte pour le préserver. Il est préférable d'y placer les spécimens le plus tôt possible afin qu'ils sèchent à l'intérieur de celle-ci, évitant ainsi le bris de parties délicates telles que les antennes et les pattes.

Papillote pour coléoptères et autres insectes robustes

Le premier type de papillote présenté (fig. 1) convient pour de nombreux insectes. Il permet de conserver les insectes dont les ailes ne sont pas couvertes de fragiles écailles ; on ne peut donc pas l'utiliser pour les papillons.

Il s'agit d'une papillote faite d'un morceau de carton recyclé sur lequel on place un carré de papier hygiénique replié et découpé selon la grandeur désirée. Les données de capture seront inscrites au crayon à mine ou à l'encre indélébile à l'endos du carton. On y dépose ensuite l'insecte en plaçant les pattes et les antennes de manière à ce que les gens soient en mesure de constater leur présence ; les spécimens qui n'ont pas tous leurs membres ont moins de valeur. Le tout sera recouvert d'une pellicule plastique, broché et laissé dans un endroit sec. Avant d'ouvrir une telle papillote, il faudra faire ramollir l'insecte en laissant la papillote sur une éponge humide dans un contenant hermétique pour quelques heures.

Figure 1

Papillote pour insectes robustes.

Papillote de type triangulaire (pour papillons)

1 **Découper** un rectangle de papier de la grosseur appropriée (fig. 2). Par exemple, pour une Piéride, le rectangle pourrait être de 5 x 7 cm.

Figure 2

Rectangle de papier.

2 **Replier** le rectangle sur lui-même de façon à former un triangle (fig. 3). Si l'opération est réussie, il devrait y avoir sur deux des côtés du triangle des portions rabattables qui vont sceller la papillote.

Figure 3

Rectangle replié formant un triangle.

3 **Pour** plus de sécurité, il sera bon de découper un carré dans un morceau d'essuie-tout et de le plier en deux pour en faire un triangle un peu plus petit que la papillote (fig. 4). Il est requis d'inscrire sur la papillote les renseignements de capture. On placera le spécimen dans l'essuie-tout puis ensuite dans la papillote. Cette façon de procéder empêchera l'insecte de glisser à l'intérieur de la papillote et de se briser. Il ne restera qu'à rabattre la dernière bande.

Photos : Marc Couture

Figure 4

Morceau d'essuie-tout plié en deux.

LE TRANSPORT DES INSECTES

Par Marc COUTURE

Un jour arrive où l'on aimerait faire des échanges de spécimens avec d'autres entomologistes. Que ce soit pour un envoi outre-mer ou à l'intérieur du pays, les précautions à prendre pour que tout arrive en bon état sont les mêmes. Voici quelques types de boîtes efficaces et peu coûteuses utilisées pour envoyer des spécimens par la poste.

TRANSPORT DE SPÉCIMENS EN PAPILLOTES

Utiliser une boîte rigide dans laquelle on place de l'ouate dans le fond. Par la suite, on couche une rangée de spécimens en papillotes et une rangée d'ouate ainsi de suite (fig. 1). Une fois tous les spécimens placés, il faut remplir le reste de la boite d'ouate afin qu'il se crée une légère pression sur le contenu une fois le couvercle refermé. Les spécimens ne doivent pas bouger à l'intérieur de la boîte durant le transport. Si la boîte est grande, il est préférable d'ajouter à l'intérieur une armature en X servant à la fois de séparateur de papillotes et de support au couvercle (fig. 2). Cette armature en carton épais doit toucher au fond de la boîte et au couvercle une fois celui-ci fermé ; de plus, cette armature est pratique pour envoyer des insectes épinglés (fig. 3).

Figure 1

Papillotes sur de l'ouate dans une petite boîte.

Figure 3

Boîte avec armature pour insectes montés.

Figure 2

Boîte avec armature en X.

Photos : Marc Couture

Envois internationaux

Attention à l'envoi ou à la réception de spécimens protégés par la CITES (Convention sur le commerce international des espèces de faune et de flore sauvages menacées d'extinction) ; car si vous n'avez pas un permis spécial pour importer ou exporter un organisme apparaissant sur cette liste, vous pourriez vous exposer à des amendes ou à la saisie des spécimens. On trouve cette liste en tapant « CITES » dans un moteur de recherche Internet.

Dans tous les cas d'envois internationaux, vous devrez remplir la déclaration de douane au bureau de poste. Il s'agit d'une petite étiquette verte collée sur le paquet sur laquelle on doit inscrire ce que contient le paquet et la valeur de son contenu. Exemple : insectes secs morts, sans valeur commerciale.

Il est bon d'inclure dans le paquet une liste des spécimens qui s'y retrouvent, à l'intention des agents de douanes. Ne pas essayer de tromper les douaniers : s'en tenir à la vérité ou simplement s'abstenir de faire l'envoi.

Je vous souhaite de faire de bons échanges !

Coccinelle maculée Photo : Claude Simard

LA VIE D'UN JEUNE ENTOMOLOGISTE

Par Charles BÉLAND

Lorsque Monsieur Dubuc m'a demandé d'écrire un petit texte pour son livre, j'en suis resté bouche bée. Il voulait que je parle de l'impact des insectes sur ma vie... « Oups »... Quel impact, au juste ?

Disons, en premier lieu, que je connais M. Dubuc seulement depuis que mon voisin, André Beaudoin, m'a offert de l'accompagner à la chasse au Papillon lune au mois de mai l'an dernier. Ils chassent régulièrement ensemble avec d'autres amateurs. Ce qui m'a étonné de ces gens, c'est qu'ils ont beaucoup de connaissances en entomologie et en écologie alors qu'ils ne travaillent même pas dans le domaine. M. Dubuc me disait que parmi ses amis collectionneurs d'insectes il y avait un technicien forestier, un policier, un spécialiste en géomatique, un répartiteur pour une compagnie de transport, un directeur d'école et un machiniste. Le lien caché qui unit tous ces gens, c'est l'entomologie.

Il est vrai que les insectes peuvent avoir un impact intéressant sur la vie. Moi, je collectionne les bestioles depuis l'âge de 4 ans. J'ai participé à des camps d'été axés sur l'entomologie, ce qui m'a beaucoup aidé à mieux connaître les insectes. Ma collection s'est agrandie à chaque année et, sans m'en rendre compte, mes connaissances en écologie aussi ont augmenté. J'ai appris à reconnaître les arbres et plusieurs plantes pour savoir où trouver les insectes que je cherchais. Je ramassais les petits comme les grands, les ternes comme les colorés. J'ai appris à attirer les insectes avec des lumières et des appâts sucrés.

Maintenant que je suis un ado, je continue de chasser les insectes avec encore plus de passion. Je me rends compte que mes connaissances générales en écologie sont assez bonnes puisque j'ai dû passer beaucoup de temps à collectionner près des étangs, des ruisseaux, des tourbières et aussi en forêt au chalet de mes parents. J'ai aussi réalisé qu'il y avait une plus grande diversité d'insectes à Montréal par rapport à ce que je trouve à Québec ; en plus, ils ont l'Insectarium fondé par George Brossard !

Mes parents continuent à m'encourager dans ma passion, et je pense même que, quelque part, ils aiment ça ! J'ai maintenant un piège à ultraviolet pour la chasse de nuit ; lorsque je rentre à minuit, ce n'est pas toujours à cause d'un « party » !

L'ÉLEVAGE D'INSECTES EXOTIQUES AU QUÉBEC

Par Richard ROBITAILLE

Vivre une passion pour l'entomologie au Québec peut parfois être frustrant, car la belle saison est fugace, donc les occasions d'observer et de chasser les insectes ne s'étalent que sur quelques mois seulement. Après avoir fait le tour de sa cour arrière, le besoin d'explorer le vaste monde vient tout naturellement.

Après avoir assisté à une conférence à l'Insectarium de Montréal sur l'élevage des coléoptères exotiques, un ami et moi avons décidé de démarrer un tel élevage, et cela, selon les règles de l'art.

D'abord, il faut être suffisamment engagé pour modifier une partie de sa maison selon des critères précis : aucune fenêtre ne doit s'ouvrir directement sur l'extérieur et, s'il y en a une, elle doit être condamnée. Le local doit posséder un sas muni de deux portes étanches avec du coupe-froid sur le pourtour et une lame de caoutchouc au bas. Tous les orifices si petits soient-ils doivent être obturés afin d'empêcher la dispersion d'envahisseurs potentiels. Après la réception des colis contenant les insectes, je dispose des rebus selon un protocole convenu avec l'Agence canadienne d'inspection des aliments (ACIA) : désinfection des matières d'emballage au Vicon et élimination des déchets dans un contenant étanche et sécuritaire, et ce, toujours dans le but de protéger l'environnement. L'agence a un site Internet qui permet de les rejoindre facilement pour avoir de l'information.

Il faut bien sûr dénicher des fournisseurs fiables, qui disposent des espèces que nous désirons élever, et cela à des prix raisonnables. L'insecte vivant est généralement deux ou trois fois plus coûteux que l'insecte mort. L'obtention d'un permis d'importation doit être émis par l'ACIA et comporte des frais. Ce permis est valide pour une période variant de un à trois ans et pour un seul fournisseur et un seul pays à la fois. Dans certains cas, si l'on veut maximiser la qualité des géniteurs, on doit recourir à la poste prioritaire. Les frais de cargo peuvent être onéreux, car les imagos tolèrent moins bien le voyage que les larves, et on doit en minimiser la durée du transport.

Nos espèces de prédilection sont : les dynastes, les lucanes et les cétoines. J'élève aussi des phasmes et plusieurs autres espèces d'arthropodes.

Les larves de coléoptères sont goulues, et on doit, pour les rassasier, leur donner une généreuse ration de bois pourri provenant uniquement de feuillus (chêne, orme, bouleau, etc.), c'est le cas pour les dynastes et les lucanes. Certaines espèces préféreront un mélange à parts égales de bois pourri et de feuilles séchées broyées, c'est le cas pour les cétoines. Il faut prévoir une abondance de contenants, car certains individus sont cannibales. Il faut les isoler, sinon la progéniture pourra se réduire à une seule belle grosse larve bien dodue. L'ajout d'un supplément alimentaire à haute teneur en protéine (nourriture sèche pour les chats) favorisera la croissance et permettra d'obtenir des individus de belle taille.

Malgré des mesures d'hygiène assidues, vous devrez accepter de cohabiter avec des sciarides (minuscules mouches de terre) et des drosophiles (mouches à fruit), elles sont légions et incontournables, j'en ai personnellement avalées plus d'une. Le pire cauchemar de l'éleveur sont les mites, car elles peuvent nuire aux larves et même les tuer, il ne faut donc pas pécher par excès d'humidité dans le substrat ou par surabondance de nourriture qui pourrait moisir.

Pour notre élevage, soit environ 500 larves, nous entreposons 1000 litres de bois pourri et 500 litres de feuilles séchées broyées, ce qui nous permet de passer l'hiver (environ 2 litres pour le développement complet d'une cétoine et jusqu'à 20 litres pour un dynaste). Des morceaux de bois d'un degré de pourriture moindre serviront à certaines espèces de lucanes pour la ponte des œufs et le développement des larves. Si l'on veut éviter les mauvaises surprises, les soins doivent être constants et exercés avec beaucoup de vigilance.

L'élevage des espèces exotiques s'avère exaltant, car chaque nouvelle naissance est l'expression de la réussite de tous les efforts que l'on y a investis. De toute façon, c'est un privilège de voir évoluer ces insectes spectaculaires tout en ajoutant un peu de soleil à nos rigoureux hivers québécois.

Quelques insectes exotiques élevés dans mon sous-sol...

Chrysina karshi

Chrysina karshi

Dynaste maya

Mecynorhina torquata

Pupe de dynaste

Chrysina strasseni

Phalacrognatus muelleri

Phalacrognatus muelleri

Photos : Richard Robitaille

LES ARAIGNÉES, UN AUTRE MONDE À DÉCOUVRIR

Par Claude SIMARD

Le Québec est probablement l'endroit du monde où l'aranéologue amateur peut le plus facilement identifier les araignées jusqu'à l'espèce, grâce au *Guide d'identification des araignées du Québec (Araneae)* de Pierre Paquin et Nadine Dupérré. Il résume l'essentiel de tout ce qu'il faut savoir pour commencer… et surtout pour avoir l'immense plaisir de découvrir ce monde méconnu. On y trouve, entre autres, une description détaillée de plusieurs méthodes de captures connues des entomologistes et qui sont également utiles au collectionneur d'araignées : piège-fosse, filet fauchoir, tamisage, battage, piège intercepteur, etc. Surtout, on y trouve ce qu'aucun autre guide ne donne avec précision soit, en plus des clés de détermination des familles, des illustrations des caractères diagnostiques de toutes les espèces connues ainsi que de plusieurs espèces probables.

Côté équipement, il faudra bien sûr avoir un microscope binoculaire, des pincettes souples, de l'alcool, des fioles étanches pour conserver les spécimens et de la patience. Car il en faut pour persévérer, mais l'émerveillement a son prix. Les araignées sont si méconnues que l'amateur sérieux peut s'attendre à faire avancer les connaissances dans ce domaine.

Donc, pour compléter le guide mentionné plus haut, on trouvera une mine d'informations pertinentes dans la bibliographie limitée qui suit.

Le nombre d'astérisques suivant la référence bibliographique reflète mon évaluation personnelle quant à l'utilité et à l'intérêt de ces sources d'information dans mes recherches.

Kaston, B. J., *Spiders of Connecticut*, rev. ed. Bull. Conn. Geol. Nat. Hist. Surv. 70, 1981. *** (Un complément presque indispensable au guide de Paquin et Dupérré, c'est le livre le plus documenté sur l'histoire naturelle d'un bon nombre de nos espèces de l'est de l'Amérique du Nord.)

Levi, H. W., and Levi, L. R., 1996, *Spiders and their kin*: New York, Golden Guide, St. Martin's Press, 160 p. *** (Petit guide abondamment illustré, surtout utile au débutant pour avoir une idée de l'aspect de certaines familles.)

Jones, D., J-C. Ledoux et M. Emerit, 2001. *Guide des araignées et des opilions d'Europe*. Delachaux et Niestlé. 383 p. *.

Bélanger, G. et R. Hutchinson, 1992. *Liste annotée des araignées (Araneae) du Québec.* Pirata, 1 (1) : 2-119. *** (Permet de connaître l'habitat, les localités et les dates de capture de presque toutes les espèces d'araignées du Québec.)

Dondale, C.D., Redner, J.H., Paquin, P. and Levi, H.W. 2003. *The Orb-Weaving Spiders of Canada and Alaska (Araneae : Uloboridae, Tetragnathidae, Araneidae, Theridiosomatidae). The Insects and Arachnids of Canada.* Part 23. NRC Research Press, Ottawa. ** (Surtout pour mieux connaître la distribution des espèces de ces familles et avoir encore plus d'illustrations. Utile pour compléter le guide dans l'identification des *Tetragnathidae*.)

Pour en savoir plus sur les découvertes et les progrès dans le monde des araignées, l'amateur trouvera également beaucoup d'articles intéressants dans certaines revues. On pense surtout aux Fabreries (qui s'intéresse principalement aux insectes) et à une revue américaine : *The Journal of Arachnology.*

Il ne faudrait pas oublier l'énorme réservoir de mots et d'images qu'est Internet. On y trouvera une infinité de sites et de liens intéressants qui n'attendent qu'à être explorés pour en apprendre plus sur la plupart des espèces nord-américaines et québécoises.

Photo : Claude Simard, Cap Tourmente le 6 juin 2004.
Photo page précédente : Claude Simard, Philipsburg 9 aout 2003.

Misumena vatia, une Thomisidée, bien camouflée dans une fleur de renoncule bouton-d'or, vient de capturer un diptère.

◄ *Argiope aurantia,* une aranéidée. Le corps de la femelle, excluant les pattes, varie entre 15,3 mm et 18,9 mm. Le mâle ne fait pas le poids avec une taille variant entre 5,5 mm jusqu'à 6,7 mm.

ANNEXE

CARTE DES ZONES DE RUSTICITÉ DES PLANTES

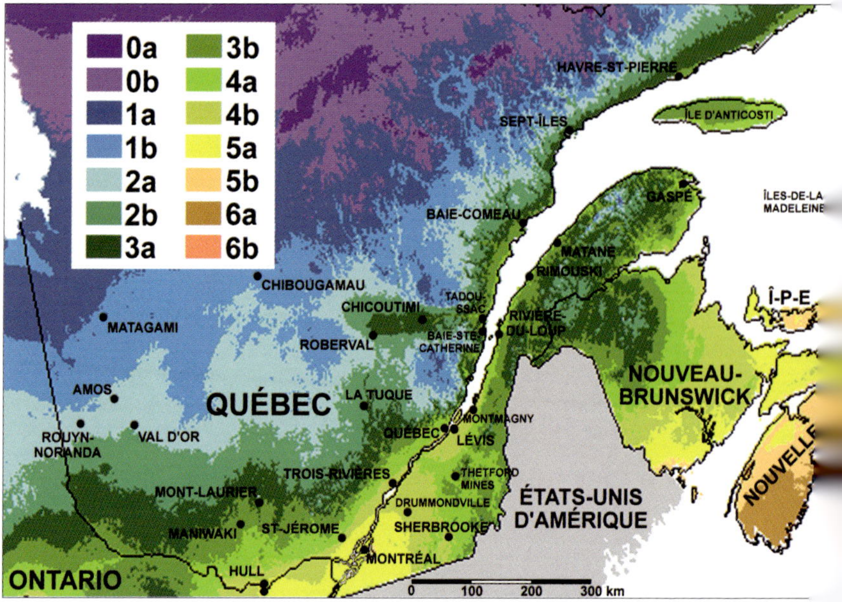

Le nom des espèces est suivi de son aire de distribution (zone de rusticité des plantes et parfois régions politiques) et de notes utiles aux collectionneurs (habitats, plantes hôtes, méthode de capture). La dernière information (parfois absente) est la période où l'insecte est présent à l'état adulte. Le mois est exprimé en chiffre romain ce qui signifie que la période du 15 juin au 20 juillet s'exprimerait comme suit : 15.VI-20VII (tel qu'il est expliqué en page 19).

La zone la plus froide (0a) est colorée en violet, la plus chaude (pour le Québec) est en jaune (zone 5a). Certains facteurs locaux (pentes, clairières, étendues d'eau) forment des microclimats permettant parfois aux insectes d'étendre leur aire de distribution à l'intérieur d'une zone de rusticité dans laquelle ils ne peuvent normalement s'établir. De plus, certaines espèces sont capables de se déplacer rapidement en dehors de leur habitat normal, suggérant alors faussement un vaste habitat pour l'espèce. J'ai associé aux insectes de cette annexe des zones de rusticité, espérant que cela sera utile.

Ouvrages utilisés pour cette annexe : *Les odonates du Québec*, Jean-Guy Pilon et Denise Lagacé ; *Guide sonore et visuel Insectes chanteurs du Québec*, Georges Pelletier ; *Guide photographique des carabidae du Québec*, Claude M. Gariépy, André Larochelle et Yves Bousquet ; *A Ssynopsis of the Ddistribution and Bbionomics of the Ccarrion Bbeetles (Ccoleoptera : Ssilphidae) of the Conterminous United States*, Stewart B. Peck et Michael M. Kaulbars ; *The Metallic Wood-boring Beetles of Canada and Alaska (Coleoptera: Buprestidae)*, D.E. Bright ; *The Coccinellidae (Coleoptera) of America North of Mexico*, Robert D. Gordon ; *Northeastern Longhorned Beetles (Coleoptera: Cerambycidae)*, Douglas Yanega ; *The Hhorse Fflies and Ddeer Fflies of Canada and Alaska. Part 16. The Iinsects and Aarachnids of Canada*, H. J. Teskey ; *Le guide des papillons du Québec* (version scientifique), Louis Handfield.

ODONATA

34
T. o. obliqua : Zone 6b à 4a ; Rivières et ruisseaux ; 3.VI-1.VII

35
G. adelphus : Zone 6b à 2a ; Étangs, lacs, rivières et ruisseaux ; 28.V-27.VII
O. aspersus : Zone 6b à 3a ; Rivières et ruisseaux ; 5.VI-23.VIII
A. constricta : Zone 6b à 4b ; Surtout près des étangs et des lacs ; 19.VII-6.X

36
A.i. interrupta : Zone 6b à 0b ; Lacs ; 21.VI-3.X
A. junius : Zone 6b à 4a ; Migrateur à partir des États-Unis ; Bords des rivières et du fleuve ; 30.IV-19.IX
A. canadensis : Zone 6b à 1a ; Lacs et marais ; 31.V-11.X

37
E. cynosura : Zone 6b à 3b ; Étangs, lacs, marais, rivières, ruisseaux et tourbières ; 28.V-27.VII
C. elisa : Zone 6b à 3b ; Migrateur à partir des États-Unis ; Étangs et rivières ; 5.VI-12.VIII

38
L. luctuosa : Zone 6b à 4a ; Étangs, gravières, lacs, mares et ruisseaux ; 20.VI-13.VIII
L. pulchella : Zone 6b à 2a ; Près des étangs, des lacs et des ruisseaux ; 5.VI-4.IX

39
L. q. quadrimaculata : Zone 6b à 1a ; Souvent près des étangs, des lacs et des ruisseaux ; 10.V-28.VIII
L. lydia : Zone 6b à 4a ; Souvent près des étangs, des lacs et des ruisseaux ; 24.V-4.IX

40
S. o. obstrusum : Zone 6b à 1a ; Souvent près des étangs et des lacs ; 23.VI-22.X
S. danae : Zone 6b à 0b ; Souvent près des étangs et des lacs ; 6.VI-15.X

41
S. semicinctum : Zone 6b à 2b ; Souvent près des étangs et des lacs ; 23.VI-2.X
S. vicinum : Zone 6b à 2b ; Souvent près des étangs et des lacs ; 11.VII-11.XI

42
L. congener : Zone 6b à 2a ; Préfèrerait les lacs, étangs et sablières ; 16.VII-21.X
L. d. disjunctus : Zone 6b à 0b ; Préfère la végétation herbacée dense ; 15.VI-25.IX

43
C. aequabilis : Zone 6b à 1b ; Ne s'éloigne pas des étangs et des lacs; 31.V-15.VIII
C. maculata : Zone 6b à 3a ; Peut parfois s'éloigner des ruisseaux, lacs et étangs ; 25.V-6.XI

BLATTODEA

45
B. germanica : Dans les logements ; Omnivore
B. orientalis : Dans les logements ; Omnivore
P. americana : Zone 6b ; Décomposeur ; Omnivore
P. pensylvanica : Zone 6b à 5a ; Végétaux morts, fruits trop mûrs de ronces ; Omnivore

MANTODEA

46
T. a. sinensis : Zone 6b à 4b ; Prédateur d'insectes ; Oeufs disponibles dans certaines animaleries et centres horticoles

47
M. religiosa : Zone 6b à 4b ; Prédateur d'insectes ; Oeufs disponibles dans certaines animaleries et centres horticoles

DERMAPTERA

48
F. auricula : Zone 6b à 3a ; Omnivore s'attaquant entre autres aux pucerons et aux fleurs
L. minor : Zone 6b à 5a ; Omnivore

ORTHOPTERA

49
T. asynamorus : Zone 6b à 5a ; Mange des végétaux morts et des larves ; IV-IX
C. brevipes : Zone 6b à 3a ; Se nourrit de végétaux morts, de champignons et d'insectes morts ; IV-15.VII
C. maculatus : Zone 6b à 3b ; Se nourrit de végétaux morts, de champignons et d'insectes morts ; 16.V-IX

51
A. oblongifolia : Zone 6b à 4b ; Se nourrit de cerisier, de verge d'or, de spirée et de cornouiller ; 16.VII-31.VIII
P. camellifolia : Zone 6b à 5a ; Se nourrit de chêne et d'érable
S. pistillata : Zone 6b à 4a ; Se nourrit de ronce, de verge d'or et d'asclépiade ; 16.VII-31.VIII

52
S. curvicauda : Zone 6b à 3b ; Se nourrit de chêne, de pin et de vigne ; 8.VIII-31.VIII
N. ensiger : Zone 6b à 4b ; Mange des graines, de la phléole, du phalaris et des pucerons ; 8.VIII-31.VIII
C. brevipennis : Zone 6b à 3b ; Se nourrit de scirpe, de phalaris et de larves d'insectes ; 1.VII-31.VIII
C. fasciatus : Zone 6b à 3b ; Se nourrit de jonc, de pâturin, de carex et de larves d'insectes ; 16.VII-31.VIII

53
O. gladiator : Zone 6b à 3b ; Se nourrit de carex, de scirpe, de phalaris et de pucerons ; 16.VII-31.VIII
M. roeselii : Zone 6b à 3b ; Mange des graminées et des larves d'insectes ; 1.VII-7.VIII

54
G. veletis : Zone 6b à 3b ; Se nourrit de végétaux morts, d'insectes morts, de fraisier et de larves d'insectes ; IV-VI
G. pensylvanicus : Zone 6b à 3b ; Se nourrit de végétaux morts d'insectes morts, de trèfle et de larves d'insectes ; VIII-IX
A. allardi : Zone 6b à 3b ;

Son régime est constitué de végétaux morts, de champignons, de trèfle et de graines ; 1.VII-7.VIII

55
A. domesticus : Ne vit pas dehors ; Mange des insectes morts, des graines, des fruits et des denrées alimentaires ; Disponible en animalerie à l'année
E. carolinus : Zone 6b à 3b ; Se nourrit de végétaux morts, de champignons, d'œufs d'insectes et de graines ; 16.VII-31.VIII

56
O. fultoni : Zone 6b à 4b jusqu'à Québec et en expension vers l'est ; Vit sur les ronces et les rosiers et mange des pucerons et des œufs d'insectes ; 16.VII-31.VIII

57
O. nigricornis : Zone 6b à 4b ; Se nourrit de verge d'or, de ronce, de pucerons et d'œufs d'insectes ; 8.VIII-31.VIII
O. quadripunctatus : Zone 6b à 4b ; Mange du trèfle, de la verge d'or, des pucerons et des œufs d'insectes ; 16.VII-31.VIII

58
C. curtipennis : Zone 6b à 0a ; Vit sur des graminées dont il se nourrit ; 15.VI-31.VIII
C. viridifasciata : Zone 6b à 3b ; Régime composé de graminées ; 16.V-14.VI

59
P. apiculata : Zone 6b à 1a ; Se nourrit de pissenlit et de graminées ; 16.V-14.VI
D. carolina : Zone 6b à 3b ; Son régime est composé d'herbe à poux, de plantain, de pâturin et de pissenlit ; 16.VII-31.VIII
E. sordidus : Zone 6b à 3b ; Se nourrit de graminées ; 8.VIII-31.VIII

60
S. bolli : Zone 6b à 3b ; Se nourrit de pissenlit et de trèfle ; 16.VII-31.VIII
T. verruculata : Zone 6b à 1a ; Se nourrit de trèfle et de pissenlit ; 16.VII-31.VIII
M. bivittatus : Zone 6b à 1a ; Régime composé de trèfle, de verge d'or, de fraisier et de pâturin ; 1.VII-31.VIII
B. glacialis : Zone 6b à 1a : Se nourrit des feuilles du bleuet et des ronces ; 16.VII-31.VIII

61
M. femurrubrum : Zone 6b à 1a ; Mange le trèfle, le pâturin, la renouée et la moutarde ; 16.VII-31.VIII
S. gracile : Zone 6b à 1a ; Se nourrit de carex et de pâturin ; 16.VII-31.VIII
M. punctulatus : Zone 6b à 4b ; Pin ; 16.VII-31.VIII

62
M. sanguinipes : Zone 6b à 1a ; Se nourrit de pâturin et de trèfle ; 16.VII-31.VIII
O. speciosa : Zone 6b à 3b ; S'attaque aux graminées ; 16.VII-31.VIII

63
N. cristatus : Zone 6b à 3b ; Se nourrit des feuilles de bleuet et de carex ; IX
T. a. angusta : Zone 6b à 4a ; Son régime se compose d'algues, de végétaux morts et de mousses ; 8.VIII-31.IX

64
T. ornata : Zone 6b à 1a ; Se nourrit de mousses, de plantes mortes, de graminées et de carex ; 16.VII-31.VIII
T. subulata : Zone 6b à 1a ; Se nourrit de mousses, de plantes mortes et de graminées ; 8.VIII-31.IX

HOMOPTERA

80
O. rimosa : Zone 6b à 2a ; Vit sur le Peuplier faux-tremble et l'érable (probablement aussi sur d'autres feuillus) ; 21.VI-21.VII.
O. canadensis : Zone 6b à 2a ; Peut être très abondante dans les bleuetières au nord du Lac-St-Jean et dans les pinèdes sèches ; 7.V-1.VIII.
T. canicularis : Zone 6b à 2a ; Vit sur le pin, le chêne, le peuplier et le bouleau ; VII-IX.

MEGALOPTERA

90
N. serricornis : Zone 6b à 4b. On trouve la nymphe sous les pierres au bord des rivières en mai et juin. L'adulte vole au soleil ; VI-VII

91
C. cornutus : Zone 6b à 4b. On trouve la nymphe sous les pierres plates au bord des rivières en juin. L'adulte vole aux lumières ; VII-VIII
C. pecticornis : Zone 6b à 3b. L'adulte vole aux lumières en juin, juillet et août ; VI-VIII

92
C. brunnea : Zone 6b à 5a. Parasite d'araignées. On trouve l'adulte en fauchant les herbes. L'adulte vient aux UV.
M. interrupta : Zone 6b à 5a. Parasite d'araignées. On trouve l'adulte en fauchant les herbes. L'adulte vient aux UV.

COLEOPTERA

95
O. americanum : Zone 6b à 4a jusqu'à Gaspé ; Bords sablonneux de rivières, de ruisseaux et d'étangs, plages marines ; Inonder le sol pour le faire sortir ; 3.IV-4.X
O. tessellatum : Zone 6b à 4b jusqu'à Québec ; Bords sablonneux de rivières et d'étangs, plages marines ; Inonder le sol pour le faire sortir ; 3.IV-4.X
N. g. castanipes : Zone 0a à 2a, mais pas au sud de Baie-St-Paul dans Charlevoix. Bords de rivières et de ruisseaux, sous pierres et feuilles mortes ; 14.VI-2.IX
N. l. lacustris : Zone 6b à 4a, mais pas à l'est de Baie-Comeau ; Bords de rivières et de ruisseaux, en terrain semi-ombragé, sous les pierres ; 14.VI-19.IX
N. pallipes : Zone 6b à 4a jusqu'à Chicoutimi, mais pas au nord de Matane ; Bords de rivières et de ruisseaux, milieu semi-ombragé, sous les pierres ; 14.V-26.IX

96
C. calidium : Zone 6b à 2a, mais absent au nord-est de Tadoussac et présent en Gaspésie ; Terrains vagues, prés, sablières, bords de routes ; 2.IV-23.X
C. frigidum : Zone 6b à 2a, mais absent à l'est de Tadoussac et en Gaspésie ; Sous les feuilles au sol en forêts de feuillus ; 5.V-8.IX

97
C. scrutator : Zone 6b à 5a ; Très rare ; Vole aux lumières ; 15.VI-VII
C. wilcoxi : Zone 6b à 5a ; Vole aux lumières ; 12.V-3.X
C. chamissonis : Zone 0a à 1a dans le nord-est de la province et au Mont Jacques-Cartier en Gaspésie ; Moraines, sous les pierres ; 14.VI-5.VIII
C. g. granulatus : Zone 6b à 2a, mais absent au nord et à l'est de Rivière-du-Loup ; Bois marécageux et marais, parmi les carex ; Écraser la végétation dans l'eau pour faire sortir ; 13.V-4.XI
C. m. maeander : Zone 6b à 1a incluant l'île d'Anticosti ; Marais, bords de rivières et prés humides ; Écraser le carex dans l'eau pour le faire sortir ; 1.IV-27.XI
C. nemoralis : Zone 6b à 3a, mais pas au nord de Chicoutimi et présent à l'île d'Anticosti ; Très commun en ville ; 21.IV-22.X

98
C. serratus : Zone 6b à 1b ; Sablières, gravières, terrains vagues, prés et bords de routes, sous débris ; 23.IV-5.XI
C. t. agassii : Zone 0b à 1b ; Rarement récolté ; Champs, sous les pierres ; 19.VI-22.IX
S. c. canadensis : Zone 6b à 4a, mais pas au nord de Tadoussac ; Sous les feuilles mortes, forêts feuillues et mixtes en pente ; 4.V-22.X
S. s. lecontei : Zone 6b à 1a ; Sous les feuilles mortes, forêts feuillues et mixtes, lisières de boisés, sous pierres ; 3.IV-16.XI
S. n. brevoorti : Zone 6b à 1a ; Bois mixtes ou conifériens, sous les feuilles mortes ; 25.V-23.XI
S. n. nitidicollis : Zone 4a à 3b ; Uniquement sur l'île d'Anticosti, l'archipel de Mingan et à Havre-St-Pierre ; Bois mixtes ou feuillus, sous les arbres tombés et sous les pierres ; 24.VI-17.VII

99
S. bilobus : Zone 6b à 1b, mais pas à l'est de Matane ; Bois mixtes ou conifériens, souvent près de l'eau, sous feuilles mortes ; 13.V-23.IX
S. viduus : Zone 6b à 4b, mais pas au nord du fleuve St-Laurent ni au nord de Montmagny ; Forêts feuillues et lisières de forêts ; Sous les arbres tombés ; 24.V-26.XI

100
C. ancocisconensis : Zone 4b à 4a jusqu'en Gaspésie ; Bords sablonneux de rivières ; 22.V-18.IV
C. duodecimguttata : Zone 6b à 1b ; Bords de lacs, de rivières et de ruisseaux, en terrains humides ; 2.V-29.IX
C. f. generosa : Zone 6b à 4b ; Sablières et champs à sable fin ; 6.V-2.X
C. h. rhodensis : Zone 6b à 3a ; Bords de rivières et de lacs, plages marines ; 11.V-13.IX
C. lepida : Zone 6b à 4b jusqu'au lac Cayamant près de Maniwaki et à Trois-Rivières. Sablières, champs, bords de routes, lieu sec souvent blanchâtre finement sablonneux ; 22.VII-10.X
C. l. limbalis : Zone 6b à 2a jusqu'à La Sarre et Natashquan. Champs, bords des routes, sablières, surtout les pentes argileuses ; 15.IV-10.X

101
C. longilabris : Zone 6b à 1a ; Chemins sablonneux, ordinairement bordés de pins gris ; 6.V-13.IX
C. p. punctulata : Zone 6b à 4a à l'ouest de Portneuf près de Donnacona ; Bords de routes, champs et clairières, sentiers de véhicules tout-terrains ; 8.VIII-28.IX
C. purpurea : Zone 6b à 4a à l'ouest de Québec ; Champs argileux ; 4.V-2.IX
C. r. repanda : Zone 6b à 1b ; Plages sablonneuses, sablières, chemins ; 25.IV-18.X. Sous-espèce novascotiae (bronzée à rougeâtre) aux Îles-de-la-Madeleine ; 30.VII-11.IX
C. s. lecontei : Zone 6b à 4a à l'ouest de Fossambault près de Donnacona ; Sablières, chemins en terrain finement sablonneux ; 14.IV-3.X
C. sexguttata : Zone 6b à 3b jusqu'à Chicoutimi au nord et Baie-Ste-Catherine à l'est ; Lisières et chemins de forêts ; Surtout printanière ; 14.IV-14.X
C. t. tranquebarica : Zone 6b à 1b ; Sablières, gravières, routes et leurs bordures, dunes ; 21.IV-30.IX

102
B. m. aurata : Zone 6b à 1b ; Marais et marécages ; Écraser la végétation dans l'eau pour faire sortir l'insecte ; 2.IV-2.X
B. quadricollis : Zone 6b à 4a, mais pas sur l'île d'Anticosti ; Tourbières, près des eaux, parmi les sphaignes ; Écraser la végétation dans l'eau pour le faire sortir ; 27.V-30.VIII
E. californicus : Zone 6b à 1b, mais pas au nord de Sept-Îles ; Bords argileux des eaux douces ; 15.V-4.XII
E. a. americanus : Zone 6b à 0a ; Bords de rivières, de lacs et d'étangs, en terrain argileux ou graveleux ; 8.V-20.VIII
E. clairvillei : Zone 6b à 1b, mais pas en Gaspésie ni sur l'île d'Anticosti ; Marais, bords de rivières, parmi les carex ; Écraser la végétation dans l'eau pour le faire sortir ; 8.IV-11.XII
E. olivaceus : Zone 6b à 1b, mais pas au nord de Baie-Comeau ; Terrains boueux, marais, bords de ruisseaux et pâturages ; 30.IV-30.VIII

103
S. lineolatus : Zone 6b à 5a jusqu'à Québec ; Bords de rivières, en terrain argileux ou graveleux, sous pierres et dans les fissures du sol ; Inonder pour le faire

sortir ; 25.V-20.IX
M. arctica : Zone 5a à 0b jusqu'à Kuujjuaq dans le nord du Québec ; 14.V-5.XI
D. sphaericollis : Zone 6b à 3a jusqu'à Natashquan ; Bords sablonneux de rivières et d'étangs, plages marines ; Inonder le sol pour le faire sortir ; 8.V-23.IX
C. fossor : Zone 6b à 1b jusqu'à Amos en Abitibi et Havre-St-Pierre sur la Côte-Nord ; Champs, terrains vagues et bords d'étangs, sous les pierres ; 4.IV-4.X
B. carinula : Zone 6b à 0a ; Bords de rivières et de lacs, en terrain sablonneux ; 23.V-29.IX
B. levettei : Zone 6b à 1b ; Bords des eaux douces, terrain graveleux ou sablonneux ; 15.IV-5.XI
B. discus : Zone 6b à 1b jusqu'à Amos en Abitibi et Amqui au sud de Matane ; Endroits humides et argileux, près des eaux douces, sous pierres ; Vole aux lumières ; 25.V-1.XI
T. apicalis : Zone 6b à 0b ; Bois et leurs lisières, bosquets ; 5.V-27.IX
B. q. oppositum : Zone 6b à 1b ; Terrains vagues, sablières et bords de routes ; Vole aux lumières ; 1.I-18.XII
B. rolandi : Zone 6b à 4b ; Bords graveleux de rivières ; Inonder le sol pour faire sortir l'insecte ; Vole aux lumières ; 7.V-21.X
B. nitidum : Zone 6b à 1b ; Terrains vagues, bords de routes et de sablières ; Vole aux lumières ; 1.III-19.XI
B. punctatostriatum : Zone 6b à 3b jusqu'à Chicoutimi ; Bords sablonneux de rivières ; 6.V-10.X

104

B. transversale : Zone 4b à 1a ; Bords graveleux ou rocailleux de rivières et du fleuve St-Laurent ; Sous les pierres submergées ; 29.V-3.X
P. longicornis : Zone 6b à 1b ; Marais, marécages, bords d'étangs, de rivières et de ruisseaux ; 17.IV-21.XI
D. rugicollis : Zone 5a à 4a jusqu'au mont Albert en Gaspésie ; Bords graveleux de rivières à eau froide, sous les pierres ; 10.VI-8.VII
L. scrutator : Zone 6b à 4b; Marais eutrophes, marécages et rives boisées de lacs, terrain argileux, sous les grosses pierres ; 10.V-19.XI
P. l. lucublandus : Zone 6b à 1b ; Lisières de bois, bosquets, champs, bords de routes, sablières, gravières, sous pierres ; Vole aux lumières ; 1.I-11.XII

105

S. haematopus : Zone 0a à 2a ; Moraine, sous les pierres ; 16.VI-5.IX
M. cyanescens : Zone 6b à 4b jusqu'à Chicoutimi ; Bois feuillus et bosquets ; Sous les feuilles mortes ; 21.IV-18.X
P. adoxus : Zone 6b à 4b jusqu'à Québec ; Bois feuillus ou mixtes ; Dégage une odeur de chocolat brûlé lorsqu'on le prend ; 6.V-7.IX
P. adstrictus : Zone 6b à 0a ; Forêts et lisières, sous les feuilles mortes et les pierres ; 6.V-11.XI
P. castor : Hutte de castor.
P. coracinus : Zone 6b à 1b ; Bois, sous les feuilles mortes ; 17.IV-17.XI

106

P. corvinus : Zone 6b à 2b ; Marais eutrophes, bords d'étangs et boisés de rivières, sous les pierres ; 2.IV-18.XII
P. diligendus : Zone 6b à 4b jusqu'à Québec ; Bois feuillus ou mixtes ; 15.VII-21.VIII
P. lachrymosus : Zone 6b 4b jusqu'à Québec ; Bois feuillus, sous pierres ; 20.IV-17.X
P. melanarius : Zone 6b à 1b jusqu'à Natashquan ; Bois clairs et lisières, terrains vagues, plages marines, sous pierres ; 1.IV-20.XI
P. mutus : Zone 6b à 2b ; Lisières de bois feuillus, sous pierres ; 4.I-27.XI
P. patruelis : Zone 6b à 1b jusqu'à Blanc-Sablon ; Marais, bords d'étangs et de lacs, parmi les sphaignes et carex ; Vole aux lumières ; 1.I-8.XII

107

P. pensylvanicus : Zone 6b à 1b ; Bois feuillus, sous feuilles mortes et pierres ; 10.IV-16.XI
P. punctatissimus : Zone 6b à 0b jusqu'à baie d'Ungava ; Bois conifériens et mixtes, pied des sapins et arbustes, litière, toundra. Dégage une odeur de chocolat brûlé ; 7.V-23.X
P. rostratus : Zone 6b à 4b jusqu'à Québec ; Bois feuillus et mixtes, sous les arbres tombés ; 12.V-15.X
P. tristis : Zone 6b à 3a jusqu'à Matapédia ; Bois feuillus, sous les arbres tombés et leur écorce lâche ; 6.IV-20.X
A. latior : Zone 6b à 2a jusqu'à Mingan ; Champs, sablières et bords de routes, sous les pierres ; Vole aux lumières ; 2.IV-31.XII
A. obesa : Zone 6b à 1b, mais absent au nord-est de Tadoussac ; Sablières, terrains vagues, sous les pierres ; Vole aux lumières ; 29.IV-2.XII

108

A. rubrica : Zone 6b à 3b, mais pas au nord de Québec ; Sablières et terrains vagues, sous les pierres ; Vole aux lumières ; 11.III-15.XI
H. affinis : Zone 6b à 1b jusqu'à Mingan ; Terrains vagues, prés, pâturages, bords de routes, sablières, gravières, sous débris ; 30.III-2.X
H. caliginosus : Zone 6b à 4a jusqu'à Québec ; Terrains vagues, prés, pâturages, bords de routes, sablières, sous les pierres ; Vole aux lumières ; 15.IV-28.X
H. erraticus : Zone 6b à 4a jusqu'à Québec ; Champs, sablières et dunes, sable fin, sous pierres et débris ; Vole aux lumières ; 25.V-23.XI
H. rufipes : Zone 4a à 3b ; Bas-du-Fleuve, Gaspésie, Îles-de-la-Madeleine, île d'Anticosti, Charlevoix ; Terrains vagues, prés, sous pierres ; 23.VI-4.X
T. vulpeculus : Zone 6b à 4b jusqu'à Québec ; Bois feuillus, sous les écorces des arbres tombés, rarement sous pierres ; Vole aux lumières ; 7.IV-10.IX

109

G. incrassatus : Zone 6b à

5a ; Sablières, dunes, bords de rivières et d'étangs, sable fin ; Enfoui profondément le jour ; Vole aux lumières ; 2.V-1.X
A. discoideus : Zone 6b à 3b jusqu'à Portneuf à l'ouest de Québec ; Bords de rivières, de ruisseaux et d'étangs ; Vole aux lumières ; 2.V-27.XI
A. interstitialis : Zone 6b à 3b jusqu'à Québec ; Bois feuillus, sous pierres ; 10.IV-26.XI
A. sericea : Zone 6b à 3a jusqu'à Port-au-Saumon (Charlevoix) ; Terrains vagues et sablières ; Vole aux lumières ; 7.V-17.VIII
N. terminata : Zone 6b à 1b jusqu'à New Richmond en Gaspésie ; Terrains vagues, sous pierres ; Vole aux lumières ; 2.V-11.XI
D. cognatus : Zone 6b à 0b ; Champs, sablières, moraines, sous pierres et débris végétaux ; Vole aux lumières; 1.I-27.XI

110
D. impressicollis : Zone 6b à 4b ; Marais à quenouilles ; Écraser la plante dans l'eau pour faire sortir l'insecte ; Vole aux lumières ; 24.IV-27.IX
D. striatopunctata : Zone 6b à 4a ; Marais, rives boisées de lacs ; écraser les quenouilles dans l'eau pour le faire sortir ; Vole aux lumières ; 8.IV-11.XI
D. obtusa : Zone 6b à 3a ; Champs, sablières, bords de routes, sous les pierres. Souvent actif le jour au printemps ; 8.IV-10.XI
B. neopulchellus : Zone 6b à 4b ; Marais, au pied des quenouilles ; Vole aux lumières ; 1.I-26.XI
O. fluvialis : Zone 6b à 3a, mais pas au nord de Lanoraie ; Marais à quenouilles aux feuilles larges ; Écraser les quenouilles dans l'eau pour le faire sortir ; Vole aux lumières ; 21.IV-15.VII
L. parrallela : Zone 6b à 4b jusqu'à Québec ; Marais à quenouilles ; Écraser les quenouilles dans l'eau pour le faire sortir ; Vole aux lumières ; 1.I-11.XII

111
C. cordicollis : Zone 6b à 3a jusqu'à Québec ; Bords de rivières et de lacs, sous pierres ; Vole aux lumières ; 1.V-21.XI
C. emarginatus : Zone 6b à 4b jusqu'à Québec ; Lisières et chemins de bois feuillus, sous pierres et arbres tombés ; Vole aux lumières ; 21.IV-25.X
C. l. lithophilus : Zone 6b à 1b ; Bords des eaux douces ; Vole aux lumières ; 18.IV-11.XII
C. niger : Zone 6b à 2a ; Marais et bords d'étangs ; Écraser les quenouilles dans l'eau pour le faire sortir ; Vole aux lumières ; 2.V-16.IX
C. p. pensylvanicus : Zone 6b à 1b ; Bords des eaux douces, terrain mouillé, sous pierres, parmi la végétation ; Vole aux lumières ; 10.IV-16.XI
C. s. sericeus : Zone 6b à 1b, mais pas à l'est de Baie-Comeau ; Lieux humides, sous pierres et débris ; Vole aux lumières ; 14.IV-15.XII

112
C. t. tomentosus : Zone 6b à 3b jusqu'à Québec ; Collines à pâturages, terrains vagues, sablières, sous les pierres ; Vole aux lumières ; 15.IV-27.IX
C. t. tricolor : Zone 6b à 3b ; Lieux sablonneux, près des eaux douces ou à la lisière des bois, sous les pierres ; Vole aux lumières ; 22.V-18.IX
C. advena : Zone 4a à 3a de Baie-St-Paul au Labrador, sur l'île d'Anticosti et en Gaspésie ; Forêts mixtes ou conifériennes, sous feuilles mortes ; 8.VI-30.X
C. ingratus : Zone 4b à 0a ; Bois et lisières, sous les pierres ; 12.V-15.XI
L. t. terricola : Zone 4b à 4a ; Région de Québec et Roberval (Lac-St-Jean) ; Dans la cave de vieux bâtiments ; 13.V-12.XI
S. impunctatus : Zone 6b à 0b ; Bois, sous les feuilles mortes ; 10.V-15.IX

113
O. parmatus : Zone 6b à 2b jusqu'à La Malbaie vers l'est ; Bois feuillus clairs, sous les feuilles mortes ; 21.IV-16.XI
A. cupripenne : Zone 6b à 1b, mais pas au nord de Sept-Îles ; Champs sablonneux et humides, sous pierres ; Vole aux lumières ; 2.II-31.XII
A. extensicolle : Zone 6b à 3b, mais absent en Gaspésie ; Bords de rivières et de lacs, terrain semi-ombragé, humide, graveleux ou sablonneux, sous pierres ; Vole aux lumières ; 27.IV-26.X
A. gratiosum : Zone 6b à 0b; Marais, tourbières, parmi la mousse et les feuilles mortes ; 1.I-18.XII
A. muelleri : Zone 6b à 1b ; Champs, prés, pâturages, bords de routes, sablières ; Vole aux lumières ; 3.IV-31.X
A. octopunctatum : Zone 6b à 4a jusqu'à Chicoutimi ; Bords d'étangs et de rivières, en terrain sablonneux et très humide ; Vole aux lumières ; 26.IV-15.XI

114
A. placidum : Zone 6b à 1b ; Champs, prés, sablières, gravières et bords de routes, sous les pierres ; Vole aux lumières ; 2.I-2.XII
P. decentis : Zone 6b à 1a ; Bois humide, sous les écorces des arbres tombés ou debouts ; 1.IV-18.XII
L. atriventris : Zone 6b à 4a jusqu'à Chicoutimi ; Bois clairs et leurs lisières, bosquets et champs à proximité ; Sur la Verge d'or et sous les pierres ; Vole aux lumières ; 26.I-16.XI
L. fuscata : Zone 6b à 2b, mais pas à l'est de Baie-Ste-Catherine ; Bois clairs, leurs lisières, clairières et sablières ; Vole aux lumières ; 15.III-16.XI
L. moesta : Zone 6b à 2b, mais pas à l'est de Havre-St-Pierre ; Clairières et lisières de bois, sur la Verge d'or ; 24.V-13.XI
L. ornata : Zone 6b à 3a, mais pas à l'est de Chicoutimi ; Bois feuillus clairs et clairières ; Sur la Verge d'or et sous les feuilles mortes à l'automne ; Vole aux lumières ; 23.V-12.XI
L. pumila : Zone 6b à 2a, mais pas à l'est de Baie-

Ste-Catherine ; Sablières, sous feuilles mortes d'aulne; clairières, sur Origan vulgaire ; Vole aux lumières ; 3.V-7.X
L. solea : Zone 6b à 3b, mais pas à l'est de Gentilly ; Bois feuillus et clairs, clairières, sur Verge d'or ; sous feuilles mortes à l'automne en boisés feuillus ; 6.V-1X
L. tricolor : Zone 6b à 3b ; Bois feuillus et clairs, lisières de bois parmi les feuilles et sous les pierres ; Vole aux lumières ; 1.I-8XI
L. viridis : Zone 6b à 1b, mais pas au nord de Baie-Comeau ; Clairières et champs, Verge d'or et fraisiers; à l'automne caché sous pierres ; Vole aux lumières ; 1.I-18.XII
L. vittata : Zone 6b à 4b ; Sablières, aulne et saule ; Vole aux lumières ; 17.V-12.VIII
C. punctata : Zone 6b à 4a, mais pas au nord de Port-au-Saumon (Charlevoix) ; Champs, sur plantes dont Verge d'or ; 2.I-4.XI

115

C. americanus : Zone 6b à 5a (surtout dans la région de Montréal); Bois clairs, haies ; 17.IV-18.XI
C. cribricollis : Zone 6b à 1a ; Bois et leurs lisières, sous feuilles mortes et pierres ; 23.III-21.XI
C. limbatus : Zone 6b à 5a ; Bois feuillus, sous arbres tombés et écorces ; Vole aux lumières ; 19.V-5.VIII
C. neglectus : Zone 6b à 3a jusqu'à Port-au-Saumon (Charlevoix) ; Bois clairs et leurs lisières, sous feuilles mortes et pierres ; 7.VI-8.XII
G. janus : Zone 6b à 4a, mais pas à l'est de Lévis ; Bois feuillus et leurs lisières, sous pierres ; Vole aux lumières ; 24.IV-18.XI

116

B. cordicollis : Zone 6b à 4a, mais pas à l'est de l'île d'Orléans ; Bords de rivières, sous pierres ; Vole aux lumières ; 23.IV-16.IX
B. cyanipennis : Zone 6b à 4a, mais pas à l'est de Bécancour ; Bords de rivières, sous pierres ; Vole aux lumières ; 16.IV-22.X
B. cyanochroaticus : Zone 6b à 4a, mais pas au nord de Joliette ; Bords de rivières et d'étangs, sous pierres ; 18.IV-11.XII
B. fumans : Zone 6b à 4a, mais pas au nord de l'île d'Orléans ; Bords de rivières, sous pierres ; Vole aux lumières ; 16.IV-12.IX
B. janthinipennis : Zone 6b à 5a jusqu'à Bécancour ; Bords de rivières, sous pierres ; 6.V-30.VIII
B. medius : Zone 6b à 4a, mais pas à l'est de Bécancour ; Bords de lacs, de rivières et d'étangs, sous pierres et feuilles mortes ; Vole aux lumières ; 22.V-11.XII
B. tenuicollis : Zone 6b à 4a, mais pas au nord de Québec ; Bords de rivières et d'étangs, sous pierres ; Vole aux lumières ; 3.V-20.XI

124

N. surinamensis : Zone 6b à 4b ; Se prend la nuit aux UV en forêt, dans les friches et en champs ; Se retrouve au piège fosse à l'aide de viande avariée ; Se nourrit d'asticots et de charogne
T. lapponicus : Zone 6b à 0a ; Vivrait probablement près des lacs et des rivières sur la charogne ; En Europe et en Asie, il serait une nuisance aux fourrures, à la viande et au poisson séché
N. americana : Zone 6b à 4a ; On le trouve en forêt et en milieu ouvert ; il est surtout actif le jour alors qu'on le voit voler au soleil ; Au vol, ses couleurs lui donnent l'apparence d'un bourdon
O. noveboracense : Zone 6b à 4a ; Se trouve en forêt, en friches et en champs ; L'adulte est diurne

125

N. defodiens : Zone 6b à 3a ; L'adulte est crépusculaire; Forêt boréale sèche, montagneuse ou costale ; N'enterre pas les carcasses comme le font les autres espèces du même genre
N. investigator : Zone 6b à 2b ; Vit dans diverses forêts et en lieux ouverts ; Actif le jour et la nuit selon la température
N. orbicollis : Zone 6b à 2b ; L'adulte est nocturne et se capture très souvent aux UV. Récolté sur excréments d'animaux carnivores et d'humains ; aussi sur fruits pourris et charogne
N. pustulatus : Zone 6b à 4b ; Nocturne et forestier, on le prend plus communément aux UV que sur la charogne

126

N. sayi : Zone 6b à 3a ; L'adulte est nocturne et se capture aux UV, principalement en forêt ; Serait une des premières espèces de nécrophores à sortir au printemps
N. tomentosus : 6b à 3a ; Diurne, l'adulte se retrouve dans une grande diversité d'habitats en plein jour et ressemblerait à un bourdon

140

A. inornata : Zone 6b à 3a ; La larve vit dans les branches de conifères malades ou morts, l'adulte se retrouve aux fleurs
A. viridicornis : Zone 6b à 5a ; La larve vit dans le Caryer oval, le chêne, l'Orme d'Amérique, le saule et la Vigne sauvage
B. maculiventris : Zone 6b à 3a ; Vit sur Pin rouge, Pin blanc et Épinette blanche ; L'espèce est commune, sa biologie est inconnue

141

B. nutalli : Zone 6b à 3a ; Vit sur Pin ponderosa, Pin blanc, Sapin baumier et probablement d'autres conifères ; Se prend au batoire et sur buches ou arbres ; Cycle vital mal connu
C. fasciata : Zone 6b à 2a ; Hôte incertain, possiblement pin mort, érable, peuplier, chêne ; Sa biologie est inconnue
C. striata : Zone 6b à 3a ; S'attaque au tronc mort ou malade (Pin blanc, Pin rigide, Pruche du Canada, épinette et mélèze) ; L'adulte reste dans le bois tout l'hiver et émerge tôt au printemps
C. fortis : Zone 6b à 2b ; Sur le Pin blanc et le Pin sylvestre ; Biologie peu connue

142
C. virginiensis : Zone 6b à 3a ; Attaque le Pin gris, le Pin ponderosa, le Pin rouge, le Pin blanc et probablement d'autres conifères (arbres vivants ou coupés) ; Relativement commun
C. cribraria : Zone 6b à 3b ; Vit sur le pin ; Biologie inconnue
C. dentipes : Zone 6b à 3a ; Connu pour vivre sur le pin, le mélèze, le sapin et l'épinette ; On ne connaît presque rien de sa biologie
C. femorata : Zone 6b à 3a ; Attaque plusieurs feuillus dont l'érable, le Noyer noir, le pommier, le peuplier, le chêne, le saule et le sorbier ; L'adulte peut causer d'importantes défoliations
C. harrisi : Zone 6b à 1a ; Vit sur le pin ; Biologie peu connue

143
C. neopusilla : Zone 6b à 4b ; Vit sur l'Épinette noire et l'Épinette blanche ; Biologie peu connue
C. rugosiceps : Zone 6b à 3b ; S'attaque au chêne ; Rarement récolté
C. scabripennis : Zone 6b à 2a ; Se retrouve sur le pin, l'épinette et possiblement sur le bouleau ; Sa biologie est inconnue
C. trinervia : Zone 6b à 0a ; Vit sur le pin et l'épinette ; Même si l'espèce est commune, sa biologie reste inconnue
C. verdigripennis : Zone 6b à 1b ; La larve vit dans les blessures d'arbres vivants (pruche, épinette, pin, mélèze et sapin) ; la larve creuse sous l'écorce et pupe dans le cambium
D. c. callosa : Zone 6b à 2b ; La larve se nourrit du cambium du Peuplier faux-tremble mort ; Biologie peu connue

144
D. caudata : Zone 6b à 3b ; Vit sur les troncs morts ou les branches mortes de l'aulne, du bouleau, du cerisier et probablement sur d'autres feuillus
D. d. divaricata : Zone 6b à 3b ; Trouvé sur plusieurs feuillus (morts) dont l'érable, le bouleau, le frêne, l'Ostryer de Virginie, le cerisier, le chêne et l'Orme d'Amérique
D lugubris : Zone 6b à 3a ; Hôte de la larve inconnu ; L'adulte a été capturé sur le Pin gris
D. tuberculata : Zone 6b à 3a ; Sapin baumier, Mélèze laricin, Pin gris, Thuya occidental, Pruche du Canada ; Vivrait dans le bois sec autour des blessures d'arbres vivants
D. lurida : Zone 6b à 2b ; Sur divers feuillus dont l'aulne, le caryer, le chêne et le saule

145
D. tenebrica : Zone 6b à 1b ; L'espèce vit sur le peuplier, dont le Peuplier faux-tremble et le Peuplier à grandes dents
D. tenebrosa : Zone 6b à 1a ; Vit sur le Sapin baumier, l'Épinette blanche, le Pin ponderosa, le Pin gris et le Pin rouge
M. acuminata : Zone 6b à 0a ; Se retrouve sur toutes les espèces conifériennes de Cuba à l'Alaska, incluant tout le Québec
P. cyanipes : Zone 6b à 2b ; Vit sur le peuplier malade ou brisé ; Associé aux longicornes qui attaquent le peuplier
P. abies : Zone 6b à 2a ; Connu pour vivre uniquement sur le Sapin baumier ; Rarement récolté
P. fulvoguttata : Zone 6b à 1a ; Sur le Sapin baumier, le Mélèze laricin, l'épinette, le Pin gris et la Pruche du Canada

146
E. c. cogitans : Zone 6b à 4b ; Galles de l'aulne ; Dépose ses œufs sur de petites tiges poussants aux nœuds ou pond sur l'écorce rugueuse ; Cycle de deux ans
A. anxius : Zone 6b à 3a ; Vit sur le bouleau ; L'adulte émerge de la fin mai à la mi-juin et mange le feuillage pendant trois semaines avant de pondre
A. bilineatus : Zone 6b à 2b ; Sous-espèce A. b. bilineatus sur chêne (certainement autres hôtes aussi) ; A. b. carpini (Zone 6b à 4b) sur frêne et Ostryer de virginie ; Cycle de deux ans
A. criddlei : Zone 6b à 5a ; Vit sur le saule ; L'espèce semble peu commune au Québec ; Biologie inconnue
A. crinicornis : Zone 6b à 4b ; Aucun hôte connu, mais l'adulte a été élevé sur les feuilles du framboisier et du Chêne rouge
A. cyanescens : Zone 6b à 4a ; Sur Chèvrefeuille, chêne, bouleau, hêtre, aulne et rosier ; Introduit d'Europe, trouvé en 1921 au Massachusetts
A. lecontei : Zone 6b à 5a ; Vit sur le micocoulier ; Biologie inconnue
A. granulatus : Zone 6b à 4a ; Sur le peuplier ; Biologie peu connue

147
A. masculinus : Zone 6b à 4b ; Vit sur l'Érable negondo ; Sauf la plante hôte, rien de sa biologie n'est connue
A. obsoletoguttatus : Zone 6b à 5a ; Hêtre à grandes feuilles, Ostryer de Virginie, Chêne rouge, noyer et bouleau ; Biologie inconnue
A. pensus : Zone 6b à 1b ; Larve élevée sur l'Aulne rugueux, adulte aussi trouvé sur l'Aulne crispé ; Vit aussi sur le bouleau (Betula nigra). Cycle de deux ans
A. politus : Zone 6b à 2a ; Vit sur l'érable et le saule ; Biologie inconnue
A. putillus : Zone 6b à 5a ; Capturé sur l'érable ; Biologie inconnue
A. ruficollis : Zone 6b à 4b ; S'attaque aux tiges des framboisiers et des ronces causant des enflures et des galles
A. vittaticollis : Zone 6b à 4a ; La larve attaque les racines et la base du tronc de l'Amélanchier du Canada, de l'aubépine, du pommier, du poirier et du Cerisier de Virginie

148
B. aerosus : Zone 6b à 4a ; La larve mine les feuilles du Peuplier faux-tremble, du hêtre, du Tilleul d'Amérique, de l'Hamamélis de Virginie, de l'orme, du cornouiller, de l'érable et du chêne

B. ovatus : Zone 6b à 4a ; Vit sur l'orme, l'Érable à sucre, le chêne, le hêtre et le noyer ; La larve mine les feuilles
P. laevigatus : Zone 6b à 5a ; S'attaque à la Desmonde du Canada et à l'asclépiade ; Biologie inconnue

175
B. ursina : Zone 6b à 3a ; Très commune, on la prend au filet fauchoir et par battage de branches
C. stigma : Zone 6b à 3a ; Peu fréquente, on la trouve par petits groupes sur le tronc des arbres dont l'Érable argenté et le Hêtre à grandes feuilles

176
A. bitriangularis : Zone 6b à 1a
C. maculata : Zone 6b à 4a ; Commune dans les fleurs au printemps, on trouve parfois plus de 100 individus au pied des arbres à l'automne et au printemps
H. convergens : Zone 6b à 3b ; Commune sur les graminées en milieu sablonneux
H. glacialis : Zone 6b à 5a ; Commune sur les plantes en milieu sablonneux
H. parenthesis : Zone 6b à 3a ; Commune sur les plantes en milieu sablonneux
H. t. tibialis : Zone 6b à 1a
A. labiculata : Zone 6b à 4a ; Peu commune
A. mali : Zone 6b à 1b ; On trouve cette grande coccinelle dans les sapinières
M. pullata : Zone 6b à 1b ; Peu commune, on la prend surtout au piège UV
C. quatuordecimguttata : Zone 6b à 0b ; Très commune, on la prend au filet fauchoir et par battage de branches

177
A. bipunctata : Zone 6b à 1b ; Presque disparue du Québec, on la trouvait autrefois dans les maisons en hiver
C. novemnotata : Zone 6b à 2b ; Probablement disparue du Québec malgré qu'elle a déjà été très commune
C. septempunctata : Zone 6b à 3a ; Très commune sur les herbacées
C. transversoguttata : Zone 6b à 0b ; Peu commune, on la trouve en milieux sablonneux sur les herbacées
C. t. perplexa : Zone 6b à 1b
P. quatuordecimpunctata : Zone 6b à 3b ; Très commune, on la prend au filet fauchoir et par battage de branches
M. hudsonica : Zone 6b à 1b
P. vigintimaculata : Zone 6b à 1b ; Très commune, on la prend au filet fauchoir et par battage de branches
H. axyridis : Zone 6b à 3b ; Très commune dans les maisons du sud de la province de l'automne au printemps ; espèce arboricole en progression vers le nord

193
P. brunnea : Zone 6b à 4a ; La larve vit dans le bois cortical du caryer et du hêtre en décomposition. L'adulte est nocturne et vient aux UV

194
O. brunneum : Zone 6b à 4b ; La larve vit dans les arbres à bois dur et les conifères en décomposition. L'adulte est nocturne; Vient aux UV et aux appâts sucrés
P. laticollis : Zone 6b ; La larve s'attaque aux racines vivantes de nombreux arbres et arbustes. La femelle ne vole pas, et le mâle vient aux UV. Le plus gros de nos longicornes
T. depsarium : Zone 6b à 4a surtout en altitude ; La larve vit dans le pin mort dans la partie cambiale (sous l'écorce)
D. palliatus : Zone 6b à 3a ; La larve vit dans les racines et les tiges basses du sureau. L'adulte mange les feuilles du sureau à partir des rebords (dommage caractéristique en demi-lune)
A. p. proteus : Zone 6b à 4a ; La larve se nourrit du bois de conifères. L'adulte se prend aux fleurs en plein soleil. Il serait attiré par la térébenthine
A. rufula : Zone 6b à 4b ; Vallée du St-Laurent. Vit probablement sur l'épinette. Diurne
A. lineola : Zone 6b à 3a ; La larve vit dans le bois dur ainsi que dans le bouleau et le pin. L'adulte se prend aux fleurs des cerisiers en plein soleil

195
A. sanguinea : Zone 6b à 3b ; La larve se nourrit de pin en décomposition. On prend l'adulte sur les fleurs au soleil
A. attenuatus : Zone 6b à 4b ; La larve se nourrit de bois dur en décomposition, incluant l'érable et le hêtre. L'adulte est diurne; Attiré par les fleurs mâles du pin
A. cyaneus : Zone 6b à 4b ; La larve se nourrit de bois dur et probablement de conifères. L'adulte est diurne
A. viridis : Zone 6b à 4b ; La larve vit dans le bouleau, l'érable et le hêtre. L'adulte est diurne
B. bivittata : Zone 6b à 4b ; La larve vit dans le bois de plusieurs espèces d'arbres à bois dur. L'adulte est diurne
C. decolorata : Zone 6b à 4b ; La larve vit dans le bois cortical vivant ou mort. L'adulte est nocturne et vient aux UV

196
L. chrysocoma : Zone 6b à 1a ; La larve vit dans le bois en décomposition du bois franc et des conifères. On trouve l'adulte aux fleurs au soleil
E. m. monticola : Zone 6b à 4a ; La larve vit sous l'écorce de conifères. On trouve l'adulte aux fleurs (dont celles des ronces) au soleil
G. cyanipennis : Zone 6b à 4b ; La larve vit sous l'écorce de plusieurs arbres et arbustes. On trouve l'adulte aux fleurs (dont celles des ronces) au soleil
A. pratensis : Zone 6b à 1a ; La larve vit dans l'épinette et le pin mort. L'adulte est diurne
G. haematites : Zone 6b à 4b ; La larve vit dans le bois de plusieurs arbres et arbustes. L'adulte est diurne
G. subargentata : Zone 6b à 4b ; La larve vit

dans le bois dur (dont le chêne) ainsi que dans le vinaigrier et le peuplier. L'adulte est diurne
I. pedalis : Zone 6b à 4b. Hôte inconnu ; L'adulte est diurne

197
J. m. montivagans : Zone 6b à 4a ; La larve vit dans les conifères, le saule et le peuplier. On trouve l'adulte aux fleurs au soleil
B. champlaini : Zone 6b à 4b ; La larve vit dans le pin. L'adulte est diurne
B. scalaris : Zone 6b à 4a ; La larve vit dans le bois dur et le pin en décomposition. L'adulte est diurne et vient en plus aux UV la nuit
B. rubrica : Zone 6b à 4a ; La larve vit dans le bois dur (incluant le caryer, le hêtre et le chêne) en décomposition. L'adulte est diurne
L. plebeja : Zone 6b à 4a ; La larve vit dans l'épinette et le pin. L'adulte est diurne
L. biforis : Zone 6b à 4a ; La larve vit dans le bois dur et les conifères. L'adulte est diurne

198
L. subhamata : Zone 6b à 4b ; La larve vit dans la pruche et le pin en décomposition. On trouve l'adulte aux fleurs (dont celles des ronces) au soleil
M. vittata : Zone 6b à 5a ; La larve s'attaque au marronnier. On trouve l'adulte aux fleurs au soleil
N. capitata : Zone 6b à 4b ; La larve vit dans le bouleau. L'adulte est diurne
P. l. liturata : Zone 6b à 1a ; La larve vit dans les conifères. L'adulte est diurne
P. ruficollis : Zone 6b à 4a ; La larve vit dans le bois de plusieurs espèces d'arbres à bois dur. L'adulte est diurne
P. abdominalis : Zone 6b à 5a ; Hôte inconnu. L'adulte est diurne
R. inquisitor : Zone 6b à 4b ; La larve vit dans le bois cambial de divers conifères. Distribution holarctique

199
P. n. nigrella : Zone 6b à 2a ; La larve vit dans le bois cortical de conifères en décomposition. L'adulte est diurne
S. r. rugipennis : Zone 6b à 4b ; La larve vit dans l'épinette et le pin. L'adulte serait attiré par la térébenthine
S. schaumii : Zone 6b à 5a ; La larve vit dans le bois d'arbre à bois dur dont l'érable et le chêne. L'adulte est attiré aux UV
S. vittiger : Zone 6b à 4a ; La larve vit dans divers arbustes. On trouve l'adulte dans les fleurs (dont celles des ronces) au soleil
S. c. canadensis : Zone 6b à 2a ; La larve vit dans le bois de plusieurs conifères et mine parfois divers arbres à bois dur. On trouve l'adulte aux fleurs au soleil

200
S. abbreviata : Zone 6b à 4a ; La larve vit dans le bois de plusieurs conifères et espèces d'arbres à bois dur. Diurne retrouvé aux fleurs au soleil
S. pubera : Zone 6b à 4a ; La larve vit dans l'orme, le noyer et le pin. On trouve l'adulte aux fleurs au soleil
S. luteicornis : Zone 6b ; La larve vit dans le bois d'arbre à bois dur et s'attaque aussi à des arbustes. L'adulte vient aux UV et aux appâts sucrés
S. nitens : Zone 6b à 5a ; La larve vit dans le bois vivant ou mort d'arbre à bois dur dont le marronnier, le chêne et le caryer. L'adulte vient aux UV
T. minnesotana : Zone 6b à 4a ; La larve mine les arbres à bois dur et le pin. On trouve l'adulte dans les fleurs (dont celles de l'asclépiade) au soleil
T. proxima : Zone 6b à 4b ; La larve mine les arbres à bois dur dont le caryer et l'érable. On trouve l'adulte dans les fleurs (dont celles de l'asclépiade) au soleil

201
T. a. brevifrons : 6b à 1a ; La larve vit dans le sapin et l'épinette en décomposition
T. mutabilis : Zone 6b à 4b ; La larve vit dans les arbres à bois dur en décomposition. On trouve l'adulte dans les fleurs au soleil
T. a. acuticauda : Zone 6b à 5a ; Hôte inconnu. On trouve l'adulte dans les fleurs au soleil
T. sparsus : Zone 6b à 5a ; La larve vit dans le pin en décomposition. On trouve l'adulte dans les fleurs au soleil
T. v. velutinus : Zone 6b à 4a ; La larve mine les arbres à bois dur dont le caryer et le chêne. On trouve l'adulte dans les fleurs (dont la Verge d'or) au soleil
X. tibialis : Zone 4a à 0b ; La larve vit dans les conifères en décomposition. On trouve l'adulte dans les fleurs au soleil

202
N. upiformis : Zone 6b à 4a ; La larve vit probablement dans les racines du pin et du sapin. L'adulte est diurne, parfois attiré par les objets brillants comme le métal
A. foveicollis : Zone 6b à 0b ; La larve vit à la base du pin et de l'épinette en décomposition. L'adulte se prend aux UV
A. striatum : Zone 6b à 0b ; La larve vit dans les conifères (en particulier le pin) tombés récemment et dans leur chicot. L'adulte se prend aux UV et se rencontre aussi le jour

203
T. cinnamopterum : Zone 6b à 0b ; La larve mine sous l'écorce du pin et du sapin mourant. L'adulte est nocturne
T. schwarzianum : Zone 6b à 0b ; La larve vit dans le pin. L'adulte est nocturne
K. c. cincta : Zone 6b à 5a ; La larve mine les petites et grosses branches d'arbres à bois dur, dont le chêne et le caryer ; elle attaque aussi le saule. L'adulte est attiré aux UV
H. pubescent : Zone 6b à

4a ; Hôte inconnu. L'adulte est attiré aux UV. Espèce rare
T. bimaculatus : Zone 6b à 5a ; La larve vit dans les arbres à bois dur morts ou vivants dont le frêne. L'adulte sort dès la tombée de la nuit sur l'hôte; il se déplace rapidement. Vient aux UV

204
A. parallelus : Zone 6b à 5a ; La larve vit dans les tiges vivantes d'arbre à bois dur, en particulier sur le chêne; s'attaque aussi à des arbustes. L'adulte est attiré aux UV
A. villosus : Zone 6b à 5a ; La larve mine les tiges vivantes d'arbres à bois dur, en particulier le caryer. L'adulte vient aux UV
E. rufulus : Zone 6b à 5a ; La larve vit dans le chêne, parfois l'érable. Les gros arbres peuvent en mourir. L'adulte vient aux UV
P. aspersum : Zone 6b à 5a ; La larve vit dans l'écorce du chêne et du caryer. L'adulte vient aux UV et aux appâts sucrés
M. b. bimaculatus : Zone 6b à 4a ; La larve vit sous l'écorce des branches mortes de nombreuses essences de bois noble dont l'érable. On trouve l'adulte aux fleurs au soleil
P. unicolor : Zone 6b à 5a ; La larve vit dans les tiges d'arbre à bois dur, en particulier sur le chêne, le caryer et le hêtre. L'adulte vient aux UV
O. rufulum : Zone 6b à 5a ; La larve vit dans les branches mortes et sèches du frêne. L'adulte vient aux UV

205
C. s. sanguinicollis : Zone 6b à 4b ; La larve mine le caryer ; On prend l'adulte le jour sur la fleur du Cénothus
C. frigidum : Zone 6b à 4b ; La larve vit sous l'écorce du genévrier et du thuya ; L'adulte est diurne
C. violaceum : Zone 6b à 4b ; La larve vit sous l'écorce de conifères séchés (pin, mélèze, épinette) ; L'adulte est diurne
M. proteus : Zone 6b à 1a ; La larve vit sous l'écorce du pin et de l'épinette (arbres morts seulement). L'adulte est diurne
P. aereus : Zone 6b à 5a ; La larve vit sous l'écorce d'arbres morts (chêne et marronier)
P. dimidiatus : Zone 6b à 5a ; La larve vit sous l'écorce de conifères morts

206
P. testaceus : Zone 6b à 5a ; La larve mine sous l'écorce de bois noble dont le chêne, le caryer et aussi le pin
P. varius : Zone 6b à 5a ; La larve mine sous l'écorce du chêne et du caryer
P. brevilineum : Zone 6b à 5a ; La larve mine sous l'écorce vivante de l'orme
P. c. collaris : Zone 6b à 1a ; La larve mine le pin et l'épinette ; L'adulte est diurne et serait souvent présent sur les restes de peuplier et de saule
R. sanguinicollis : Zone 6b à 1a ; La larve vit sous l'écorce vivante du cerisier. L'adulte est diurne
S. l. ligneus : Zone 6b à 4b ; La larve mine le genévrier et le thuya. L'adulte émerge tôt au printemps

207
S. litigiosus : Zone 6b à 4a ; La larve s'attaque au sapin, à l'épinette et parfois à la pruche
C. n. nobilis : Zone 6b à 5a ; S'attaque à la base d'arbres malades (chêne, frêne, marronnier). L'adulte est diurne et vient aux appâts sucrés
C. ruricola : Zone 6b à 3b ; S'attaque au bois en décomposition, surtout l'érable ; L'adulte est diurne
G. speciosus : Zone 6b à 4a ; La larve s'attaque au cambium de l'Érable à sucre et parfois de l'Érable argenté. L'adulte est diurne

208
M. robiniae : Zone 6b à 5a ; La larve vit dans le bois cortical du robinier ; On trouve l'adulte au soleil sur les fleurs de la Verge d'or
N. acuminatus : Zone 6b à 5a ; La larve mine sous le cambium des arbres à bois dur (surtout le frêne) ; L'adulte se trouve sur les fleurs le jour et aux UV la nuit
N. l. leucozonus : Zone 6b à 4a; S'attaque à divers conifères ; L'adulte est attiré par les appâts sucrés
S. fulminans : Zone 6b à 5a ; La larve mine sous l'écorce et dans le bois cambiale du marronnier et du chêne. L'adulte vient aux appâts sucrés
X. aceris : Zone 6b à 4b ; La larve vit dans les branches de l'érable, créant des galles
X. a. annosus : Zone 6b à 4a ; La larve vit sur le saule et le peuplier mort ou mourant

209
X. colonus : Zone 6b à 5a ; La larve mine dans et sous l'écorce de tous les arbres à bois dur (surtout le caryer). L'adulte vient aux UV
X. integer : Zone 6b à 5a ; La larve s'attaque à la pruche et au sapin
X. quadrimaculatus : Zone 6b à 4a ; La larve vit dans les branches vivantes du hêtre, de l'aulne et du bouleau
X. s. sagitatus : Zone 6b à 5a ; La larve vit dans les conifères, surtout le pin ; L'adulte vient aux UV
X. schaefferi : Zone non déterminée (probablement 6b à 4b) ; La larve vit dans les cônes du Pin gris
X. undulatus : Zone 6b à 1a ; S'attaque à divers conifères

210
C. verrucosus : Zone 6b à 4a ; La larve vit dans le chêne, le caryer et le pin ; On prend l'adulte dans les fleurs au soleil, aux appâts sucrés et aux UV
M. compressicollis : Zone 6b à 4a ; Hôte inconnu
E. picipes : Zone 6b à 5a ; La larve vit sous l'écorce des branches de plusieurs espèces d'arbres à bois dur, surtout le caryer. L'adulte se prend aux fleurs
P. humeralis : Zone 6b à 5a ; La larve mine les branches de plusieurs espèces d'arbres à bois dur ; L'adulte se prend à l'aide d'appâts sucrés
G. debilis : Zone 6b à 5a ; La larve mine le bois

cortical d'arbres vivants dont le chêne, le caryer et le marronnier
M. oculatus : Zone 6b à 5a ; La larve vit sous l'écorce de plusieurs arbres et arbustes à bois dur (aussi dans le pin)
M. carolinensis : Zone 6b à 4a ; La larve vit dans le pin mort ou malade ; L'adulte est plus actif la nuit

211
M. marmorator : Zone 6b à 5a ; La larve vit dans le sapin et l'épinette (arbres morts ou mourants)
M. mutator : Zone 6b à 5a ; La larve vit dans les conifères morts ou mourants
M. notatus : Zone 6b à 1a ; La larve vit dans les conifères morts ou mourants, en particulier sur le pin
M. s. scutellatus : Zone 6b à 1a ; La larve vit dans les conifères morts ou mourants
D. nigrum : Zone 6b à 5a ; La larve vit dans le bois des branches mortes ou mourantes de caryer

212
E. pauper : Zone 6b à 5a ; La larve s'attaque à plusieurs espèces d'arbres à bois dur, à divers arbuste, et aux vignes ; Vient aux UV
E. subarmatus : Zone 6b à 5a ; La larve vit dans le bois de divers arbres à bois dur ainsi que dans le tilleul et l'orme
P. supernotatus : Zone 6b à 5a ; La larve vit dans les branches mortes de plusieurs espèces d'arbres à bois dur et dans divers arbustes et vignes
E. d. dasycerus : Zone 6b à 5a ; La larve s'attaque à plusieurs espèces d'arbres à bois dur, en particulier au chêne ; Vient aux UV
P. mixtus : Zone 6b à 1a ; S'attaque aux conifères (en particulier le mélèze) et au bois dur
P. parvulus : Zone 6b à 1a ; Vit sur le saule
P. penicillatus : Zone 6b à 1a ; Vit sur l'épinette
A. modestus : Zone 6b à 5a ; Vit dans le bois en décomposition d'arbre à bois dur et aussi dans le pin ; Vient aux UV et aux appâts sucrés

213
O. nubila : Zone 6b à 5a ; La larve mine sous l'écorce d'arbres morts (tilleul, noyer et hêtre)
A. obsoletus : Zone 6b à 5a ; La larve vit dans l'écorce de pin mort ou mourant ; Vient aux UV
A. pusillus : Zone 6b à 1a ; La larve se nourrit d'écorce de pin mort ou mourant (aussi sur d'autres conifères)
A. collaris : Zone 6b à 5a ; La larve mine les arbres à bois dur, en particulier le chêne ; Vient aux UV
A. macula : Zone 6b à 5a ; La larve mine dans et sous l'écorce d'arbre à bois dur (surtout marronnier et ostryer), aussi le tilleul et divers arbustes et vignes
A. sexguttata : Zone 6b à 1a ; La larve vit sous l'écorce de conifères, en particulier le pin. Vient aux UV

214
D. sayi : Zone 6b à 4a ; La larve mine dans la tige de plusieurs herbacées, en particulier l'ambrosie
H. aspersa : Zone 6b à 5a ; Sous l'écorce de divers bois durs, attaque aussi le Ménisperme et la bardane
H. maculata : Zone 6b à 5a ; Vit dans divers arbres à bois dur, en particulier l'ostryer et l'amélanchier. Attaque aussi le tilleul
A. glabripennis : Pas trouvé au Québec. Attaque tous les feuillus, en particulier l'Érable à sucre ; Vit moins sur les fruitiers ; Cycle vital de deux ans à Toronto

215
L. t. transversus : Zone 6b à 5a ; La larve vit dans divers bois durs, dans les vignes et les conifères ; Vient aux UV
L. confluens : Zone 6b à 4a ; Attaque le bois dur dont le caryer ; Vient aux UV
L. symmetricus : Zone 6b à 4a ; Attaque divers bois durs ; Vient aux UV
L. alpha : Zone 6b à 4a ; Attaque les branches de plusieurs arbres à bois dur, arbustes et vignes ; L'adulte vient aux UV
L. misellus : Zone 6b à 5a ; Vit dans le bois dur dont l'érable, le chêne et le cayer. Vient aux UV
S. variegatus : Zone 6b à 4a ; Vit dans les branches d'arbres à bois dur, dans les arbustes et les vignes ; Aussi sur conifères ; Vient aux UV

216
U. querci : Zone 6b à 4b ; Vit dans les branches d'arbres à bois dur (en particulier l'érable), dans les arbustes et les vignes
U. signatus : Zone 6b à 4b ; Vit dans les branches d'arbres à bois dur, dans les arbustes et les vignes
U. fasciatus : Zone 6b à 4b ; La larve vit dans le bois dur et dans le pin ; Vient aux UV

217
S. calcarata : Zone 6b à 3b ; La larve creuse dans le peuplier vivant ou mourant ; Aussi sur le saule ; Vient aux UV
S. candida : Zone 6b à 4a ; S'attaque au pommier vivant, à l'aubépine et au cognassier ; Vient aux UV
S. inornata : Zone 6b à 4a ; La larve vit dans le bois des branches vivantes du saule et du peuplier
S. discoidea : Zone 6b à 5a ; La larve vit dans le caryer mort ou mourant et dans certains autres arbres à bois dur ; L'adulte vient aux UV
S. fayi : Zone 6b à 4b ; La larve vit dans les branches vivantes de l'aubépine ; L'adulte est diurne
S. imitans : Zone 6b à 4a ; La larve vit dans divers bois dur dont le hêtre et le caryer ; L'adulte est diurne

218
S. lateralis : Zone 6b à 4a ; La larve s'attaque à plusieurs arbres au bois dur (dont le caryer) et divers arbustes ; Vit aussi

sur le pin ; L'adulte est diurne
S. mutica : Zone 6b à 5a ; La larve vit dans le saule mort
S. obliqua : Zone 6b à 4a ; La larve vit dans la base du tronc de l'aulne et du bouleau vivant ; L'adulte vient aux UV
S. puncticollis : Zone 6b à 5a ; La larve vit dans les vignes mortes ou mourantes ; L'adulte est diurne
S. tridentata : Zone 6b à 4a ; La larve vit dans l'orme mort ou mourant ; L'adulte est diurne et nocturne (vient aux UV)
S. vestita : Zone 6b à 4b ; La larve vit dans le tilleul mort ou mourant ; L'adulte vient aux UV

219
O. affinis : Zone 6b à 4a ; La larve vit dans le framboisier et le mûrier (du genre Rubus) ; L'adulte est diurne

220
O. pallida : Zone 6b à 4a ; La larve vit dans les branches de l'aulne ; Espèce peu commune
O. praelonga : Zone 6b à 4a ; La larve mine le cornouiller
O. schaumii : Zone 6b à 4a ; La larve s'attaque aux branches vivantes du peuplier
O. tripunctata : Zone 6b à 4a ; La larve vit dans les branches vivantes du cornouiller et dans divers arbustes et arbres au bois dur dont l'orme
T. tetrophthalmus : Zone 6b à 4b ; La larve s'attaque à l'asclépiade et à l'apocyn ; L'adulte se capture facilement avec les mains en plein soleil
T. praeusta : Zone 6b à 4b ; La larve mine dans divers arbustes et arbres, dont l'aubépine et le pommier

DIPTERA

259
S. tranquilla : Zone 6b à 2a ; Cette espèce est commune sur les fleurs de la spirée (Spiraea latifolia) et ne semble pas s'attaquer aux animaux
C. carbonarius : Zone 6b à 3b ; La larve vit dans le sable et le gravier des rivières à fort débit. Pas de mention au nord de Québec
C. excitans : Zone 6b à 0b ; Espèce commune très répandue ; S'attaque beaucoup au chevreuil ; La larve vit dans la mousse et la végétation près de l'eau
C. frigidus : Zone 6b à 0a ; Très commune dans les forêts humides sans être une peste ; La larve vit dans la mousse d'une grande diversité d'habitats humides
C. mitis : Zone 6b à 0a ; Les œufs sont souvent pondus sur les quenouilles ; La larve vit dans la mousse saturée d'eau, la vase, la végétation morte près de l'eau
H. affinis : Zone 6b à 0a ; Très abondante et répandue, c'est une peste en région forestière

260
H. criddlei : Zone 6b à 2a ; La larve vit dans le lit des rivières en forêt ; Il y a peu de mention pour le Québec
H. epistates : Zone 6b à 0a ; Espèce commune ; La larve vit dans la mousse humide des tourbières et des marais
H. illota : Zone 6b à 0a ; Espèce commune et agressive pour l'humain et autres animaux ; La larve vit dans divers habitats humides dans différents substrats organiques
H. lasiophthalma : Zone 6b à 1a, mais surtout au sud de 2a ; Espèce abondante s'attaquant à l'humain et autres animaux
H. typhus : Zone 6b à 5a ; Rarement récoltée au Québec ; La larve vit dans les tourbières à sphaigne de type eutrophe (tourbière dont l'évolution est avancée)
H. zonalis : Zone 6b à 0b ; Espèce commune largement répandue
T. atratus : Zone 6b à 4a ; Espèce peu abondante ; L'attaque directe et le vol lourd de ce taon peut grandement déranger le bétail
T. catenatus : Zone 6b à 4a ; Cette espèce vient aux lumières ; la larve serait probablement terrestre
A. intermedius : Zone 6b à 2a ; Espèce rare, la larve n'a pas encore été décrite et sa biologie est inconnue

LEPIDOPTERA

277
S. argenteomaculatus : Zone 6b à 1b ; Racines d'aulne ; 31.V-10.VIII
S. purpurascens : Zone 6b à 1b ; Racines de peuplier et d'aulne ; 3.VI-18.VIII

278
S. quadriguttatus : Zone 6b à 1b ; Racines de peuplier et de saule ; 11.VI-20.VIII
S. thule : Zone 6b à 5a ; Racines de saule ; 29.VI-30.VII

279
P. marginata : Framboisier
A. pyramidalis : Épilobe
A. tibialis : Zone 6b à 4a ; Peuplier faux-tremble ; VII-VIII
S. scitula : Cornouiller
S. pictipes : Zone 6b à 4a ; Chêne rouge, Prunier sauvage
S. tipuliformis : Groseillier
S. aceri : Zone 6b à 4b ; Érable à sucre
S. albicornis : Zone 6b à 4a ; Saule ; VI-VIII
S. pini : Pin
P. syringae : Zone 6b à 5a ; Frêne ; VI-IX
C. corni : Aster

280
A. centerensis : Zone 6b à 4b ; Peuplier ; 19.V-30.VII
P. robiniae : Zone 6b à 4a ; Peuplier ; 26.V-24.VII

281
C. rosaceana : Zone 6b à 0a ; Peuplier, bouleau, érable, saule ; VI-VIII
C. fumiferana : Zone 6b à 0a ; Épinette, sapin, mélèze, pin, pruche ; VII-VIII
Z. canadensis : Zone 6b à 0a ; Épinette, sapin ; VII-VIII

282
E. clarus : Zone 6b à 5a ;

Amphicarpe bractéolée, robinier ; 18.V-16.VIII
T. pylades : Zone 6b à 4b ; Lespedeza, trèfle ; 11.V-30.VII
E. icelus : Zone 6b à 1a ; Peuplier, saule ; 11.V-30.VII
C. p. mandan : Zone 6b à 0b ; Graminées de lieux humides ; 16.V-26.VII
A. numitor : Zone 6b à 4b ; Graminées de lieux très humides ; 6.VI-15.VIII
T. lineola : Zone 6b à 1a ; Graminées ; 13.VI-10.VIII
H. c. borealis : Zone 0a à 1a ; Graminées de toundra ; 3.VII-12.VIII

283
P. peckius : Zone 6b à 3b ; Graminées de lieux humides ; 9.VI-12.VIII
P. themistocles : Zone 6b à 1b ; Graminées de lieux humides ; 1.VI-22.VIII
P. origenes : Zone 6b à 4b ; Graminées de lieux humides ; 30.VI-2.VIII
P. mystic : Zone 6b à 1a ; Graminées de lieux humides ; 29.V-12.VIII
P. hobomok : Zone 6b à 1b ; Graminées ; 4.V-5.IX
E. v. metacomet : Zone 6b à 4a ; Carex ; 30.V-19.VIII

284
P. p. asterius : Zone 6b à 3b ; Ombellifères sauvages et cultivées (carotte, céleri, aneth, persil) ; 14.V-9.IX

285
P. brevicauda : Zone 3a à 4a ; Ombellifères de la Côte-Nord et de la Gaspésie ; 1.VI-10.VIII
P. canadensis : Zone 6b à 0b ; Polyphage sur de nombreux feuillus (bouleau, peuplier, saule) ; 15.V-15.VIII

286
P. oleracea : Zone 6b à 1b ; Dentaire à deux feuilles ; 4.VII-12.VIII (sous-espèce frigida en zone 4a à 1a sur crucifères boréales et arctiques ; 20.VI-29.VII)
P. rapae : Zone 6b à 1a ; Nombreuses crucifères (chou, navet, Arabis et autres) et aussi sur capucine ; 24.IV-4.XI

287
C. philodes : Zone 6b à 2a ; Crucifères ; 5.V-30.X
C. interior : Zone 6b à 1a ; Feuilles de bleuet et d'airelle (canneberge) ; 7.VI-30.VIII

288
C. eurytheme : Zone 6b à 3a ; Luzerne, trèfle ; 8.VI-4.X
F. tarquinius : Zone 6b à 4a ; Pucerons lanigères de l'aulne rugueux ; 16.V-3.IX
L. p. americana : Zone 6b à 3a ; Oseille ; 22.V-7.IX

289
L. hyllus : Zone 6b à 3b ; Oseille ; 13.VI-4.IX
L. e. michiganensis : Zone 6b à 1b ; Feuilles d'airelle (canneberge) ; 21.VI-29.VIII
S. c. falacer : Zone 6b à 4b ; Chêne ; 10.VI-4.VIII
S. l. strigosum : Zone 6b à 3b ; Cerisier ; 4.VI-21.VIII
C. angustinus : Zone 6b à 1b ; Feuilles de Kalmia, de Ledum et d'airelle (canneberge) ; 4.V-13.VII

290
I. henrici : Zone 6b à 4a ; Fruit de l'Airelle en corymbe et du Cerisier de Pennsylvanie ; 3.V-15.VI
E. laeta : Zone 6b à 4a ; Fruit du Hêtre à grandes feuilles et peut-être du noisetier ; 30.IV-27.VI
C. l. lucia : Zone 6b à 0a ; Feuilles, fleurs et fruits d'un grand nombre de plantes de tourbières ; 20.IV-20.VII
G. l. couperi : Zone 6b à 0a ; Grand nombre de légumineuses ; 4.V-28.VII
E. comyntas : Zone 6b à 5a ; Feuilles, fleurs et graines d'un grand nombre de légumineuses ; 24.V-25.IX
L. i. scudderii : Zone 4a à 1b ; Éricacées dont le Kalmia, le bleuet et le Ledum ; 20.VI-10.VIII

291
P. interrogationis : Zone 6b à 4a ; Orme et ortie ; 10.V-18.X
P. comma : Zone 6b à 4a ; Orme et ortie ; 1.IV-5.IX

292
P. faunus : Zone 6b à 2a ; Saule et gadellier en clairières de forêts conifériennes ; 8.V-8.IX
P. progne : Zone 6b à 3a ; Gadellier et bouleau blanc ; 24.III-3.X
N. vau-album : Zone 6b à 3a ; Bouleau, Peuplier faux-tremble, orme et saule, bords de rivages ; 23.III-28.X
N. milberti : Zone 6b à 2b ; Ortie ; 1.IV-11.X

293
N. antiopa : Zone 6b à 2a ; Saule, orme, Peuplier faux-tremble ; 23.III-30.IX
V. virginiensis : Zone 6b à 3b, migrateur ; Anaphale ; 25.V-22.X
V. cardui : Zone 6b à 2b, migrateur ; Chardon et plusieurs autres plantes ; 27.V-15.X

294
V. a. rubria : Zone 6b à 2b ; Ortie ; 15.V-23.VII
E. claudia : Zone 6b à 4b, migrateur parfois résident ; Violettes ; 1.VII-26.IX
S. a. winni : Zone 6b à 4a ; Violettes, vole surtout en montagne ; 10.VI-23.IX
S. cybele : Zone 6b à 2b ; Violettes, vole en lieux ouverts ; 5.VI-27.IX
J. coenia : Zone 6b à 5a ; Migrateur, rare ; Plantain, Gérardie pourpre, Linaire vulgaire ; 1.VII-1.IX

295
S. atlantis : Zone 6b à 1a ; Violettes, vole surtout en clairières et tourbières ; 15.VI-23-IX
B. s. atrocostalis : Zone 6b à 0b ; Violettes, vole en lieux humides ; 13.V-11.IX
B. b. toddi : Zone 6b à 3b ; Violettes, vole en lieux humides ; 6.V-23.VIII
C. harrisii : Zone 6b à 0b ; Aster, vole en lieux humides ; 26.V-20.VIII

296
P. cocyta : Zone 6b à 0b ; Aster ; 25.V-22.VIII
E. phaeton : Zone 6b à 4a ; Galane glabre (plante toxique de lieux humides) ; 25.V-28.VII
L. a arthemis : Zone 6b à 1a ; Bouleau, saule, peuplier, cerisier, très commun en sapinière ; 25.V-2.IX

L. archippus : Zone 6b à 2b ; Peuplier faux-tremble et saule ; 28.V-20.IX
L. a. astyanax : Zone 6b ; Vit jusqu'à limite sud du Québec où il s'accouple parfois avec L. a. arthemis ; Saule, peuplier, prunier, pommier, cerisier, aubépine.

297
A. celtis : Zone 6b à 5a ; Micocoulier ; 1.VII-31.VIII
S. eurydice : Zone 6b à 2a ; Carex ; 4.VI-8.VIII
E. anthedon : Zone 6b à 3b ; Brachyélytrum dressé (une graminée de sous-bois humides) ; 8.VI-25.VIII
M. cymela : Zone 6b à 4a ; Graminées de sous-bois ; 26.V-18.VIII

298
C. t. inornata : Zone 6b à 0b ; Graminées, vole en lieux ouverts ; 22.V-24.VIII
C. p. nephele : Zone 6b à 3a ; Graminées, vole en bordure de boisés ; 27.V-3.IX
O. c. calais : Zone 2b à 1a ; Carex et graminées ; 12.VI-27.VII
O. j. ascerta : Zone 6b à 0a ; Linaigrette dense et carex ; 24.V-27.VII

299
D. plexippus : Zone 6b à 3a, migrateur ; Asclépiade ; 20.V-19.X

300
E. delphinii : Zone 6b à 4b ; Polyphage dont Érable à sucre, Bouleau blanc et chêne ; 12.VI-3.VIII
O. nubialis : Zone 6b à 4a ; Maïs, aster, pois, dahlia, patate et autres plantes ; VI-VIII
E. hortulata : Zone 6b à 4a ; Ortie, épiaire, menthe, liseron, gadellier ; V-VIII
A. f. glomeralis : Zone 6b à 4a ; Verge d'or ; V-VII
P. farinalis : Peut être transporté avec le grain ou le foin ; Surtout commun autour des fermes.
P. interpunctella : Peut être transporté par le grain (sac de graines pour les oiseaux entre autres).
T. maculata : Zone 6b à 4b ; Clématite, houstonie ; VI-VII

301
H. scripta : Zone 6b à 2a ; Framboisier ; 26.V-28.VIII
E. pudens : Zone 6b à 4b ; Cornouiller ; 25.IV-2.VII
D. arcuata : Zone 6b à 1b ; Bouleau et aulne en forêts laurentiennes ; 7.V-29.VIII
D. bilineata : Zone 6b à 1b ; Bouleau, aulne et peuplier en forêts laurentiennes et régions boisées ; 6.V-24.VIII
O. rosea : Zone 6b à 1b ; Bouleau et viorne ; 2.VI-4.VIII

302
A. infans : Zone 6b à 1a ; Bouleau, saule, peuplier ; 1.IV-6.VI
E. truncataria : Zone 6b à 1a ; Arctrostaphyle raisin-d'ours (plante rampante de rochers et de sol sablonneux) ; 13.V-13.VII
O. tinctaria : Zone 6b à 4b ; Viorne ; 10.V-29.VI
O. flavivenata : Zone 6b à 5a ; Viorne cassinoïde ; 17.IV-3.VI
I. larvaria : Zone 6b à 1b ; Polyphage sur feuillus (vole en tourbières et en boisés) ; 21.VI-7.IX
E. crepuscularia : Zone 6b à 3b ; Polyphage sur feuillus et conifères ; 16.IV-11.VIII

303
B. b. cognaria : Zone 6b à 2b ; Polyphage sur feuillus (vole en boisés avec lichen sur les troncs) ; 16.V-29.VII
L. unitaria : Zone 6b à 4b ; Érable à sucre et aubépine ; 20.VI-25.VII
E. muzaria : Zone 6b à 2b ; Cerisier de Virginie ; 11.VI-10.VIII
E. effecta : Zone 6b à 4a ; Cornouiller stolonifère et spirée ; 2.V-24.VII
E. marginaria : Zone 6b à 5a ; Saule, spirée et Cornouiller stolonifère ; 9.V-4.VIII

304
X. urticaria : Zone 6b à 2b ; Polyphage, entre autres sur la spirée et la Verge d'or ; 31.V-31.VIII
X. sospeta : Zone 6b à 2b ; Polyphage, entre autres sur la spirée et le saule ; 2.VI-4.VIII
P. morrisonaria : Zone 6b à 1b ; Polyphage sur conifères et feuillus ; 20.V-9.VIII
N. quernaria : Zone 6b à 5a ; Bouleau, saule (boisés humides) et chêne (boisé secs) ; 25.V-29.VI
C. perlata : Zone 6b à 1a ; Polyphage sur feuillus et conifères dont le peuplier, le bouleau et l'épinette ; 2.VI-27.IX

305
E. subsignaria : Zone 6b à 4a ; Polyphage sur feuillus dont le chêne, le bouleau, le saule et l'érable ; 24.VI-11.IX
P. subaequaria : Zone 6b à 4a ; Fougères (en boisés humides) ; 26.IV-13.VII
S. alciphearia : Zone 6b à 0b ; Gadellier, saule, aulne et bouleau ; 14.V-6.VIII
M. inatomaria : Zone 6b à 1b ; Peuplier, saule (lieux sablonneux secs) ; 9.V-4.VIII
M. determinata : Zone 6b à 1b ; Saule (boisés sablonneux ou rocheux) ; 3.VI-29.VII
M. duaria : Zone 6b à 2a ; Cerisier, aubépine et spirée ; 13.V-11.VII

306
M. obfirmaria : Zone 6b à 4b ; Airelle (canneberge) et Arctostaphyle ; 20.V-21.VI
A. occiduaria : Zone 6b à 1b ; Polyphage, entre autres sur Cerisier de Pennsylvanie, Érable à sucre et viorne ; 22.V-1.VIII
P. alienaria : Zone 6b à 0b ; Polyphage sur feuillus et conifères dont le bouleau, l'aulne, le saule et le sapin ; 15.V-17.VIII
P. serinaria : Zone 6b à 4a ; Bouleau, chêne, aulne et érable ; 14.V-11.VII
P. kuetzingi : Zone 6b à 5a ; Frêne (boisés humides) ; 6.VI-1.VIII
P. phlogosaria : Zone 6b à 4a ; Bouleau, aulne, saule et cerisier ; 30.IV-10.VIII
P. alcoolaria : Zone 6b à 4b ; Bouleau, chêne, aulne

et érable ; 10.V-7.VII
C. divisata : Zone 6b à 1a ; Pruche, épinette, sapin, pin et mélèze ; 4.VI-15.VIII
C. piniata : Zone 6b à 5a ; Pin et Épinette blanche ; 2.VI-22.VII
L. fiscellaria : Zone 6b à 1a ; Feuillus et conifères dont le sapin, l'épinette, la pruche, le bouleau, l'érable, le peuplier et le saule ; 20.VII-9.X
N. canosaria : Zone 6b à 2b ; Sapin, épinette, pruche, thuya ; 2.VIII-24.IX
S. macularia : Zone 6b à 1b ; Polyphage, entre autres sur Potentille frutescent, gadellier, frêne, peuplier, saule ; 20.VI-25.VIII

307
T. c. aspilatata : Zone 6b à 4a ; Saule, aulne, vinaigrier, sureau ; 19.V-5.VIII
T. cachexiata : Zone 6b à 4a ; Polyphage sur feuillus et conifères dont le bouleau, le mélèze, l'aulne, le viorne, l'épinette et le pin ; 19.V-5.VIII
E. clemataria : Zone 6b à 4b ; Polyphage sur feuillus dont le bouleau, le peuplier, l'érable, la pruche et le saule ; 12.V-28.VI
P. transversata : Zone 6b à 2b ; Polyphage sur feuillus et conifères dont le chêne, l'érable, le peuplier, le bouleau, le sapin et le thuya ; 20.VII-12.IX

308
M. incertata : Zone 6b à 1a ; Polyphage, entre autres sur le saule, le myrique, le gadellier, la shepherdie, l'aubépine, l'aulne et le pin ; 5.V-7.VII
H. grataria : Zone 6b à 4b ; Stellaire, trèfle, renouée ; 24.V-8.IX
S. limboundata : Zone 6b à 3a ; Pommier, gaillet, airelle (canneberge), pissenlit, cerisier ; 3.VI-26.VIII
C. citrata : Zone 6b à 1a ; Polyphage, entre autres sur l'aulne, le rosier, la pruche, le saule, le gadellier et l'érable ; 12.VII-19.IX
C. hersiliata : Zone 6b à 2a ; Gadellier ; 13.VI-8.VIII
E. gracilineata : Zone 6b à 5a ; Vigne sauvage, vigne vierge et épilobe ; 5.VII-25.VIII
E. testata : Zone 6b à 2a ; Bouleau, gadellier, peuplier, aulne et saule ; 14.VII-10.IX
E. molliculata : Zone 6b à 5a ; Physocarpe à feuilles d'obier ; 1.VI-18.VIII
E. explanata : Zone 6b à 0a ; Airelles (canneberges) ; 30.VI-30.VIII
E. serrataria : Zone 6b à 1b ; Hôte inconnu ; 30.VI-2.VIII

309
E. s. albolineata : Zone 6b à 1a ; Épilobe, impatiente ; 19.V-10.VIII
T. juniperata : Zone 6b à 4b ; Genévrier ; 20.IX-15.XI
T. h. affirmaria : Zone 6b à 1a ; Nerprun, chêne, aubépine, cerisier ; 8.IV-20.X
R. h. gothicata : Zone 6b à 0a ; Myrique, aulne, bouleau ; 9.V-11.VIII
A. vasiliata : Zone 6b à 1a ; Ronce, rosier ; 8.V-9.VI
T. albovittata : Zone 6b à 3b ; Épilobe, pigamon, impatiente ; 8.V-26.VII
A. plagiata : Zone 6b, en expansion vers la zone 1b ; Millepertuis ; 27.V-4.IX
D. abortivaria : Zone 6b à 5a ; Vigne sauvage et vigne vierge ; 24.V-12.VIII

310
T. velleda : Zone 6b à 5a ; Polyphage, entre autres sur l'orme, le frêne, le bouleau, le tilleul, le chêne, l'érable et le saule ; 15.VIII-4.X

311
M. disstria : Zone 6b à 1a ; Feuillus et conifères dont le Peuplier faux-tremble, l'Érable à sucre, le saule, le chêne, l'Épinette blanche et le sapin ; 1.VI-26.VIII
M. americanum : Zone 6b à 2a ; Polyphage, entre autres sur le cerisier, le pommier, le peuplier, le bouleau, l'érable, le frêne et le chêne ; 12.VI-31.VII

312
A. virginiensis : Zone 6b à 4b ; Chêne, bouleau, érable, saule ; 30.V-22.VII

313
D. rubicunda : Zone 6b à 4a ; Érable ; 5.V-29.VIII
E. i. pini : Zone 6b à 5a ; Pin ; 23.VI-26.VII

314
A. io : Zone 6b à 5a ; Bouleau, tilleul, Peuplier faux-tremble, orme, robinier, frêne, érable et chêne ; 27.V-6.VIII
H. lucina : Zone 6b ; Vit jusqu'à limite sud du Québec sans y avoir été capturé ; Spirée à larges feuilles, Spirée tomenteuse et chêne. Vole le jour dans les lieux humides ; IX-X

315
A. polyphemus : Zone 6b à 2a ; Bouleau, saule, Peuplier faux-tremble, aulne, érable, cerisier et chêne ; 14.V-3.VIII

316
A. luna : Zone 6b à 4a ; Polyphage, entre autres sur le bouleau, l'ostryer, le chêne, l'orme, le Peuplier faux-tremble, le saule ; 14.V-19.VII

317
C. promethea : Zone 6b à 4b ; Polyphage, entre autres sur le cerisier, le frêne, l'érable et le bouleau ; 1.VI-28.VII

318
H. cecropia : Zone 6b à 4a ; Polyphage, entre autres sur l'érable, le frêne, l'orme, le pommier, le saule et le bouleau ; 18.V-10.VII

319
H. columbia : Zone 6b à 4a ; Mélèze, Cerisier de Pennsylvanie ; 2.VI-10.VII

320
A. cingulata : Migrateur rare, vole aux lumières, surtout en septembre et octobre ; Solanacées dont Patate douce et Datura ; 1.IX-20.X

321
M. quinquemaculata : Zone 6b à 5a ; Tomate, tabac, patate ; 10.VII-27.VIII
D. hyloeus : Zone 6b à 3b ; Houx ; 1.VI-15.VIII

C. amyntor : Zone 6b à 4b ; Orme d'Amérique ; 27.V-9.VIII

322
C. undulosa : Zone 6b à 3b ; Frêne, chêne, lilas et aubépine ; 21.V-8.VIII
S. chersis : Zone 6b à 5a ; Frêne, bouleau, cerisier et lilas ; 1.VI-12.VIII
S. canadensis : Zone 6b à 4b ; Surtout le Frêne noir ; 10.VI-1.VIII

323
S. kalmiae : Zone 6b à 2a ; Kalmia, frêne, lilas, peuplier ; 4.VI-15.VIII
S. poecila : Zone 6b à 1b ; Myrique, spirée, airelle (canneberge), Bouleau blanc et Épinette blanche ; 14.V-31.IX
S. luscitiosa : Zone 6b à 2a ; Saule, peuplier, bouleau ; 31.V-10.VIII

324
S. drupiferarum : Zone 6b à 4b ; Pommier, cerisier, micocoulier, lilas ; 14.V-30.VII
L. bombycoides : Zone 6b à 2a ; Pin ; 1.VI-8.VIII
S. jamaicensis : Zone 6b à 1a ; Saule, peuplier, orme, bouleau, cerisier ; 3.V-19.VIII
S. cerisyi : Zone 6b à 1a ; Peuplier, le saule ; 2.V-31.VIII
P. excaecatus : Zone 6b à 2b ; Polyphage, entre autres sur le bouleau, l'orme, le tilleul, le peuplier et le saule ; 25.V-19.VIII

325
P. myops : Zone 6b à 4a ; Cerisier, bouleau, aubépine, peuplier, saule ; 30.V-11.VIII
L. juglandis : Zone 6b à 5a ; Caryer, noyer ; 13.V-10.VIII
P. modesta : Zone 6b à 2b ; Peuplier faux-tremble, Bouleau jaune, saule ; 25.V-10.VIII

326
H. thysbe : Zone 6b à 0b ; Symphorine blanche, viorne, aubépine, chèvrefeuille, cerisier ; 4.V-10.IX
H. gracilis : Zone 6b à 4b ; Airelle (canneberge) ; 25.V-29.VII
H. diffinis : Zone 6b à 0b ; Apocyn, chèvrefeuille, Symphorine blanche ; 31.IV-24.IX
E. achemon : Zone 6b à 5a ; Vigne sauvage, vigne vierge ; 17.VI-20.VII

327
S. abbottii : Zone 6b à 5a ; Vigne sauvage et vigne vierge ; 12.V-24.VI
D. inscripta : Zone 6b à 5a ; Vigne sauvage et vigne vierge ; 11.V-2.VII
A. floridensis : Zone 6b à 4b ; Vigne sauvage et vigne vierge ; 5.V-1.VII
P. flavofasciata : Zone 4b à 3a ; Épilobe ; 9.V-27.VII
D. versicolor : Zone 6b à 5a ; Céphalanthe occidentale et Décodon verticillé ; 30.VI-15.VIII

328
D. myron : Zone 6b à 4b ; Viorne, vigne sauvage et vigne vierge ; 25.V-22.VIII
D. pholus : Zone 6b à 4a ; Viorne, airelle (canneberge), Kalmia ; 18.V-10.IX
H. gallii : Zone 6b à 1b ; Épilobe, aspérule, gaillet ; 30.V-10.VIII
H. lineata : Migrateur trouvé au sud du Québec jusqu'à Tadoussac ; Polyphage sur herbacées et arbustes ; 3.V-8.IX

329
C. albosigma : Zone 6b à 2a ; Peuplier, saule, aulne ; 21.V-12.VIII
C. apicalis : Zone 6b à 2a ; Saule, peuplier ; 7.V-15.VIII
D. ministra : Zone 6b à 3b ; Polyphage, entre autres sur bouleau, orme, pommier, tilleul, saule ; 15.VI-1.VIII
N. gibbosa : Zone 6b à 2a ; Polyphage, entre autres sur bouleau, saule, aulne, chêne ; 20.V-3.VIII
H. georgica : Zone 6b à 5a ; Chêne et frêne ; 21.V-22.VII

330
P. basitriens : Zone 6b à 5a ; Orme d'Amérique et Érable à sucre ; 3.VI-7.VIII
P. ferruginea : Zone 6b à 1b ; Bouleau et Érable à sucre ; 16.VI-15.VIII
P. rimosa : Zone 6b à 1a ; Peuplier, saule, bouleau ; 25.V-31.VIII
O. elegans : Zone 6b à 2a ; Peuplier faux-tremble ; 30.V-8.VIII
N. simplaria : Zone 6b à 2b ; Peuplier et saule ; 24.V-10.VIII
N. bidentata : Zone 6b à 4a ; Orme d'Amérique ; 17.V-29.VII

331
G. avimacula : Zone 6b à 5a ; Peuplier ; 12.V-26.VI
F. occidentalis : Zone 6b à 3a ; Saule et peuplier ; 4.V-8.VIII
F. modesta : Zone 6b à 3a ; Pommier, peuplier et saule ; 1.V-16.VIII
C. s. canadensis : Zone 5a, rarement récolté donc peu d'information ; Peuplier, cerisier et saule ; 12.VI-22.VI

332
S. leucitys : Zone 6b à 4b ; Érable, tilleul, Bouleau blanc et hêtre ; 4.VI-21.VII
M. mathesia : Zone 6b à 5a ; Érable, frêne, peuplier et chêne ; 26.VI-2.VIII
D. thyatiroides : Zone 6b à 5a ; Hêtre ; 5.VI-7.VIII
H. u. pulverea : Zone 6b à 2b ; Bouleau, chêne et érable ; 6.VI-22.VII
H. guttivitta : Zone 6b à 4b ; Polyphage, entre autres sur bouleau, hêtre, érable, orme, peuplier et cerisier ; 12.V-18.VII

333
S. ipomeae : Zone 6b à 3b ; Bouleau, érable, orme, hêtre, cerisier et saule ; 12.VI-9.VIII
S. unicornis : Zone 6b à 2a ; Bouleau, saule, aulne, sorbier, hêtre et cerisier ; 17.V-20.VIII
S. concinna : Zone 6b à 5a ; Peuplier faux-tremble, saule, pommier et bouleau ; 26.VI-2.VIII
S. leptinoides : Zone 6b à 5a ; Ostryer, Bouleau blanc, peuplier, chêne, noyer et saule ; 9.VI-22.VII

334
E. bicolor : Zone 6b à 2a ; Algues vivant sur l'Épinette blanche, sur le sapin et sur autres conifères ; 16.VI-18.VIII
L. pholus : Zone 6b à 3a ; Lichens ; 2.VII-6.IX
H. miniata : Zone 6b à 5a ; Lichens sur troncs d'arbres ; 8.VI-20.VIII

H. f. tricolor : Zone 6b à 2a ; Lichens et mousses sur troncs d'arbres ; 5.VI-20.VIII
H. l. treatii : Zone 6b à 3b ; Pissenlit et plantain ; 12.VI-9.VIII
H. ferruginosa : Zone 6b à 1a ; Plante hôte non déterminée ; 6.VI-15.VIII

335
H. lecontei : Zone 6b à 2a ; Saule, peuplier, bouleau, érable et cerisier ; 19.VI-15.VIII
H. confusa : Zone 6b à 2a ; Cynoglosse officinal, Eupatoire maculée, saule, peuplier, cerisier, bouleau ; 15.VI-28.VIII
P. isabella : Zone 6b à 1b ; Polyphage, entre autres sur le chiendent, l'aster et le Bouleau blanc ; 28.V-12.VIII
E. acrea : Zone 6b à 2a ; Polyphage, entre autres sur le pommier, le chou, le trèfle, le maïs et le plantain ; 19.V-6.VIII

336
P. f. rubricosa : Zone 6b à 2a ; Renouée, Eupatoire, Verge d'or et plantain ; 18.IV-11.IX
P. assimilans : Zone 6b à 4a ; Bouleau blanc, Peuplier baumier et ronce ; 7.V-30.VI
S. virginica : Zone 6b à 1b ; Bouleau, laitue, chou, maïs, érable, cerisier, concombre et saule ; 12.V-25.VIII
P. parthenos : Zone 6b à 1a ; Saule, aulne, bouleau, cerisier, laitue et pissenlit ; 2.VI-20.VIII
A. c. americana : Zone 6b à 4a ; Chénopode, noyer, laitue, pommier, plantain, peuplier et pissenlit ; 8.VII-20.VIII

337
A. nais : Zone 6b à 5a ; Trèfle, graminées, plantain, violette, chénopode et pissenlit ; 22.V-29.VIII
G. virguncula : Zone 6b à 3b ; Plantain, pissenlit et renouée ; 15.VI-6.VIII
G. anna : Zone 6b à 4b ; Plantes basses dont le trèfle et le plantain ; rare, probablement VI-VIII
G. williamsii : Zone 6b à 1b ; Érigeron, Séneçon et blé ; 10.VI-8.VIII
G. parthenice : Zone 6b à 1b ; Chénopode, plantain et pissenlit ; 28.VI-12.IX
G. virgo : Zone 6b à 2a ; Chénopode, laitue, épilobe et saule ; 13.VI-13.VIII

338
H. tessellaris : Zone 6b à 4a ; Bouleau, orme, tilleul, chêne, caryer, érable, saule, aulne et bleuet ; 8.VI-22.VIII
L. caryae : Zone 6b à 5b ; Noyer, tilleul, chêne, bouleau, caryer, érable, peuplier et saule ; 4.VI-10.VII
L. maculata : Zone 6b à 1a ; Saule, peuplier, aulne, érable, bouleau, tilleul et chêne ; 13.V-9.VIII
C. oregonensis : Zone 6b à 5a ; Apocyn ; 23.V-6.VII
E. egle : Zone 6b à 5a ; Asclépiade ; 4.VI-24.VII

339
C. virginica : Zone 6b à 1a ; Chiendent, Agrostis, Brome et autres graminées ; 23.V-22.VIII
C. fulvicollis : Zone 6b à 2a ; Éléocharide, graminées et lichen ; 23.V-5.X
D. plagiata : Zone 6b à 2a ; Polyphage sur conifères et certains feuillus dont le bouleau, le peuplier, le saule et l'érable ; 2.VI-12.VIII
O. definita : Zone 6b à 5a ; Tilleul, bouleau, chêne, saule, orme et peuplier ; 6.VIII-15.IX

340
O. a. nova : Zone 6b à 3a ; Très polyphage sur les conifères et les feuillus dont l'aulne et le sapin ; 2.VIII-9.X
O. l. intermedia : Zone 6b à 3b ; Aulne, pommier, sapin, bouleau, mélèze, érable, saule et peuplier ; 18.VI-5.X
L. salicis : Zone 6b à 3b ; Peuplier, saule, bouleau et érable ; 27.VI-30.VIII
L. dispar : Zone 6b à 4b ; Chêne, aulne, pommier, tilleul, érable, bouleau, mélèze, peuplier et saule ; 10.VII-21.VIII

341
B. baltimoralis : Zone 6b à 4a ; Érable rouge, Érable argenté et Érable à sucre ; 5.V-22.IX
C. canadensis : Zone 6b à 2a ; Pigamon ; 4.VII-13.VIII
S. libralix : Zone 6b à 1a ; Saule, peuplier, aulne et bouleau ; 6.VI-16.X

342
P. rufimargo : Zone 6b à 5a ; Chêne, frêne, caryer et saule ; 15.VI-1.VIII
D. a. alleni : Zone 6b à 1a ; Airelle (canneberge) ; 6.V-13.VII
A. odorata : Migrateur rare; Pas d'hôte au Québec ; 10.V-10.X

343
Z. minerea : Zone 6b à 4b ; Saule, bouleau, ostryer, chêne, Érable rouge, tilleul et aulne ; 10.IV-9.VII
Z. lunata : Zone 6b à 5a ; Cerisier, érable, chêne, saule, Verge d'or et aulne ; 12.IV-21.X
Z. galbanata : Zone 6b à 5a ; Érable rouge, Érable négondo et Érable à épit ; 20.IV-22.IX
Z. aeruginosa : Zone 6b à 2a ; Chêne, Cornouiller à feuilles alternes et épinette ; 13.V-4.VII
Z. lunifera : Zone 6b à 5a ; Hôte non déterminé ; 11.IV-25.VI
Z. unilineata : Zone 6b à 5a ; Hôte non déterminé ; 19.IV-29.VI

344
Z. horrida : Zone 6b à 4a ; Viorne Lantago ; 23.V-3.VII
C. crassiuscula : Zone 6b à 2a ; Trèfle, lupin et graminées ; 14.IV-28.VIII
E. nubilis : Zone 6b à 5a ; Robiniae faux-Acacia ; 1.VI-31.VIII
C. habilis : Zone 6b à 5a ; Caryer et noyer ; 27.VII-27.IX
C. obscura : Zone 6b à 5b ; Caryer et noyer ; 10.VIII-9.IX
C. retecta : Zone 6b à 5a ; Caryer ; 20.VII-18.IX

345
C. subnata : Zone 6b à 5a ; Caryer cordiforme ; 15.VII-17.IX
C. neogama : Zone 6b à 5a ; Caryer et noyer ; 28.VII-22.IX
C. ilia : Zone 6b à 5a ; Chêne ; 11.VII-17.IX

346
C. cerogama : Zone 6b à 5a ; Tilleul ; 21.VII-25.IX
C. relicta : Zone 6b à 1a ; Peuplier, saule, caryer et Bouleau blanc ; 17.VII-6.X

347
C. unijuga : Zone 6b à

1b ; Peuplier et saule ; 13.VII-11.X
C. parta : Zone 6b à 3a ; Saule et peuplier ; 22.VII-11.X
C. briseis : Zone 6b à 2a ; Saule et peuplier ; 18.VII-5.X
C. semirelicta : Zone 6b à 3a ; Peuplier ; 25.VII-21.IX

348

C. cara : Zone 6b à 5a ; Saule et peuplier ; 22.VII-5.X
C. concumbens : Zone 6b à 1b ; Saule et peuplier ; 17.VII-2.X
C. amatrix : Zone 6b à 5a ; Peuplier et saule ; 11.VIII-11.X
C. ultronia : Zone 6b à 4a ; Pommier et cerisier ; 10.VII-21.IX
C. crataegi : Zone 6b à 4b ; Aubépine et pommier ; 30.VI-27.VIII
C. grynea : Zone 6b à 5a ; Aubépine, prunier et pommier ; 16.VII-28.VIII
C. blandula : Zone 6b à 4b ; Pommier, aubépine et amélanchier ; 2.VII-29.VIII

349

D. balluca : Zone 6b à 4a ; Houblon, Peuplier faux-tremble, Laportéa du Canada et framboisier ; 29.VI-2.IX
M. biloba : Migrateur jusqu'en zone 2a ; Polyphage sur herbacées ; 21.V-7.IX
A. precationis : Zone 6b à 3b ; Polyphage sur herbacées ; 30.IV-25.X
A. bimaculata : Zone 6b à 2a ; Pissenlit, plantain, ortie et autres plantes basses ; 23.VI-5.IX
A. mappa : Zone 6b à 1b ; Ortie, airelle (canneberge) et pissenlit ; 7.VI-28.VIII
A. flagellum : Zone 4b à 2a ; Hélianthe, Liatris et autres herbacées ; 11.VI-11.VIII
A. ampla : Zone 6b à 1a ; Saule, peuplier, aulne, bouleau et airelle (canneberge) ; 3.VI-29.VIII

350

S. octoscripta : Zone 6b à 1a ; Airelle (canneberge) ; 24.VI-10.IX
S. cryptica : Zone 4b à 2b ; Probablement des conifères ; 12.VII-5.VIII
S. rectangula : Zone 6b à 2a ; Sapin, épinette et mélèze ; 20.VI-29.VIII
P. putnami : Zone 6b à 1a ; Graminées et rubanier ; 1.VI-23.IX
P. contexta : Zone 6a à 4a ; Graminées et glycérie ; 1.VI-10.IX
P. venusta : Zone 6b à 3b ; Probablement carex et graminées ; 20.VI-19.IX
L. diphteroides : Zone 6b à 4a ; Verge d'or et aster ; 19.V-22.VII
L. lepidula : Zone 6b à 5a ; Oseille et pissenlit ; 19.V-22.VII

351

P. acronyctoides : Zone 6b à 1a ; Sapin, épinette, mélèze et pin ; 28.V-18.VIII
P. p. centralis : Zone 6b à 2a ; Pin et mélèze ; 31.V-15.VIII
C. flavicornis : Zone 6b à 5a ; Ostryer, Hêtre à gros fruit, Érable argenté, tilleul, Bouleau blanc, Érable rouge ; 10.V-10.VII
C. deridens : Zone 6b à 5a ; Hêtre à gros fruit, Bouleau blanc, chêne et érable ; 6.VI-30.VII
R. frater : Zone 6b à 2b ; Peuplier, saule, Bouleau blanc et Aulne rugueux ; 20.V-15.VIII
A. americana : Zone 6b à 4a ; Érable, bouleau, peuplier, saule, orme, frêne et tilleul ; 17.V-2.IX

352

A. dactylina : Zone 6b à 2a ; Bouleau, saule, aulne, cerisier, Érable à sucre ; 30.V-30.VIII
A. vulpina : Zone 6b à 2a ; Peuplier, bouleau, saule, aulne ; 20.V-30.VII
A. innotata : Zone 6b à 2a ; Bouleau, peuplier, aulne, saule et cerisier ; 16.V-16.VIII
A. tritona : Zone 6b à 2a ; Airelle (canneberge) ; 15.V-18.VII
A. quadrata : Zone 6b à 5a ; Cerisier, Peuplier faux-tremble et saule ; 22.VI-8.VIII
A. superans : Zone 6b à 4a ; Amélanchier, pommier, bouleau, sorbier et cerisier ; 17.V-17.VIII
A. hasta : Zone 6b à 4b ; Cerisier et Chêne rouge ; 18.V-9.VIII
A. spinigera : Zone 6b à 4b ; Pommier, bouleau, cerisier, orme et tilleul ; 12.V-29.VII

353

A. morula : Zone 6b à 4a ; Orme, aubépine, cerisier et pommier ; 24.V-9.VIII
A. increta : Zone 6b à 4b ; Hêtre, Chêne blanc et bouleau ; 10.VI-10.VII
A. impressa : Zone 6b à 2b ; Saule, cerisier, peuplier, bouleau et aulne ; 31.V-15.VIII
A. fallax : Zone 6b à 4a ; Airelle (canneberge) et peuplier ; 10.VI-10.VIII
H. trisignata : Zone 6b à 2a ; Airelle (canneberge), lilas, frêne, saule et pommier ; 31.V-2.VIII

354

E. unio : Zone 6b à 4b ; Épilobe, salicaire, onagre et vigne sauvage ; 13.V-7.VIII
E. grata : Zone 6b à 5a ; Vigne vierge, vigne sauvage et houblon ; 13.V-8.VIII
A. octomaculata : Zone 6b à 2b ; Vigne vierge et vigne sauvage ; 25.V-22.IX
A. langtoni : Zone 6b à 2a ; Épilobe ; 24.V-15.VIII
A. verbascoides : Zone 6b à 3a ; Hôte inconnu ; 14.VI-11.VIII
A. lignicolora : Zone 6b à 3a ; Graminées ; 8.VI-10.VIII

355

A. amputatrix : Zone 6b à 2b ; Chou, laitue, graminées, maïs et groseillier ; 8.VI-31.VIII
A. dubitans : Zone 6b à 1b ; Graminées ; 26.VI-22.IX
A. helva : Zone 6b à 5a ; Graminées ; 9.VII-12.IX
A. nivelvenosa : Zone 6b à 3a ; Pissenlit ; 22.VI-25.VIII
Amphipoea : Zone 6b à 1b ; Racines ou tiges de certaines plantes ; 1.VII-13.IX
A. devastator : Zone 6b à 0a ; Graminées ; 20.VI-7.IX
P. arctivorens : Zone 6b à 4b ; Bardane et chardon ; 13.VIII-6.X

356

B. obliqua : Zone 6b à 4a ; Tige et tête des quenouilles ; 19.V-10.IX
E. benesimilis : Zone 6b à 2a ; Aulne, cornouiller et saule ; 20.V-5.VIII

P. iris : Zone 6b à 2b ; Onoclée (fougère), airelle (canneberge) et pissenlit ; 25.V-19.VIII
P. periculosa : Zone 6b à 2a ; Kalmia, Érable rouge, aulne, airelle (canneberge), cerisier et sapin ; 13.VII-9.IX
C. anodonta : Zone 6b à 4b ; Plante hôte inconnue ; 1.VII-29.VIII
E. decolor : Zone 6b à 2a ; Peuplier, Bouleau blanc et saule ; 2.VIII-23.IX
H. xylinoides : Zone 6b à 1b ; Airelle (canneberge), Millepertuis commun, aulne, rosier, trèfle, saule et bouleau ; 4.V-2.IX

357
C. palliatricula : Zone 6b à 2a ; Champignons ; 27.V-6.VIII
N. ramosula : Zone 6b à 3a ; Millepertuis commun ; 14.V-8.IX
C. mollissima : Zone 6b à 3a ; Dryoptéride de New York (fougère), Ptéridium des aigles (grande fougère) ; 20.V-10.VIII
C. cordata : Zone 6b à 3a ; Onoclée (fougère) et Ptéridium des aigles (grande fougère) ; 5.VI-10.VIII
A. pyramidoides : Zone 6b à 4a ; Tilleul, orme, chêne, bouleau, saule, peuplier et érable ; 10.VII-22.IX
L. fagina : Zone 6b à 5a ; Bouleau et Cerisier de Pennsylvanie ; 30.III-21.X
L. pexata : Zone 6b à 3a ; Aulne ; 7.IX-22.X

358
E. vinulenta : Zone 6b à 4b ; Érable, cerisier et chêne ; 10.III-4.XI
X. togata : Zone 6b à 3b ; Saule (chatons, ensuite feuilles) et Chêne à gros fruits ; 18.VIII-12.X
F. jocosa : Zone 6b à 2b ; Sapin, épinette, pin et mélèze ; 15.IV-28.VI
F. comstocki : Zone 6b à 1b ; Sapin, épinette, pruche et pin ; 30.IV-24.VI
C. intermedia : Zone 6b à 2a ; Bouleau blanc, Peuplier faux-tremble, saule, Aulne rugueux et Cerisier de Virginie ; 15.V-8.X
P. imbrifera : Zone 6b à 2a ; Cerisier de Virginie, saule, bouleau et Aulne rugueux ; 18.VI-26.VIII
C. convexipennis : Zone 6b à 4b ; Fleurs d'aster et de Verge d'or ; 3.VII-26.VII

359
M. adjuncta : Zone 6b à 2a ; Aulne, saule, orme, groseillier, sureau, chèvrefeuille, plantain et trèfle ; 3.V-12.IX
L. renigera : Zone 6b à 1b ; Pommier, herbacées, choux, trèfle et maïs ; 15.VI-31.VIII
F. difusa : Zone 6b à 2a ; Plantes fourragères et céréalières ; 16.V-1.IX
A. oxygala : Zone 6b à 1a ; Dactyle pelotonné, chicorée, graminées ; 31.V-26.IX
P. unipuncta : Zone 6b à 1a ; Très polyphage sur plusieurs arbres, arbustes feuillus et plantes herbacées ; 11.V-12.X
L. pseudargyria : Zone 6b à 4a ; Graminées ; 5.VI-11.VIII
O. revicta : Zone 6b à 4a ; Saule, Peuplier faux-tremble, érable, frêne, bouleau, hêtre, chêne et cerisier ; 17.IV-28.VI
M. evicta : Zone 6b à 5a ; Cerisier ; 16.IV-30.V
N. minians : Zone 6b à 1b ; Plusieurs graminées et autres herbacées ; 27.VII-30.IX

360
A. vetusta : Zone 6b à 4b ; Pommier, vigne, maïs, et laitue ; 23.VII-11.IX
A. venerabilis : Zone 6b à 2b ; Trèfle, pissenlit, maïs, avoine et autres herbacées ; 20.VII-31.IX
A. ipsilon : Zone 6b à 1b ; Plusieurs plantes cultivées dont le trèfle, le maïs et la laitue ; 23.V-23.XI
F. herilis : Zone 6b à 2b ; Hôte inconnu ; 24.VI-21.IX
T. geniculata : Zone 6b à 4b ; Hôte inconnu ; 19.VII-16.IX
E. ochrogaster : Zone 6b à 1b ; Polyphage sur un grand nombre d'herbacées ; 3.VII-17.IX
O. implecta : Zone 6b à 1a ; Trèfle, saule, chicorée et plusieurs herbacées ; 16.V-5.IX
N. pronuba : Zone 6b à 1a ; Polyphage sur un grand nombre d'herbacées et d'arbustes ; 15.VI-21.IX

361
E. occulta : Zone 6b à 1a ; Mélèze, peuplier, aulne, saule, érable et airelle (canneberge) ; 25.V-13.IX
S. clandestina : Zone 6b à 2a ; Polyphage sur plusieurs arbres, arbustes et plantes herbacées ; 7.VI-25.IX
E. astricta : Zone 6b à 2a ; Peuplier, érable, Aulne rugueux, Bouleau blanc, cerisier et airelle (canneberge) ; 24.VI-28.VIII
X. c-nigrum : Zone 6b à 2b ; Racines, tiges, bourgeons, feuilles et fruits de plusieurs plantes et arbres dont l'érable, le pommier, le maïs et le trèfle ; 28.V-22.IX
A. prasina : Zone 6b à 2b ; airelle (canneberge), noisetier, érable, mélèze, sureau, Bouleau blanc et Aulne rugueux ; 11.VI-1.IX
C. acadiensis : Zone 6b à 2a ; Apocyn ; 26.VI-30.VIII
S. florida : Zone 6b à 3b ; Fleur et graine de l'onagre ; 20.VI-15.IX

INDEX DES NOMS LATINS

B

C

R

S

U

V

X

Y

Z

INDEX DES NOMS FRANÇAIS

Note : Les noms vernaculaires français débutants par les qualificatifs suivants : grand, grande, petit ou petite ont été remodelés pour faciliter leur localisation dans l'index. Ces qualificatifs se retrouvent placés à la fin du nom vernaculaire ; par exemple Grand cucujide rouge est changé pour Cucujide rouge, grand.

C

D

M

N

O

INDEX DES NOMS ANGLAIS

D

E

F

M

N

O

P

ADRESSES UTILES

Liste non exhaustive de fournisseurs de matériel entomologique au Québec

Agriope
M. Laurent Le Sage
10, Kilroy Crecent
Aylmer (Qc)

Atelier Jean Paquet Inc.
4656, route Fossambault
Ste-Catherine-de-la-Jacques-Cartier (Qc)
G0A 3M0

Boutique de l'Insectarium de Montréal
4581, rue Sherbrooke Est
Montréal (Qc)
H1X 2B2

Décoluna
Serge Goudreault
2340, avenue de Vitré
Québec (Qc)
G1J 4A5

Insectes Mondiaux Inc.
271, Léo-T-Julien
Charlesbourg (Qc)
G1H 7B1

Lire la Nature Inc.
1198, chemin Chambly
Longueuil (Qc)
J4J 3X7

Le Nautillus
4840, rue Saint-Denis
Montréal (Qc)
H2J 2L6

Le Naturaliste
2925, chemin Ste-Foy
Ste-Foy (Qc)
G1X 1P3

Association des entomologistes amateurs du Québec inc. (AEAQ)
Commander à partir de leur site Internet : http://aeaq.ca/ ou écrire à info@aeaq.ca

Chez madame huppée magasin général
364, rue Alexandre
Sherbrooke (Qc)
J1H 4T1

BIBLIOGRAPHIE

Agriculture Canada. 1981. *Manual of Neartic Diptera*, vol. 1, 2, 3. Gouvernement du Canada, Hull, Québec, Canada. 1581 p.

Benoît, Paul. 1975. *Noms français d'insectes du Canada.* Publication QA38-R4-30. Agriculture Québec, Québec. Province de Québec, Canada. 214 p.

Borror, Donald J. et **White, Richard E.** 1970. *A Field Guide to the Insects of America North of Mexico*, Houghton Mifflin Company. Boston, Mass., États-Unis. 996 p. (traduit et mis à jour par F. Harper aux Éditions Broquet sous le titre *Les insectes de l'Amérique du Nord*, 1991)

Chagnon, G. et **A. Robert.** 1962. *Principaux coléoptères de la province de Québec*, 2e édition. Presses de l'Université de Montréal, Montréal, Québec, Canada. 440 p.

Collectif. 1979. *Les principaux insectes défoliateurs du Québec.* Gouvernement du Québec, Québec, Province de Québec, Canada. 188 p.

Covell, Jr., Charles. 1984. *A Field Guide to the Moths of Eastern North America*, Houghton Mifflin Company. Boston, Mass., États-Unis. 996 p.

Dierl, Wolfgang. 1992. *Guide des insectes, description, habitat, mœurs*, Delachaux et Niestlé S.A., Lausanne (Suisse) 240 p.

Dubuc, Yves. 2004. *Le Guide des insectes du Québec*, édition 2004. Saint-Augustin-de-Desmaures, Province de Québec, Canada, 82 p.

Klots, Alexander B. 1979. *A Field Guide to the Butterflies of Eastern North America East of the Great Plains*, Houghton Mifflin Company. New York, NY, États-Unis. 349 p.

Handfield, Louis. 1999. *Le Guide des papillons du Québec version scientifique*, Broquet, Boucherville, Québec, Canada. 982 p. 122 pl.

Handfield, Louis. 1997, *Liste des lépidoptères du Québec et du Labrador.* Fabreries, Supplément 7 : 1-155.

Laliberté, J.-L. 1985. *Glossaire entomologique*, 2e édition. Fabreries, Supplément 2. 136 p.

Laplante, Jean-Paul. 1985. *Papillons et chenilles du Québec et de l'est du Canada.* Éditions France-Amérique. Montréal, Québec, Canada. 280 p. 64 p.

Laplante, Serge et **Coll.** 1991. *Liste des espèces de coléoptères du Québec*, Fabreries, supplément no.6. 136 p.

Larochelle, André. 1976, *Manuel d'identification des Carabidae du Québec*, Cordulia supplément 1, 127 p.

Larochelle, André. 1984, *Les Punaises terrestres (Hétéroptères : Géocorises) du Québec.* Fabreries, supplément 3. 513 p.

Larochelle, André. 1975, *Les Carabidae du Québec et du Labrador*, Département de biologie du Collège Bourget, Rigaud, Bulletin I page 1-255

White, Richard E. 1983, *A Field Guide to the Beetles North of America.* Houghton Mifflin Company. New York, NY, États-Unis. 368 p.

Marie-Victorin, Frère. 1964. *Flore laurentienne.* Les Presses de l'Université de Montréal. Québec, Canada. 925 p.

Pelletier, Georges. 1995. *Guide sonore et visuel des insectes chanteurs du Québec et de l'est de l'Amérique du Nord.* Éditions Broquet inc., Boucherville, Québec, Canada. 61 p.

Perron, Jean-Marie. 1985. *Abrégé d'entomologie*, 2e édition, Fabreries supplément no.1. 140 p.

Pilon, Jean-Guy et **Lagacé, Denise.** 1998, *Les odonates du Québec*, Entomofaune du Québec (EQ) inc. Chicoutimi (Québec), Canada, 367 p.

Poole, Robert W. 1996, *NOMINA INSECTA NEARCTICA a Check List of the Insects of North America*, Volume 1, 2, 3, 4. Entomological information services, Rockville, Maryland, USA.

Pothier, Ghyslain. 1997. *Les mécoptères du Québec.* Bulletin de l'Entomofaune no19.

Ross H. et **Arnett, Jr.** 2000. *American Insects, A Handbook of the Insects of America North of Mexico*, 2e édition. CRC Press, Boca, Floride, États-Unis. 1003 p.

Savard, Michel. 1990. *Au Pays des insectes.* FrancNord, hors série no 4.

Tillier, Simon. 1992. *Encyclopédie du Règne Animal.* Éditions du Club France Loisirs. Paris, France. 495 p.

Yanega, Douglas. 1996, *Field Guide to Northeastern Longhorned Beetles (Coleoptera : Cerambycidae).* Illinois Natural History Survey. Champaign, Illinois, États-Unis. 174 p.

Robert D. Gordon. 1985. *The Coccinellidae (Coleoptera) of America North of Mexico* (Journal of the New York Entomological Society) Vol. 93, No.1. 912 p.

Boucher, S. 2006. *Les insectes de nos jardins*, Broquet Inc., Saint-Constant. 208 p.

Wagner, D. L. 2005. *Caterpillars of Eastern North America*, Princeton University Press, Princeton, New Jersey, États-Unis. 512 p.

Bright, D.E. 1987. *The Metallic Wood-boring Beetles of Canada and Alaska (Coleoptera: Buprestidae). The Insects and Arachnids of Canada, Part 15.* Agr. Can. Publ. No. 1810. 335 pp., 264 figs., 87 maps.

Teskey, H. J. 1990. *The Horse Flies and Deer Flies of Canada and Alaska. Part 16. The Insects and Arachnids of Canada.* Publication 1838. Research Branch, Agriculture Canada, Ottawa. 381 pp.

Vockeroth J.R., 1992. *The Flower Flies of the Subfamily Syrphinae of Canada, Alaska and Greenland. The Insects and Arachnids of Canada.* Agriculture Canada, Ottawa, vol. 18, 456 p.

Peck, S. B. and Klaulbars, M. M., 1987. *A Synopsis of the Distribution and Bionomics of the Carrion Beetles (Coleoptera : Silphidae) of the Conterminous United States*, Proceedings of the Entomological Society of Ontario, Vol. 118.

TÉMOIGNAGE DE RECONNAISSANCE

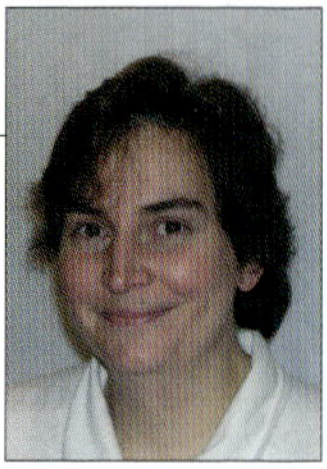

Derrière tout grand collectionneur d'insectes, il y a une conjointe qui l'endure... Nathalie Brochu est titulaire d'un baccalauréat en bio-agronomie. Ayant grandi sur une ferme à Saint-Henri-de-Lévis, elle ne craint pas les insectes. Elle a toujours supporté Yves dans ses projets entomologiques en participant entre autres à la capture de nombreux insectes et en corrigeant ses textes. C'est toujours avec enthousiasme qu'elle partage ses connaissances avec le public lors d'activités de vulgarisation scientifique, tel l'ouverture annuelle du Jardin Roger-Van den Hende à Ste-Foy et le Salon des Insectes de Montréal en automne.

Nathalie et Yves sont aussi les parents de trois grandes filles sportives qui ne ratent pas une occasion d'aller chasser en famille.

« Tout ce qu'il faut, c'est un filet à papillons, des petites bouteilles dans les poches et un bon livre pour identifier nos insectes du Québec ! »

De gauche à droite, Pascale, Mireille et Alexie Dubuc à la chasse aux papillons au chalet de leurs grands-parents.